단단한 음식

단단한 음식

1판 1쇄 인쇄 2020년 12월 10일
1판 1쇄 발행 2020년 12월 15일

지은이 김서택
발행인 한동인
펴낸곳 (주)씨뿌리는사람

등록번호 제2006-4호
주 소 경기도 이천시 경충대로 2096-4
         (서울사무소) T. 741-5181, 4 F. 744-1634

책값은 뒤표지에 있습니다.

ISBN 978-89-90342-50-8

Web www.kclp.co.kr

"천국은 마치 사람이 자기 밭에 갖다 심은 겨자씨 한 알 같으니
이는 모든 씨보다 작은 것이로되 자란 후에는 나물보다 커서 나무가 되매
공중의 새들이 와서 그 가지에 깃들이느니라"(마 13:31-32)

공급처 기독교문사 도매부 T. 741-5181~3 F. 762-2234

단단한 음식
김서택

씨뿌리는사람

Prologue

　　히브리서는 모두가 좀 어렵게 느끼는 서신입니다. 히브리서는 저자도 밝히지 않고 수신자도 누구인지 밝히지 않고 있습니다. 거기에다가 많은 구약 성경이 인용되고 있는 아주 논리적인 내용으로 구성되어있습니다.

　　그러나 히브리서는 예수 그리스도가 천사가 아닌 하나님의 아들로서 그의 몸으로 영단번에 자신을 드린 대제사장의 역할을 탁월하게 증언하고 있습니다. 그리고 레위기의 제사 제도에 대한 저자의 깊이 있는 이해를 통해, 구약의 제사 제도가 예수 그리스도의 속죄 사역으로 완성되고 폐지되었음을 밝히 증언하고 있습니다. 그러므로 히브리서를 대하는 신약의 성도들인 우리는 이제 신약의 가르침 아래서 새로운 방식으로 하나님을 섬겨야 할 것입니다.

　　히브리서가 수신자를 밝히지 않는 것은 그것이 그들에게 해를 입힐 수 있기 때문이며, 저자를 밝히지 않는 것도 그를 싫어할 사람이 있기 때문으로 생각됩니다. 그러나 아주 탁월한 서신인 것은 틀림이 없습니다.

　　운동선수들이 거친 운동을 지속적으로 해내려면 죽이나 우유 같은 부드러운 음식만 먹어서는 안 되고 스테이크 같은 단단한 음식을 먹어야 힘을 낼 수 있습니다. 히브리서는 스스로 단단한 음

프롤로그

식이라고 소개하고 있습니다. 이번에 히브리서라는 스테이크를 먹고 힘을 내서서 모든 어려움을 이겨내시기 바랍니다.

늘 저의 부족한 설교집을 기꺼이 책으로 출판하셔서 여러 교역자와 성도들과 하나님의 말씀을 나누게 하시는 '씨뿌리는 사람'의 한동인 사장님께 감사드립니다. 그리고 언제나 말씀의 동역자가 되시는 대구동부교회 성도님들과 아내 그리고 먼 곳에서 후원하는 딸 시현이에게도 감사드립니다.

대구 수성교 옆에서
김서택 목사

Contents

프롤로그   04

01	하나님의 아들의 등장	히브리서 1:1-5	09
02	천사가 아니다	히브리서 1:6-14	22
03	이같이 큰 구원	히브리서 2:1-13	34
04	인간의 운명	히브리서 2:14-18	46
05	하나님의 집	히브리서 3:1-10	57
06	처음 믿음을 끝까지 잡으라	히브리서 3:10-19	68
07	하나님의 안식	히브리서 4:1-11	79
08	좌우에 날선 말씀	히브리서 4:12-16	90
09	대제사장의 자격	히브리서 5:1-10	102
10	더 풍성한 신앙	히브리서 5:11-6:12	113
11	더 높은 대제사장	히브리서 7:1-28	123
12	새로운 언약	히브리서 8:1-13	136
13	단번에 드린 제사	히브리서 9:1-28	147
14	지성소에 들어가라	히브리서 10:1-22	157
15	담대함을 버리지 말라	히브리서 10:23-39	168
16	믿음의 실체	히브리서 11:1-7	181
17	믿음의 시작	히브리서 11:8-16	193

차례

18	믿음의 눈으로 보자	히브리서 11:17-22	205
19	그리스도를 위한 고난	히브리서 11:23-31	216
20	믿음의 전쟁	히브리서 11:32	229
21	고난받은 사람들	히브리서 11:33-40	240
22	예수만 바라보자	히브리서 12:1-13	253
23	팥죽 한 그릇	히브리서 12:14-17	265
24	흔들리지 않는 나라	히브리서 12:18-29	276
25	자기 부정의 삶	히브리서 13:1-9	287
26	수치를 지고 가자	히브리서 13:10-25	297

01

하나님의 아들의 등장
히 1:1-5

인류 역사상 가장 위대한 일은 하나님의 아들이 이 세상에 오신 것입니다. 이 일은 너무 엄청난 일이어서 인간이라면 감히 상상조차 할 수 없는 일입니다. 그러나 하나님의 아들이 이 세상에 오신 것도 대단하지만 그가 이 세상에서 우리를 위해 하신 일은 더 엄청난 것이었습니다. 우리가 공부를 잘해서 외국의 유명한 대학을 다니거나, 혹은 운동을 잘해서 올림픽에서 금메달을 따거나, 음악을 잘해서 세계적인 콩쿠르에서 입상했다 하더라도 그런 것을 가지고 하나님의 아들을 만날 수는 없습니다.

그러나 진짜 이 세상에 하나님의 아들이 오셨습니다. 이 하나님의 아들은 우리를 만드셨고 우주를 만드셨고 지구를 만드신 장본인이셨습니다. 이분은 우리 인간에게는 스타 중의 스타인 것입니다. 그런데 이 엄청난 분이 이 세상에 오셔서 당한 것이라고는 무시당하거나 채찍에 맞거나 십자가에 못 박혀 죽으신 것이었습니다.

왜 하나님의 아들이 이 세상에 와서 박수갈채를 받지 못하고 사람들에게 무시를 당하고 침 뱉음을 당하고 십자가에 못 박혀서 죽는 일까지 당해야 했을까요? 그것은 바로 우리 인간이 고장 난 상태에 있기 때문입니다. 하나님의 아들은 우리 인간을 고치기 위해서 인간과 똑같은 모습으로 이 세상에 태어나셨고 우리를 위해서 피를 흘리시고 죽으셨습니다. 그러나 하나님의 아들은 죽은 것으로 끝나지 않으셨습니다. 그는 대제사장의 직분을 행하시고 지금 하나님의 보좌 우편에 살아계신 것입니다.

신약 성경 중에서 가장 어려운 성경 중의 하나를 꼽는다면 히브리서라고 할 수 있을 것입니다. 이 히브리서는 유대인으로서 예수 믿는 사람들을 위해서 기록되었기 때문에 히브리서라는 이름이 붙여진 것 같습니다. 그런데 이 히브리서는 단순한 서신이 아니라 여러 편의 신학 논문으로 구성되어있습니다. 더욱이 히브리서는 예수님이 대제사장이신 것을 다른 어느 성경보다 분명하게 보여주고 있습니다.

히브리서는 구약 성경의 놀라운 비밀들을 풀어주고 있습니다. 그 예로 우리는 창세기를 보다가 그냥 멜기세덱이라는 사람이 있었구나 생각하고 넘어가기 쉬운데, 히브리서에서는 그 말씀을 통해서 레위 계통 외에 멜기세덱 계통의 또 다른 대제사장 계보가 있다는 것을 밝히고 있습니다. 또 히브리서에서는 예수님을 천사나 모세와 비교하면서 예수님이 그들보다 월등하게 높다는 점을 구약 성경을 통해서 증명해주고 있습니다. 또한 히브리서는 구약의 성막의 비밀을 풀어주고 있습니다. 즉 성막에는 지성소가 있는데 그 지성소는 하나의 모형에 불과하고 진짜 성전은 하늘에 있다고 했습니다. 왜냐하면 모세가 아예 처음부터 시내산에서 하늘에 있는 성전의 모형을 보고 성막을 만들었기 때문입니다. 예수님은 영원한 대제사장으로 단번에 자신의 피로 하늘의 지성소에 들어가셔서 우리의 죄를 해결하셨습니다.

히브리서는 누가 누구에게 보내었는지 알 수 없다는 것이 또 하나의 특징입니다. 성경의 다른 서신들을 보면, 사도 바울이나 베드로나 요한이 에베소나 빌립보, 또 아시아 여러 곳에 흩어진 성도들에게 이 편지를 보낸다고 하면서 시작하고 있습니다. 그런데 히브리서는 누가 누구에게 이 편지를 보낸다는 말이 일절 없습니다. 그래서 히브리서는 처음 시작을 보면 전혀 편지의 형식을 취하고 있지 않은 것을 알 수 있습니다. 단지 히브리서는 끝에 가서 디모데가 감옥에서 풀려났다는 소식을 전하고 있고 또 이탈리아에서 온 성도들이 안부를 전하고 있다고 말씀하고 있습니다. 그러니까 히브리서를 받아보고 있는 성도들은 디모데를 아는 사람들이었고, 이탈리아에서 온 교인들도 잘 아는 사람들이었던 것을 알 수 있습니다.

히브리서가 누가 누구에게 보내었는지 이야기를 하지 않는 이유는 그것을 말하지 않는 것이 그들에게 유익했기 때문일 것입니다. 예를 들어서 "어느 곳에 있는 성도들"이라고 밝히면 거기에 있는 성도들이 붙들려가거나 크리스쳔의 정체가 드러나서 박해를 받을 수 있기 때문입니다. 또 "누가" 이 히브리서를 썼다고 하면 이 편지를 받아보는 사람 중에 심한 거부 반응을 나타내는 사람이 있을 수 있기 때문입니다. 예를 들어서 사도 바울 같은 경우에는 유대인들에게는 아주 미움을 받는 사람이었습니다. 그래서 알 필요가 없는 것은 밝히지 않는 것이 유익하기 때문에 저자를 밝히지 않은 것 같습니다.

그러나 히브리서의 저자는 구약 성경과 복음에 정통한 지식을 가진 자였고 히브리서를 받아보는 사람들도 천사의 존재나 모세의 존재나 성전 제도를 중요하게 생각하는 것을 보면 그들이 유대인 신자인 것을 알 수 있습니다.

I. 멘붕에 빠진 그리스도인

'멘붕' 이라는 것은 너무 힘든 일이 일어나는 바람에 그 사람의 '멘탈리티' (정신상태)가 다 붕괴되는 것을 말합니다. 예를 들어서 어떤 회사에 신입 사원이 자신은 전혀 그 일을 할 능력이 안 되는데 그에게 맡겨진 업무가 폭주한다면 그는 멘붕에 빠지고 말 것입니다. 마찬가지로 그리스도인들에게 어느 날 갑자기 환란과 핍박이 새카맣게 몰려온다면 그냥 멘붕에 빠져서 도망칠 준비부터 하게 될 것입니다.

히브리서는 받아보는 성도들이 어디에 사는 누구인지는 알 수 없지만 최근 갑자기 예수를 믿는다는 이유 하나만으로 그들에게 엄청난 환란이 밀어닥치고 있었습니다. 그러나 다행스럽게도 아직 누군가가 죽임을 당한 상태는 아니었습니다. 왜냐하면 12장 4절에서 "너희가 죄와 싸우되 아직 피흘리기까지는 대항하지 아니하고"라고 말씀하고 있기 때문입니다. 그러나 이들은 차라리 유대교인이었더라면 받지 않을 환란과 박해를 예수 믿기 때문에 당하고 있었던 것입니다. 그래서 이 사람들은 마음속으로 할 수만 있으면 예수 믿는 것을 포기하고 다시 유대교로 돌아갈까 하는 생각을 하고 있었습니다. 그것을 보면 이 히브리서가 쓰인 시기는 아직 예루살렘의 성이 무너지지는 않았을 때였던 것 같습니다. 왜냐하면 불과 얼마 후면 유대인들과 로마가 전쟁을 벌여서 예루살렘에서만 백십만 명이 죽고 이십만 명이 포로로 로마로 끌려가는 사건이 일어나기 때문입니다. 만약 이들이 그 사실을 알았더라면 절대로 유대교로 돌아갈 생각은 하지 않을 것입니다. 그러나 그들은 당장 예수를 믿기 때문에 유대인들로부터 많은 압박을 받고 있었고 어쩌면 로마인들로부터도 박해를 당하고 있었는지 모릅니다.

그러나 그들이 깨닫지 못한 것은 우리에게는 엄청난 대제사장이 있다는 사실입니다. 즉 하나님의 아들이 우리의 대제사장이 되셔서 우리의 모든 어려움을 알고 계시기 때문입니다. 그뿐만 아니라 믿음이라는 것은 앞으로 전진하는 것이지 뒤로 후퇴하는 것은 아니기 때문입니다. 하나님은 우리가 뒤로 물러서는 것을 기뻐하시지 않는다고 하셨습니다. 우리는 어려움을 당했다고 해서 절망하거나 도망칠 생각을 해서는 안 됩니다.

예수님이 제자들과 함께 갈릴리 호수를 건너가시다가 광풍을 만나게 됩니다. 예수님은 주무시다가 깨서서 바람과 바다를 꾸짖어서 잔잔하게 하시고 두려워하는 제자들을 향해 "왜 두려워하였느냐? 믿음이 작은 자들아"라고 하시며 책망하셨습니다(마 8:23-27). 또 예수님은 12살 된 딸이 열병에 걸려서 죽어가고 있을 때 예수님을 모시고 가다가 딸이 죽었다는 소식을 들은 회당장 야이로에게 "두려워하지 말고 믿기만 하라"고 말씀하셨습니다. 그리고 그 집에 들어가서서 아이의 손을 잡아 일으켜 그 소녀를 살리셨습니다(막 5:21-43). 우리의 믿음은 눈앞에 어려움이 있다고 해서 겁을 집어먹고 과거로 도망치는 것이 아니라 앞으로 나아가는 신앙인 것입니다.

저도 성경 말씀을 믿고 그대로 살려고 하다가 많은 어려움을 당했습니다. 예수님께서 "무엇을 먹을까 무엇을 입을까 염려하지 않고 그의 나라와 그의 의를 구하라" 하신 말씀만 믿고 직장도 학위도 때려치우고 전도하고, 성경 공부하러 다니다가 도저히 살 수 없는 지경에 몰리게 되었습니다. 저의 아내와 딸을 굶겨 죽이게 되었습니다. 그러나 그 길에서도 저희 가족은 뒤로 물러서거나 도망치지 않고 계속 앞으로 나갔을 때 살길이 생겼습니다.

우리 인간은 고장이 나서 다시는 쓸 수 없는 자동차나 기계나 같았습니다. 병든 사람으로 치면 모두 한센병에 걸려서 썩어가고 있는 것과 같습니다. 우리 인간은 가망이 없었습니다. 이 세상 어느 누구도 우리를 고칠 수 없었습니다. 그런데 하나님은 어느 날 하나님의 외아들을 보내셨습니다. 하나님의 아들이 이 세상에 오셨다는 것은 엄청난 사건입니다. 하나님의 아들이 이 세상에 오셨다면, 우리가 이분을 믿기만 하면 우리의 모든 질병이나 고통이나 어려움을 다 해결 받을 수 있습니다. 이분은 우리를 만드신 분이고 우리를 새로운 인생으로 창조해주시기 때문입니다.

오늘 우리는 기존의 가치 체계가 무너지면서 사람들이 이쪽저쪽으로 몰려가고 있습니다. 그러면서 부흥의 열기도 식어지니까 기독교인 중에는 하나님도 싫고 예수님도 싫고 교회도 무의미하고 그냥 세상으로 나가서 자신이 하고 싶은 대로 실컷 하면서 살겠다는 사람들이 많아지고 있는 것입니다. 이것은 오늘 우리에게 예수님이 오신 것이 얼마나 위대한 일이며 우리가 예수 믿는 것이 얼마나 위대한 것인지 잊어버리고 있는 것입니다.

히브리서가 누가 썼고 어떤 지역에 있는 사람들에게 보내졌는지는 중요하지 않을 것입니다. 중요한 것은 그들이 멘붕에 빠져서 믿음도 버리고 예수님도 버리고 하나님도 믿지 않고 세상 사람들처럼 살아가려고 하고 있다는 것입니다. 이때 히브리서가 말하고 하는 요점은 무엇입니까? 세상은 요동을 치지만 중요한 것은 하나도 변한 것이 없다는 것입니다. 즉 하나님의 아들이 이 세상에 오셨고 예수님이 하늘의 지성소에 들어가서서 단번에 우리 죄를 해결하신 것은 틀림없는 사실이라는 것입니다. 그리고 우리는 오직 이 믿음으로 살아야 합니다. 우리 눈에 무엇이 보이든지 간에 우리는 믿음으로 살아야 영광의 나라에 들어가게 되는 것입니다.

2. 위대하신 하나님

우리 인간이 위대한 점은 독특하면서도 엄청난 생각의 세계를 가졌다는 것입니다. 짐승들이 그 아름다운 몸매와 강한 힘과 재빠른 몸을 가지고도 위대할 수 없는 것은 인간만큼 생각할 수 없기 때문입니다. 그런데 인간이 이렇게 위대한 것은 하나님이 우리를 이렇게 만드셨기 때문입니다. 우리 인간이 위대하다면 인간을 만드신 하나님은 도대체 얼마나 위대한 분이실까요?

하나님은 이미 그분의 존재와 능력을 자연을 통하여 보여주셨습니다. 일단 하늘이 무한히 크다는 것은 얼마나 대단한지 모릅니다. 하늘이 이렇게 높으므로 우리는 무한정 숨을 쉴 수 있고 고개를 들 수 있습니다. 그리고 지구가 아주 조그마하지 않고 엄청나게 큰 것도 하나님의 위대하심을 보여줍니다. 만일 지구가 몇 사람만 있어도 꽉 차버릴 정도로 작은 별이라면 우리는 비좁아서 죽을 지경일 것입니다. 거기에다가 우주가 얼마나 넓은지 아무도 알 수 없습니다.

하나님은 정말 위대하신 분입니다. 그러나 하나님과 인간의 관계는 끊어져 있습니다. 우리 인간은 하나님을 제대로 알지 못합니다. 그 이유가 무엇일까요? 우리 인간이 병들어 있기 때문입니다. 우리 인간은 영적으로 썩어들어가고 육체가 썩어들어가는 병에 걸려서 하나님을 전혀 알지 못합니다. 그런데 하나님은 우리 인간에게 말씀을 보내셨습니다.

1:1, "옛적에 선지자들을 통하여 여러 부분과 여러 모양으로 우리 조상들에게 말씀하신 하나님이"

하나님은 이 세상의 그 많은 민족 중에서 오직 이스라엘을 택하셔서 하나님의 말씀을 주셨습니다. 왜 하나님은 온 세상 인류를 공평하게 택하지 아니하시고, 그 작은 이스라엘 민족만을 택하셔서 하나님의 말씀을 주셨을까요? 그것은 우리 인간이 너무 타락해 있어서 이 하나님의 말씀을 감당할 수 없었기 때문입니다. 하나님은 먼저 아브라함에게 나타나시고, 그 후손인 이삭과 야곱에게 나타나셔서 말씀을 주셨습니다.

　하나님께서 이들에게 말씀하신 내용이 무엇일까요? 우리 인간은 하나님의 사랑이 필요하다는 것입니다. 우리 인간은 하나님의 사랑을 받아야 살 수 있고 하나님에게는 어마어마한 복이 있다는 사실입니다. 이 하나님의 사랑을 받기 위해서 우리 인간에게 필요한 것은 무엇일까요? 그것은 오직 하나 하나님을 믿는 것입니다. 아브라함은 하나님을 믿었습니다. 아브라함은 하나님이 고향과 친척과 아버지의 집을 떠나라고 하셨을 때 떠났습니다(창 12:1). 또 그는 백 세에 아들을 낳을 것이라는 말씀을 믿었습니다. 그리고 아브라함은 그 백 세에 낳은 아들을 바치라고 했을 때도 바치려고 했습니다.

　이삭과 야곱은 가나안 땅의 가치를 알았습니다. 그래서 그들은 가나안 땅을 떠나는 것을 굉장히 두려워했습니다. 그 이유는 가나안 땅이 하나님의 말씀이 임하는 무대였기 때문입니다. 하나님은 조상들에게 환상이나 꿈이나 천사들을 통해서 말씀하셨습니다. 이것 자체가 사랑이었습니다. 하나님의 말씀을 들은 그들은 모두 살았습니다.

　그런데 이 하나님의 말씀이 엄청난 일을 벌이게 됩니다. 그것은 바로 70명밖에 안 되는 이스라엘 자손들을 수백만 명이 되게 하고, 출애굽의 기적을 일으키게 하고, 나라를 세우게 하고, 성전을 짓게 하는 것이었습니다. 그리고 하나님은 모세나 사무엘, 다윗이나 다른 선지자들을 통하여 엄청난 말씀을 쏟아 부어주셨습니다. 그 말씀의 핵심에는 하나님의 아들이 있었습니다. 즉 장차 하나님의 아들이 오셔서 영원히 다스리신다는 것입니다. 이사야 선지자는 구체적으로 메시야가 오시면 맹인이 눈을 뜰 것이며 저는 자가 걸을 것이며 말하지 못하는 자가 노래할 것이라고 예언을 했습니다(사 35:6). 그러나 그 이스라엘 나라가 바벨론에 망하고 성전은 불에 타고 맙니다. 그 이유는 이스라엘 자손들이 죄의 호기심을 이길 수 없었기 때문입니다. 그들은 너무 죄짓고 싶었고 너무 우상 숭배하고 싶었고 너무 세상을 사랑했기 때문에 아무리 하나님이 율법과 선지자로 야단치고 말씀하셔도 막을 수 없었던 것입니다.

하나님은 이스라엘 백성들을 목이 곧은 백성들이라고 말씀하셨습니다. 이것은 고집이 엄청나게 세서 절대로 하나님의 말씀을 들으려고 고개를 돌리지 않는 족속이라는 뜻입니다. 왜 하나님은 이렇게 고집이 센 족속들을 택하셔서 애를 먹으셨을까요? 그것은 이스라엘 백성들만 고집 센 것이 아니라 모든 인간이 다 고집이 세기 때문이었습니다. 그래서 구약의 율법만으로는 이스라엘 백성들을 하나님의 은혜 안에 가두어놓을 수 없었습니다. 이스라엘 백성들은 머리로는 하나님을 믿어야 복을 받고 망하지 않는다는 사실을 알았지만 그렇게 되지 않았습니다. 그 이유는 우리 모든 인간의 마음에는 죄짓고 싶은 욕망이 너무 강했기 때문입니다.

3. 너무나도 아름다우신 아들

사실 하나님은 이렇게 고집스러운 우리 인간을 포기하시고 전부 멸망시켜버리면 그만입니다. 그러나 하나님의 사랑은 그렇지 못했습니다. 하나님은 우리 인간을 너무 사랑하셔서 그냥 멸망시킬 수 없었습니다. 그래서 하나님이 결심하신 것은 하나님의 하나밖에 없는 아들과 우리를 바꾸기로 하신 것입니다.

그런데 하나님의 아들이 얼마나 아름다우신 분인지 말로 표현할 수 없습니다.

1:3상, "이는 하나님의 영광의 광채시요 그 본체의 형상이시라"

아무리 무식한 사람이라 하더라도 빛이 얼마나 아름다운지는 아마 다 알 것입니다. 빛이 없으면 온 세상 모든 것은 다 의미가 없습니다. 밤에는 온 세상이 캄캄하다가 아침이 되어 태양이 떠오르면 온 세상이 찬란하게 변하게 됩니다. 하나님은 온 세상의 빛을 만드신 분입니다. 그런데 하나님의 빛의 가장 아름다운 광채가 하나님의 아들입니다. 하나님의 아들은 그 미소나 그 생각이나 그 사랑이나 그 능력이나 모든 것이 너무나도 아름다운 광채였습니다. 그리고 이 아들은 아버지와 똑같은 분이십니다. 아들은 하나님이시고 하나님의 능력과 영원한 생명과 축복을 가지신 분입니다.

그런데 그분이 인간이 볼 수 있는 모습으로 나타나셨습니다. 이 아들은 자신을 완전히 성령으로 에워싸시고 또 자신을 완전히 인간의 피부로 전신을 싸서서, 우리가 볼 수 있는 사람의 모습으로 나타나셨습니다. 그래서 예수님 안에는 태양보다 더 강력한 불덩어리와 영광과 능력이 이글거리고 있었습니다.

이 아들이 하신 놀라운 일은 이 세상에 인간으로 오셔서 육성으로 하나님의 말씀을 전해주신 것입니다.

1:2상, "이 모든 날 마지막에는 아들을 통하여 우리에게 말씀하셨으니"

만약 하나님 자신이 이 세상에 오셨더라면 우리 인간은 전부 하나님의 열기에 타서 재가 되고 형체도 없이 사라지고 말았을 것입니다. 그러나 하나님은 아들을 아주 단단히 성령과 인간의 육체에 에워싸셔서 전혀 그 영광의 빛이 새어 나오지 않게 하시고, 어린 아기로 태어나게 하시고, 우리 인간과 똑같은 모습이 되게 하셨습니다. 겉으로 보기에는 그분은 다른 사람과 조금도 다르지 않은 인간이었습니다. 그러나 그가 하시는 말씀은 살아 있는 하나님의 말씀이었습니다. 그 하나님의 말씀은 우리의 썩은 정신을 치료하시고 우리로 하여금 하나님을 믿게 하는 능력이 있었습니다.

한번 생각해보시기 바랍니다. 만일 우리가 하나님의 말씀을 육성으로 듣는다면 그 말씀이 얼마나 엄청난 말씀이겠습니까? 이 하나님의 말씀이 시내산에서는 온 산을 진동시키는 지진이었습니다. 그러나 예수님은 우리가 평범하게 들을 수 있는 음성으로 하나님의 말씀을 전해주셨습니다. 그런데 이 말씀이 바로 우리를 치료하는 생명이고 능력이었던 것입니다.

또 하나님의 아들은 놀라운 일을 하셨습니다.

1:2하, "이 아들을 만유의 상속자로 세우시고 또 그로 말미암아 모든 세계를 지으셨느니라"

하나님은 온 우주와 지구를 창조하시기 이전부터 온 우주를 아들의 것으로 정하셨습니다. 그런데 인간의 교만과 사탄의 반역으로 우주와 인간은 타락했습니다. 그러나 아버지와 아들은 우리 인간과 이 세계를 결코 포기하지 아니하셨습니다.

1:3하, "그의 능력의 말씀으로 만물을 붙드시며 죄를 정결하게 하는 일을 하시고 높은 곳에 계신 지극히 크신 이의 우편에 앉으셨느니라"

이 세계는 인간이 죄를 지은 이후부터 자꾸 부서지려고 하고 무너지려고 하고 있습니다. 인간은 서로 싸워서 다 죽이려 하고 있습니다. 그러나 예수님은 이 세상을 더 이상 망가지지 않도록 말씀으로 붙들고 계십니다. 그러면서 예수님은 죄를 씻는 일을 하고 계십니다. 즉 예수님은 완전히 죄의 구렁텅이에 빠져서 죄 덩어리가 된 인간을 씻으셔서 하나님의 자녀로 적합한 사람이 되게 하시는 것입니다. 만약 우리가 오물 구덩이에 한 번 빠졌다가 나오면 아무리 씻어도 그 썩은 냄새가 없어지지 않을 것입니다. 그런데 예수님은 우리를 완전히 깨끗케 하셔서 전혀 오물 냄새가 나지 않고 오히려 향기가 날 때까지 씻으십니다. 우리가 혈기를 부리거나 성질을 부리거나 악한 짓을 하는 것은 다 악한 냄새가 나는 행동입니다. 예수님은 우리가 그 나쁜 냄새를 싫어하게 하시고 결국은 완전히 깨끗하게 해서서 천사처럼 되게 하십니다.

그리고 예수님은 높고 지극히 크신 하나님의 우편에 앉아계십니다. 이것은 예수님은 이미 우리 죄를 치료하는 일을 하셨고 이미 구원을 완성하셨다는 뜻입니다. 이제 우리는 하나님의 보좌 우편에 계신 예수님을 믿고 구하기만 하면 됩니다. "구하라 그리하면 너희에게 주실 것이요 찾으라 그리하면 찾아낼 것이요 문을 두드리라 그리하면 너희에게 열릴 것이니"(마 7:7)라고 하셨습니다.

예를 들어서 어떤 곳에 비행기가 추락해서 사람들이 도우려고 달려갔는데, 이미 구조대가 와서 산 사람들을 다 살려놓은 것입니다. 붕대도 감아 놓았고 수혈도 해 놓았고 약도 다 발라 놓았습니다. 예수님은 우리 영혼과 육체의 병을 치료하는 피를 이미 만들어놓으셨습니다. 이 피는 모든 죄를 씻고 죽음을 이기고 마귀를 이기고 대부흥을 일으키는 영생의 피입니다. 더 놀라운 것은 우리가 이 피를 통하여 하나님의 아들로 입양된 것입니다. 우리는 하나님의 아들이 되었습니다. 하나님의 아들은 돈 걱정을 할 필요가 없습니다. 미래는 더 걱정할 필요가 없습니다. 우리는 그냥 믿음으로 살아가기만 하면 되는 것입니다.

1:4, "그가 천사보다 훨씬 뛰어남은 그들보다 더욱 아름다운 이름을 기업으로 얻으심이니"

하나님의 아들은 천사보다 훨씬 높으신 분입니다. 천사는 피조물이지만 아들은 창조자이십니다. 그런데 그가 우리의 주님이 되셨습니다. 하나님의 아들이 우리의 주님이 되시고 친구가 되시고 형제가 되셨습니다. 우리는 예수님을 만나서 얼마든지 천국에 들어갈 수 있습니다. 아들이 들어오라고 하면 무사통과이기 때문입니다.

1:5, "하나님께서 어느 때에 천사 중 누구에게 너는 내 아들이라 오늘 내가 너를 낳았다 하셨으며 또 다시 나는 그에게 아버지가 되고 그는 내게 아들이 되리라 하셨느냐"

하나님은 천사에게는 "너는 내 아들이라 오늘 내가 너를 낳았다"고 말씀하신 적이 없습니다. 이것은 오직 예수님이 인간이 되신 것을 말씀하는 것입니다. 이때 우리가 예수를 믿으면 우리도 무더기로 하나님의 아들이 됩니다. 하나님이 내 아버지시다면 전쟁과 가난, 질병과 죽음도 걱정할 필요가 없습니다. 우리는 오직 그의 나라와 그의 의를 위해서 살기만 하면 되는 것입니다. 그러면 하나님은 이 모든 것을 더하여 주시겠다고 말씀하셨습니다(마 6:33).

히브리서의 크리스천들은 로마를 두려워하고 있고 전쟁과 박해가 무서워서 신앙도 버리고 하나님도 버리고 도망치려고 생각하고 있었습니다. 그러나 그들은 도망칠 곳이 없었습니다. 그들은 완전히 멘붕에 빠져 있었습니다. 그러나 하나님의 나라는 전혀 이상이 없었습니다. 우리의 신분에도 전혀 이상이 없습니다. 예루살렘이 멸망하고 성전이 불탄 것은 이제 이 모든 것이 끝났기 때문입니다.

이제는 새로운 시대가 시작된 것입니다. 우리는 하나님을 믿으면 됩니다. 우리가 하나님을 믿을 때 가장 힘든 부분은 악한 자들입니다. 그러나 하나님은 악한 자들까지도 유익하게 쓰신다는 것을 믿으면 두려워할 것이 전혀 없습니다. 하나님은 모든 것이 합력하게 선을 이루실 것입니다. 이제는 더 이상 세상을 바라보지 말고 하나님의 보좌 우편만 바라보고 끝까지 승리하시는 성도들이 되시기 바랍니다.

02

천사가 아니다
히 1:6-14

옛날에 유명한 노래 중에 '당신은 천사를 믿나요?' (Do you believe in angels?)라는 가사가 있습니다. 사람들은 거의 천사를 믿지 않지만 만일 천사가 있다면 천사는 아름답고 깨끗하며 기적을 행할 수 있는 존재라고 생각할 것입니다. 그런데 만일 우리 중에 누군가가 천사를 만나보았다면 너무나도 기분이 좋을 것입니다. 천사는 아무 데나 나타나지 않을 것이기 때문입니다. 만일 천사가 나에게 나타났다면 나에게 하나님의 특별한 뜻이 있을 것으로 생각될 것입니다. 우리가 보통 천사에 대하여 가지고 있는 생각을 정리해 본다면, 천사는 아름답고 순수하며 기적을 행할 수 있으며 나의 길을 인도해주고 갑자기 사라질 수 있다는 존재일 것입니다. 문제는 바로 여기에 있습니다. 천사는 대개 눈에 보이지 않는 가상의 존재라고 생각하는데 천사는 늘 있는 것이 아니라 어쩌다 한번 나타났다가는 사라지는 존재라는 사실입니다.

그런데 이스라엘 백성들은 구약 성경에서 천사를 실제로 많이 경험했습니다. 구약 성경에 나타난 천사들은 하나님의 백성들에게 하나님의 뜻을 전하기도 하고 죽음에서 구원하기도 했습니다. 다니엘 같은 경우에는 사자굴에 들어갔을 때 밤새 하나님의 천사가 나타나서 다니엘을 물지 못하도록 지켜주었다고 했습니다. 때로 천사들은 표적을 보여주기도 했습니다. 그래서 삼손의 부모 마노아 부부나 기드온에게 나타났던 천사는 불이 일어나게 한 뒤에 본인들은 사라졌습니다.

구약 성경에 나타난 천사 중에는 심판을 실행하는 천사도 있었습니다. 그래서 소돔과 고모라성에 나타났던 천사는 하늘에서 불과 유황불이 내려서 그 성을 완전히 멸망하게 했습니다. 또 히스기야 때 앗수르 군대에 나타났던 천사는 하룻밤 사이에 앗수르 군대 십팔만 오천 명을 죽게 했습니다. 그리고 모세 때 애굽에 나타났던 천사는 하룻밤 사이에 애굽 사람들과 모든 가축의 초태생을 죽게 했습니다. 이것을 보면 천사가 이 세상에 한 번 나타난다는 것은 엄청난 사건임을 알 수 있습니다. 즉 어떤 곳에 있는 모든 사람이 멸망하기도 하고, 하나님의 백성들이 멸망의 위기에 처해 있다가 기적적으로 살기도 하는 것입니다.

그런데 만일 천사 한 명이 나타나는 것이 이렇게 대단하다면 하나님의 아들이 이 세상에 오셨다면 어떤 일이 일어나겠습니까?

히브리서는 이름이 의미하는 대로 그야말로 히브리인들 즉 이스라엘 자손들, 그중에서도 제사장 출신의 이스라엘 백성들에게 보낸 서신입니다. 그런데 이 히브리인들은 지금 큰 충격에 빠져 있습니다. 그 이유는 자신들은 하나님의 백성이라고 자부하고 있음에도 불구하고 예루살렘은 멸망하고 수많은 이스라엘 백성들은 죽임을 당하고 예루살렘 성전은 불타버리는 일이 일어났기 때문입니다. 그들은 모두 정신적인 공황상태에 빠져서 예수 믿는 것을 포기하고 신앙 없이 살아가려고 하고 있습니다. 그래서 그들은 천사나 나타나서 자기들을 구원해주었으면 좋겠다고 생각하고 있습니다.

그러나 성경은 하나님의 아들과 천사는 그 본질이 너무나 다르다고 말씀하고 있습니다. 즉 하나님의 아들은 창조자이지만 천사는 피조물에 불과하고, 하나님의 아들은 뜻을 세우고 명령을 내리지만 천사는 그 심부름꾼에 불과하기 때문입니다. 그러므로 우리의 신앙은 심부름꾼을 믿는 신앙이 아니라 창조자이시고 구원자이신 하나님의 아들과 하나님을 믿는 신앙입니다.

1. 맏아들을 세상에 다시 데리고 오심

히브리서에서는 예수님을 하나님의 맏아들이라고 표현하고 있는 점이 특이합니다. 물론 다른 성경에서도 예수님을 우리와 비교해서 맏아들이라고 말씀하실 때가 있지만 여기에서는 특히 천사들과 비교해서 맏아들이라고 말씀하고 있습니다.

> 1:6, "또 그가 맏아들을 이끌어 세상에 다시 들어오게 하실 때에 하나님의 모든 천사들은 그에게 경배할지어다 말씀하시며"

구약 성경에서는 천사들에 대해서도 하나님의 아들이라고 말할 때가 있습니다. 그리고 구약 성경에는 하나님의 아들에 대하여 특별히 구별해서 말씀하시지 않습니다. 그래서 구약 시대에는 어느 누구도 하나님의 아들에 대해서는 잘 몰랐습니다. 하나님께서도 자신의 아들을 전혀 노출시키시지 않고 숨겨놓으셨습니다. 요즘 우리 식으로 표현하자면, 하나님은 아들을 천사들과 특별히 구별하시지 않고 지나게 하신 것입니다. 그래서 하나님의 아들과 천사는 비슷했습니다. 예를 들어서 하나님의 아들이나 천사나 다 같이 하나님의 영광중에 있었고 존귀했으며 하나님 앞에 있었습니다. 어떤 의미에서 능력이나 권세는 천사들이 더 센 것 같기도 했습니다.

그런데 하나님의 아들이 다른 천사들과 특별히 다른 점이 하나 있었습니다. 그것은 바로 그가 이스라엘 백성들을 너무 사랑하시고 인간을 너무 사랑하신다는 점이었습니다. 그가 얼마나 이스라엘 백성들을 사랑했는가 하면 불같이 시기할 정도로 사랑하시고, 그들이 죄에 빠질 때는 고민하시고 그들이 필요로 하는 것을 다 주시고 싶어 하셨다는 점입니다. 그러나 하나님의 아들은 너무나도 이스라엘을 사랑하시고 우리 인간을 사랑하셔서 드디어 그의 모든 영광의 자리를 버리시고 우리와 똑같은 인간이 되어버리셨습니다. 이제 하나님의 아들은 천사보다 훨씬 못하게 되었습니다. 그는 천사가 아니라 인간이 되신 것입니다. 거기에다가 예수님은 우리 죄인들을 너무 사랑하셔서 우리를 대신하여 그 고통스러운 십자가에 못이 박혀서 처참하게 죽으셨습니다.

그런데 여기에 하나님의 비밀이 있었습니다. 즉 죄 없는 사람이 죽으면 사망은 깨지게 된다는 것입니다. 그리고 예수님은 오히려 죽으심으로 천사들보다 월등한 지위를 얻게 되었습니다. 예수님은 원래 천사와 달랐습니다. 그러나 예수님은 천사들과 큰 차이가 없는 것처럼 하늘에서 어울리고 계시다가 그가 죽었다가 다시 살아나심으로 이제는 가장 높은 자리에 오르게 되셨습니다. 그래서 예수님을 히브리서에서는 맏아들이라고 말하고 있습니다. 하나님께서는 이 맏아들을 다시 이 세상에 오시게 하실 텐데, 그때는 악한 천사나 선한 천사나 모든 인간이나 피조물들이 다 그 앞에 무릎을 꿇고 경배하게 되는 것입니다. 그래서 지금 예수님은 천사들보다 월등하게 높은 지위에 계시고 사탄이나 악한 영들도 꼼짝 못 하는 자리에 있는 것입니다.

천사들은 어떤 존재입니까?

> 1:7, "또 천사들에 관하여는 그는 그의 천사들을 바람으로, 그의 사역자들을 불꽃으로 삼으시느니라 하셨으되"

하나님은 천사들을 바람으로 삼으십니다. 바람이라는 것은 사람의 눈에 보이지는 않지만 기온을 조절하고 비나 눈이 오게 하고 사회에 좋은 변화나 나쁜 변화를 일어나게 합니다. 예를 들어서 어떤 사람이 갑자기 착한 일을 하게 된다면 도대체 무슨 바람이 불어서 그러느냐고 말을 할 것입니다. 그런데 만일 그 바람에 불꽃이 붙으면 엄청난 재앙이 일어날 수 있습니다. 소돔과 고모라는 죄의 가스가 가득 차 있었는데 천사가 그곳에 불꽃을 일으키는 바람에 하늘에서 유황과 불이 쏟아지면서 거기에 폭발이 일어나서 롯과 그의 두 딸을 제외하고는 전원이 다 불에 타 죽어버렸습니다.

하나님의 천사는 멸망도 시키고 또 사람을 구원하는 구조대 역할을 하기도 합니다. 그래서 천사는 소돔 성에서 롯과 그의 두 딸을 구조했고, 사자 굴에서 다니엘을 사자에게 물려 죽지 않도록 지켜주었습니다. 우리가 이것을 보면 천사의 능력은 대단하다는 것을 알 수 있습니다. 그러나 하나님의 아들은 그런 능력 있는 천사들에게 이런 일을 하도록 시키는 왕이신 것입니다.

2. 하나님의 아들의 보좌

하나님의 아들이 인간을 사랑한 대가는 혹독했습니다. 예수는 처녀인 마리아의 몸에서 나야 했는데, 그 때문에 예수님은 고향 사람들로부터 사생아 취급을 받아야 했습니다. 이 당시 결혼을 하면 혼인 잔치를 해야 했는데 마리아는 혼인 잔치를 하기도 전에 이미 임신했기 때문에 남편 될 요셉에게 이혼을 당할 뻔했습니다. 요셉은 마리아를 자기 집으로 데리고 왔지만 혼인 잔치를 할 수 없었습니다. 그리고 호적을 한다고 베들레헴에 가서 예수님을 낳고는 또 헤롯의 박해를 피하여 애굽으로 피난 가야만 했습니다.

예수님은 제자들에게 여우도 굴이 있고 새도 둥지가 있지만 인자는 머리 둘 곳도 없다고 말씀하셨습니다(마 8:20). 예수님은 머리 둘 곳은 고사하고 하나님의 아들이라고 했다고 해서 신성 모독죄에 걸려서 십자가에 처형을 당했습니다. 예수님의 영혼은 죽음의 영에 이끌려서 지옥 밑창까지 끌려 내려가셨습니다. 그러나 거기서 예수님은 사망을 이기고 죄를 이기고 마귀를 이기고 죽음에서 다시 살아나셨습니다. 그리고 예수님은 하나님의 보좌 우편에 앉아계십니다. 그곳은 모든 천사보다도 모든 권력자보다도 높은 자리였습니다. 예수님은 가장 아름다운 이름을 얻으셨는데, 그것은 바로 '우리 주'라는 명칭입니다. 예수님은 '나사렛 예수 우리 주'가 되신 것입니다.

1:8, "아들에 관하여는 하나님이여 주의 보좌는 영영하며 주의 나라의 규는 공평한 규이니이다"

보통 이 세상 권력자는 아무리 장기 독재를 한다고 하더라도 오십 년이나 육십 년을 할지 모르겠습니다. 모든 인간은 다 늙어서 죽기 때문에 영원히 통치한다는 것은 있을 수 없습니다. 우리 인간은 내일 우리에게 무슨 일이 일어날지 모릅니다. 즉 우리는 언제 죽을지 모르는 그야말로 질그릇같이 약한 존재입니다. 그러나 하나님의 아들은 죽음을 완전히 없애버리셨습니다. 그는 죽음을 철장으로 부수어버렸습니다.

그래서 예수님은 하나님의 우편 보좌에서 영원히 다스리는데, 그의 규는 공평한 규라고 했습니다. 여기 '규'는 옛 개역성경에서는 '홀'이라고 했는데, 왕이 손에 쥐는 지휘봉을 말합니다. 그 홀을 가지고 아래로 내리치면 당장 심판이 임하게 되는 것입니다. 하나님의 아들은 그 홀을 가지고 천사를 보내기도 하시고 악한 자들을 내리치기도 하십니다. 그런데 그의 홀은 공평한 홀이라고 했습니다. 여기서 공평하다는 것은 모든 사람을 다 똑같이 대한다는 뜻이 아닙니다. 이 공평은 약하고 부족한 사람을 더 사랑하는 공평입니다. 하나님의 아들은 죄인 중 회개하는 자를 더 사랑하시고 못 생기고 박해받는 자들을 더 사랑하십니다. 그래서 죄짓고 회개하는 사람은 더 복 있는 사람이고 하나님 앞에서 병들고 부족한 자는 더 복 있는 사람입니다.

1:9, "주께서 의를 사랑하시고 불법을 미워하셨으니 그러므로 하나님 곧 주의 하나님이 즐거움의 기름을 주께 부어 주를 동류들보다 뛰어나게 하셨도다 하였고"

보좌에 앉으신 하나님의 아들은 '의'를 사랑하시고 '불법'을 미워하셨다고 했습니다. 여기서 '의'는 약한 자를 사랑하는 것을 말합니다. 하나님의 아들은 약한 자를 무지무지하게 사랑하십니다. 약한 자들은 이 세상에서는 무시를 당하고 괴롭힘을 당하지만 하나님의 아들은 그들을 극진히 사랑하십니다. 그 대신 '불법'은 교만한 것을 말합니다. 사람이 불법을 저지르는 이유는 교만하기 때문입니다. 하나님의 아들은 이 세상에서 진실한 사람을 사랑하시고 겸손한 자를 크게 보시고 교만한 자를 아주 혐오하십니다.

하나님은 아들에게 기쁨의 기름을 부으셔서 동류들보다 뛰어나게 하셨다고 했습니다. 여기서 '동류'는 천사들을 말합니다. 하나님의 아들은 기쁨에 있어서 어느 누구도 따라올 수 없는 기름을 가지고 있습니다. 즉 하나님의 아들은 마치 기름이 타오르듯이 기쁘신 것입니다. 그 이유는 우리가 이 세상에서 예수님을 믿고 믿음으로 살아가기 때문입니다. 우리가 이 세상에서 세상에 휩쓸리지 않고 믿음으로 앞만 보고 나가는 것은 대단한 일입니다. 우리가 그렇게 반대와 어려움이 많은 가운데 오직 믿음 하나로 나아갈 때 천국에서는 열광하게 되는 것입니다. 그런데 이를 보고 천사들이 기뻐하는 것보다 예수님은 수십 배, 수백 배 더 기뻐하시는 것입니다. 우리는 이 세상에서 하나님의 선수들입니다. 우리가 조금만 믿음으로 이겨도 하나님의 아들은 기쁨의 기름이 솟아오릅니다. 그 기쁨에 있어서 천사들은 예수님을 따라올 수 없습니다.

오늘도 우리에게 기쁨의 기름이 솟아올라서 세상 사람들이 따라올 수 없어야 합니다. 우리가 이 세상에서 하나님을 안다는 것이 얼마나 기쁩니까? 그리고 우리가 하나님의 아들이라는 사실이 얼마나 기쁜 일입니까? 더욱이 다른 사람들이 우리를 볼 때 하나님의 천사같이 본다는 사실은 얼마나 기쁜 일인지 모릅니다. 우리는 하나님의 아들들이요 천사들입니다.

3. 하나님의 아들의 발등상

예수님은 온 우주를 만드실 때 직접 작업을 하셨습니다. 그래서 예수님은 온 세상 구석구석에서 모르는 것이 없으십니다.

1:10, "또 주여 태초에 주께서 땅의 기초를 두셨으며 하늘도 주의 손으로 지으신 바라"

땅의 기초를 파실 때 주님은 직접 기초작업을 하셨습니다. 우리가 아는 지식으로는 땅속에 불덩이가 액체 상태로 있는데, 예수님은 그 액체를 암반층으로 싸셨습니다. 그리고 지구의 대부분은 돌로 되어있습니다. 그런데 지구 표면으로 오면 바다가 있고 육지는 흙으로 덮어놓으셔서 나무도 자라고 풀도 자라고 식물도 자라게 되어있습니다. 더욱이 바다는 물이 너무 많아서 언제나 육지로 넘어오려고 하지만 주님은 넘어오지 못하게 하셨습니다. 그 대신 수분을 공중에 끌어올리셔서 비가 되어 육지나 바다에 내리게 하셨습니다. 더욱이 하나님의 아들은 하늘을 만드셨습니다. 하늘을 만든다는 것은 공기층을 두신 것인데, 이 공기는 바람으로 움직여야 합니다. 이 놀라운 기술은 오직 하나님의 아들의 작품입니다.

그런데 가끔 땅이 터지면서 화산이 터지고 용암이 흘러내리는 것을 보면 도저히 사람이 그런 곳에서는 살 수 없다는 것을 알게 됩니다. 가끔 하나님의 아들이 진노하시면 쓰나미도 일어나고 어마어마한 태풍이 불어오기도 합니다. 이것은 모두 인간으로 하여금 교만하지 말라는 뜻입니다. 우리 인간은 자연 앞에서는 아무것도 아닌 개미 같은 존재입니다. 하물며 하나님의 아들은 이 모든 자연을 다스리는 어마어마하신 분입니다.

그러나 우리 눈에 보이는 이 자연은 점점 낡아지게 되어있습니다. 그래서 결국 옷이 다 떨어지면 갈아입어야 하는 것처럼 이 세상 하늘과 땅도 시간이 지나면 낡아져서 갈아입어야 합니다. 그러나 우리 주는 영원히 계십니다. 우리 주님은 결코 낡아지지 않기 때문입니다.

1:11-12, "그것들은 멸망할 것이나 오직 주는 영존할 것이요 그것들은 다 옷과 같이 낡아지리니 의복처럼 갈아입을 것이요 그것들은 옷과 같이 변할 것이나 주는 여전하여 연대가 다함이 없으리라 하였으나"

여기서 '그것들은' 자연을 말하는지 아니면 천사를 말하는지 알 수 없습니다. 천사들도 나이가 들어서 늙어서 없어지는가에 대해서 우리는 알 수 없습니다. 그러나 악한 천사들은 늙고 변하고 추해지는 것은 사실일 것입니다. 그러나 우리가 보는 이 땅이나 하늘은 영원할 것 같은데 영원하지 않습니다. 왜냐하면 이 피조물들은 시간이 지남에 따라 점점 낡아지기 때문입니다. 요즘 지구도 너무 낡았고 하늘도 많이 오염이 되어서 낡은 것을 보게 됩니다. 우리가 새 옷을 사면 처음에는 너무너무 기분이 좋지만 여러 번 빨래하다 보면 점점 낡아져서 나중에는 천도 후들거리게 되고 색깔도 바래고 멋도 없어지게 됩니다.

요즘은 늙지 않으려고 얼마나 몸부림을 치는지 모릅니다. 그래서 운동을 해서 살을 빼고 얼굴에 주름을 없애고 멋있는 옷을 입으려고 하지만 결국은 어느 순간 늙어있는 자신을 보게 됩니다. 결국 우리는 우리의 육신도 갈아입어야 합니다. 그런데 세상 사람들은 갈아입을 육신이 없지만, 우리에게는 멋진 옷이 준비되어있습니다.

본문 13절은 신약 성경에 여러 번 인용되고 있는 아주 중요한 말씀입니다.

1:13, "어느 때에 천사 중 누구에게 내가 네 원수로 네 발등상이 되게 하기까지 너는 내 우편에 앉아 있으라 하셨느냐"

하나님의 보좌 우편은 감히 천사가 앉을 자리가 되지 못합니다. 하나님의 아들도 그냥 그 자리에 앉지 못하고 엄청난 대가를 지불하시고 난 후에 그 자리에 앉으셨습니다. 즉 그는 이 세상에 오셔서 우리를 위하여 죽으시고 부활하신 후에 그 자리에 앉으신 것입니다.

'발등상'이라는 것은 왕이 발을 놓는 발판을 말합니다. 그런데 옛날에는 전쟁을 하고 난 후에 전쟁에서 이긴 왕이 진 왕을 발판으로 밟았습니다. 그래서 옛날 로마황제 중에 페르시아에 져서 포로가 된 황제가 있었는데, 그는 늘 페르시아 왕이 말을 탈 때 그 앞에 엎드려 발판이 되었다고 합니다. 예수님은 이 세상에 있는 마귀와 모든 악한 영들과 교만한 자들을 발판으로 밟으실 것입니다. 그러나 하나님은 아들에게 그때까지는 하나님 보좌 우편에 앉아 있으라고 말씀하신 것입니다.

여호수아는 가나안 땅을 정복하면서 남부의 다섯 왕들을 포로로 잡았을 때 지휘관들에게 나와서 그들의 목을 발로 밟으라고 했습니다. 그러면서 하나님은 모든 가나안 족속들을 발로 밟게 하실 것이라고 했습니다. 대개 뱀을 잡는 사람들이 뱀의 목을 밟으면 뱀이 꿈틀거려도 꼼짝을 하지 못하고 잡히게 됩니다. 맹수들도 목을 단단히 잡히면 도망치거나 반항하지 못합니다. 오늘 우리는 사탄의 목을 발로 밟아야 합니다. 그렇게 하려면 우리 발이 주석과 같이 단단해서 물리지 말아야 합니다. 요한계시록 서두에 보면 예수님의 발이 주석같이 단단한 것으로 나오고 있습니다. 예수님이 온 세상의 악한 자들을 발로 밟으실 때까지 우리는 사탄의 세력을 발로 밟아야 합니다. 우리는 너무 우연을 기대하면 안 됩니다.

1:14, "모든 천사들은 섬기는 영으로서 구원 받을 상속자들을 위하여 섬기라고 보내심이 아니냐"

우리는 천사들이나 내려와서 우리를 도와주었으면 좋겠다는 안일한 생각을 해서는 안 됩니다. 우리는 어떤 우연한 요행을 기대하고 게으르게 있어서는 안 됩니다. 천사들은 우리 구원의 상속자들을 돕는 영이지, 숭배의 대상이 아닙니다. 우리는 하나님 외에는 아무것도 섬겨서는 안 됩니다. 또 우리는 하나님을 시험해서도 안 됩니다. 하나님은 믿음의 대상이지, 시험의 대상이 아닙니다. 사탄이 아무리 돌로 떡을 만들어 먹으라고 해도 우리는 하나님의 말씀으로 살아야 합니다. 예수님이 이 위대한 말씀을 우리에게 직접 오셔서 주셨습니다(마 4:4). 하나님의 아들이 우리에게 직접 복음을 전해주시고 우리를 위하여 죽으시고 승리하셨습니다. 그는 곧 원수들을 발로 밟으실 것입니다. 결국 온 세상이 그에게 절하고 경배할 것입니다.

    우리는 위대하신 예수님의 복음의 일꾼들입니다. 우리는 이 복음을 버려도 안 되고 이 복음을 헐값에 팔아넘겨도 안 됩니다. 이 복음을 붙들고 예수의 이름으로 사탄을 이기는 성도들이 다 되시기 바랍니다.

03

이같이 큰 구원
히 2:1-13

얼마 전 우리나라 유명한 산악인이 히말라야 등정을 하다가, 어느 높은 산에서 같이 갔던 일행이 모두 강풍에 날려 절벽에 떨어지는 바람에 모두 사망한 사건이 있었습니다. 이것을 보면 높은 산에서 부는 폭풍이 얼마나 세고 무서운지 알 수 있습니다. 만일 어떤 등산가가 절벽에 매달려서 떨어지게 되었을 때 천사가 나타나서 "내 손만 잡고 따라오면 산다"고 한다면 죽자고 그 천사만 바라보고 그의 손을 붙잡고 살려고 애를 쓸 것입니다. 이스라엘 백성들은 이 경험을 실제로 했습니다.

이스라엘 백성들이 애굽에서 비참한 노예 생활을 하고 있을 때 천사가 모세에게 나타나서 "너는 네 발에서 신을 벗으라"고 하면서 "너는 내 말만 듣고 내가 시키는 대로 하기만 하면 된다"라고 말씀했습니다. 모세나 이스라엘 백성들은 이 천사가 시키는 대로 했기 때문에 애굽에서 나올 수 있었고, 광야에서도 살고 가나안 땅도 차지할 수 있었습니다. 하나님은 모세에게 너희들 앞에는 항상 천사가 같이 갈 텐데 절대로 그 천사를 노엽게 하거나 불순종해서는 안 된다고 했습니다. 그런데 이스라엘 백성들은 이 천사를 불신해서 여러 번 죽을 뻔했습니다. 이 천사는 여러 번 이스라엘 백성들의 고집에 화가 나서 이스라엘 백성들을 다 죽이고 새로 시작했으면 좋겠다는 말을 했습니다.

그런데 우리가 절벽에 매달려 있는데 천사가 아니라 하나님의 아들이 직접 찾아와서 우리 손에 보석을 쥐여주면서 꼭 하나님을 찾아가서 보여드리고 하나님의 자녀가 되어야 한다고 하면서, 우리 대신 절벽에서 떨어져 죽었다면 우리는 어떻게 해야 하겠습니까? 우리는 무슨 일이 있어도 절벽에서 올라가서 하나님을 찾아가 그 보석을 보여드리고 하나님의 자녀가 되어야 할 것입니다. 이스라엘 백성에게는 광야에서 살아남는 것도 큰일이었고 가나안 땅을 차지하는 것은 더 큰 일이었습니다. 그 두 가지 모두 이스라엘 백성들의 힘으로는 절대로 할 수 없는 일이었습니다. 그러나 이스라엘 백성들에게는 하나님의 말씀과 천사가 있었기 때문에 해낼 수 있었습니다. 이스라엘 백성들에게 율법을 지키는 것이 중요한 것은 그것이 바로 천사를 붙잡아 주는 약속의 표시였기 때문입니다.

그런데 이스라엘 백성들이 가나안 땅을 차지하고 난 후에 보니까 율법만 가지고는 도저히 가나안 땅을 지켜낼 수 없었습니다. 그래서 그들은 다른 나라와 같아지려고 하나님의 율법을 버리고 우상을 섬겼습니다. 그때 이스라엘 백성들에게는 천사가 떠나면서 이스라엘은 모두 망하고 말았습니다. 이스라엘 백성들이 죽자고 율법을 붙들었더라면 천사가 끝까지 지켜주었을 텐데 이스라엘 백성들에게는 그만한 믿음이 없었던 것입니다.

그런데 이제 우리가 절벽에서 떨어지려고 매달려 있는데 우리는 너무 사랑하는 하나님의 아들이 찾아오셔서 같이 매달리셨습니다. 그리고 우리에게 보석을 주면서 우리가 영생에 들어가려고 하면 자기가 떨어져야 한다고 하시면서 꼭 이 보석을 가지고 하나님을 찾아가서 하나님의 아들이 되라고 하신 것입니다.

　우리가 광야에서 살아남고 가나안 땅을 차지하려고 하면 율법과 천사만으로 충분하지만, 죄를 이기고 죽음을 이기고 천국에 들어가려면 하나님의 아들이 죽어야 하고 보석이 있어야 하는 것입니다. 그 보석이 바로 우리가 가지고 있는 하나님의 말씀이요 복음입니다. 만일 우리가 세계에서 가장 크고 비싼 수천억짜리 다이아몬드를 가지고 있다면 그냥 손에 들고 다니거나 주머니에 넣고 다니지 않을 것입니다. 우리는 그것을 수건으로 싸고 가방에 넣어서 절대로 우리 몸에서 떨어지지 않도록 할 것입니다. 가끔 지갑을 흘리고 다니는 사람도 있고, 핸드폰을 바지 주머니에 꽂았다가 잃어버리는 사람들도 있고, 반지도 잃어버리는 사람도 있습니다. 그러나 하나님의 아들이 준 보석은 무슨 일이 있어도 잃어버려서는 안 됩니다. 그런데 히브리서를 받아보는 교인들은 말씀을 버리려고 하고 있었습니다. 그들은 복음을 버리고 율법으로 돌아가려고 하고 있고 하나님의 아들을 버리고 천사들을 만나려고 하고 있었습니다. 그래서 이 저자는 이같이 큰 구원을 등한히 여기면 절대로 용서받을 수 없을 것이라고 말씀하고 있습니다.

　어니스트 헤밍웨이는 파리에서 작가 생활을 하고 있을 때 자기가 애지중지하던 시와 소설 원고가 있었습니다. 그는 그 원고를 가죽 가방에 넣어서 다녔는데, 부인과 함께 스위스 알프스에 갔다 오면서 부인이 그 원고를 몽땅 다 잃어버리게 됩니다. 헤밍웨이는 그 원고가 너무 아까워서 결국 부인을 미워하고 이혼을 하게 됩니다.

　우리가 가지고 있는 하나님의 말씀과 복음은 하나님 아들의 목숨과 바꾼 것입니다. 누구든지 이 말씀을 믿으면 죄의 절벽에서 구원받고 하나님의 아들이 될 수 있습니다. 우리는 이 복음을 이 세상의 어떤 돈이나 권력이나 심지어는 우리 목숨과도 바꿀 수 없습니다. 그런데 실제로 우리 마음은 세상에 성공하는 일에 있고 사람들의 명예를 얻는 일에 다 가 있는 것을 볼 수 있습니다. 그렇다면 우리는 예수님도 잃고 하나님 아들의 지위도 잃게 될 것입니다.

1. 이스라엘 백성들이 받은 보응

이스라엘 백성들은 전 세계에서 하나님의 특별한 사랑을 받은 민족이었습니다. 이 세상에 많고 많은 사람이 있지만 하나님은 애굽에서 노예 생활하던 이스라엘 민족을 택하셔서 하나님 자신을 알려주시기로 하셨습니다. 그래서 하나님은 이스라엘 백성들에게 출애굽이라는 엄청난 사건을 겪게 하시고, 무려 사십년에 걸쳐서 광야를 통과하게 하십니다. 하나님께서 이스라엘 백성들에게 이런 경험을 하게 하신 것은 그들이 받은 구원이 얼마나 값진 것인지 알게 하시기 위함이었습니다.

하나님은 모세에게 말씀하셨습니다. 하나님은 애굽에 전염병을 퍼트려서 단번에 모두 죽게 하고 이스라엘 백성들을 다 나오게 하실 수 있다고 하셨습니다. 그러나 그렇게 하면 이스라엘 백성들은 하나님이 얼마나 대단한 분인지 모르고 넘어가게 될 것입니다. 그래서 하나님은 아주 시시한 기적부터 행하셨습니다. 강물이 피가 되는 것은 엄청난 것이지만 그것은 애굽의 요술사들도 할 수 있었던 것입니다(출 7:22). 그 이후 하나님은 개구리, 파리, 메뚜기, 우박 등 이런 식으로 점점 더 강도를 높여가셨습니다. 그러나 바로는 식물이나 가축이 다 죽어도 아직 돈이 있으니까 얼마든지 그것들은 다시 사면 된다고 생각을 했습니다. 결국 바로는 끝까지 고집을 부리고 하나님의 재앙의 기적은 무려 열 번이나 내리게 되었습니다. 나중에는 돈으로 살 수 없는 바로와 그 백성들의 처음 난 것들이 다 죽게 됩니다.

하나님은 출애굽 후에 이스라엘 백성들을 홍해 길로 데리고 가셨습니다. 그때 이스라엘 백성들은 뒤에서 추격하는 애굽 군대를 보고 모세를 향해 미쳤다고 소리를 질렀습니다. 그러나 그 길로 갔기 때문에 바다가 갈라지는 것을 보게 되고 그 가운데를 육지처럼 걸어서 지나가게 되었습니다. 그러나 애굽 군대는 바다가 합쳐지는 바람에 모두 다 바다에 빠져 죽었습니다.

우리 인간은 너무나도 하나님의 은혜를 잘 잊어버리기 때문에 조금만 눈앞에 어려움이 생기면 하나님을 의심하고 원망하게 됩니다. 그래서 이스라엘 백성들은 하나님이 주신 은혜를 잊지 않도록 좋은 기억을 붙들어 매야 했지만, 잠시 동안의 어려움과 배고픔을 참지 못하고 그들은 어린아이처럼 고기가 먹고 싶다고 하면서 전부 울었습니다. 그때 하나님은 이스라엘 백성들이 고기를 먹되 하루, 이틀이나 열흘이 아니라 한 달 동안 먹게 하겠다고 하셨습니다. 그때 모세는 지금 이스라엘 백성들이 가지고 있는 가축을 다 죽여도 한 달은 먹을 수가 없고 바다에 있는 고기를 다 잡아도 한 달은 먹을 수 없다고 대답했습니다. 그러니까 하나님은 "하나님의 손이 짧아지기라도 했느냐?"고 말씀하시고는 밤새도록 바람이 불게 하더니 저녁에는 온 이스라엘 백성 주위에 메추라기가 수북하게 쌓이게 하셨습니다.

그리고 또 이스라엘 백성들은 광야에서 물이 없다고 원망했습니다. 이것은 당연한 것입니다. 우리라도 그 더운 날씨에 마실 물이 없이 며칠을 돌아다니면 짜증이 날 것입니다. 그러나 그들은 하나님을 불신했습니다. 이때는 모세조차도 하나님을 약간 의심했습니다. 그것은 '우리의 생명은 여기서 목이 말라 죽는 것으로 끝나는 것이 아닐까?' 하는 생각이 든 것입니다. 그래서 하나님이 모세에게 바위를 치라고 했을 때 모세는 화를 냈습니다. 즉 모세는 무리 앞에서 화를 내면서 두 번이나 바위를 친 것입니다. 그때 물이 쏟아져 나와서 이스라엘 백성들과 가축들이 다 그 물을 마셨지만 하나님은 모세의 그 행동을 용서하지 않으셔서 모세는 약속의 땅 가나안으로 들어가지 못하게 됩니다.

우리가 이것을 통해서 알 수 있는 것은 하나님의 말씀을 들은 후에는 달라야 하고, 기도 응답을 체험한 자는 다른 사람들과 달라야 한다는 것입니다. 즉 무슨 일이 있어도 하나님께서 자기에게 말씀을 주시고 기도를 들어주신다는 것을 잊어서는 안 됩니다. 그러나 이스라엘 백성들은 눈앞의 현실만 보고 너무 쉽게 하나님의 말씀과 기적들을 잊어버렸습니다. 그들은 다른 사람들과 똑같이 되어버렸던 것입니다.

2:1, "그러므로 우리는 들은 것에 더욱 유념함으로 우리가 흘러 떠내려 가지 않도록 함이 마땅하니라"

어떤 사람이 강에 빠져서 허우적거리다가 다른 사람들이 목숨을 걸고 건져서 간신히 살게 되었다면 그는 다시는 물에 빠지지 않도록 조심해야 합니다. 그런데 조금 전에 물에 빠졌던 사람이 또 물에 빠져서 떠내려가면서 사람 살려달라고 소리를 지르고 있다면 이 사람은 조심성이 없는 정도가 아니라 자기 목숨의 가치를 너무 장난스럽게 생각하는 것밖에 되지 않는 것입니다.

우리는 모두 물에 빠져서 떠내려가고 절벽에 매달려서 죽을 뻔했던 사람들이었습니다. 그렇다면 우리는 우리의 삶을 주의 깊게 돌아보며 살아야 할 의무가 있습니다. 왜냐하면 우리는 모두 다른 사람의 희생 덕분에 살아가고 있기 때문입니다.

2:2, "천사들을 통하여 하신 말씀이 견고하게 되어 모든 범죄함과 순종 하지 아니함이 공정한 보응을 받았거든"

"천사들을 통하여 하신 말씀"은 '율법'을 의미합니다. 이스라엘 백성들이 율법의 말씀만 붙들고 있는 이상 절대로 천사는 이스라엘 백성들을 떠나지 않습니다. 그래서 하나님은 적의 숫자가 많은 것을 두려워하지 말라고 말씀하셨습니다. 그런데 이스라엘 백성들은 율법의 말씀만 가지고는 적을 물리치고 가나안 땅을 지킨다는 것은 불가능하다고 생각을 했습니다. 그래서 이스라엘 백성들은 주위 민족에게 잘 보이려고 바알과 아세라를 섬기기 시작했는데, 그때부터 천사의 능력은 없어지고 하나님의 심판이 쌓이기 시작했습니다.

나중에 요시야 왕은 성전을 수리하다가 두루마리 율법책을 발견하고 옷을 찢습니다(왕하 22:11). 왜냐하면 자기들이 한 일이 모두 망하는 짓만 했기 때문입니다. 그래서 왕의 신하들은 여선지 훌다에게 보내어 이 백성의 살길을 물어보았습니다. 그랬더니 하나님은 안 된다고 하시면서, 그들은 유다와 예루살렘은 포로로 붙들려가야 정신을 차리게 될 것이라고 말씀하셨습니다. 결국 율법의 말씀을 지키지 못한 이스라엘 백성들은 모두 멸망 당하고 포로로 붙들려가고 맙니다. 그 이유는 믿음이 없었기 때문입니다.

2. 하나님의 아들의 복음

하나님의 아들은 우리를 애굽의 포로 상태에서 구원해주시기 위해 오신 것이나 우리에게 가나안 땅 곧 젖과 꿀이 흐르는 땅을 주시기 위해 오신 것이 아니었습니다. 하나님의 아들이 이 세상에 오신 것은 우리의 죄를 영원히 씻으시고 영생을 주시며 하나님 아들의 지위를 주시기 위해서였습니다. 그러나 유감스럽게도 이것은 그냥 천사를 믿는 것처럼 믿고 따라간다고 해서 되는 것이 아니라, 하나님의 아들이 우리 죄를 대신해서 죽으셔야만 했습니다. 왜냐하면 피가 없으면 죄 사함도 없기 때문이었습니다.

하나님의 아들은 십자가 위에서 죽으면서 우리에게 보석을 하나씩 주셨습니다. 그것은 바로 하나님의 말씀이었습니다. 우리가 믿는 이 말씀은 하나님의 아들의 목숨과 바꾼 것입니다. 그래서 옛날에는 성경책 옆을 전부 붉은색으로 칠했습니다. 이것은 전부 피가 묻어 있는 말씀이고 예수님의 목숨과 바꾼 말씀이라는 뜻이었습니다. 우리가 예수를 믿고 이 말씀을 믿으면 모든 죄를 다 씻음 받고 영생을 얻습니다. 우리는 죽어도 살고 하나님의 자녀의 권세를 얻게 됩니다. 이것은 이 세상에서 좋은 대학을 졸업하고 결혼을 잘 하고 좋은 직장에 취직이 되는 것과는 차원이 다른 것입니다. 이 세상에서 잘 사는 것은 애굽에서 잘 사는 것입니다. 모세는 애굽에서 바로의 공주의 아들이 되어서 잘 사는 것보다는 히브리 노예로 고난받는 것을 더 좋아했다고 강조하고 있습니다. 그러나 우리는 정작 애굽에서 잘 살고 바벨론에서 사치하면서 사는 것을 행복이라고 생각하고 있습니다.

"이같이 큰 구원"이라는 것은 하나님의 아들이 벌레 같은 우리를 위하여 죽으시고 말씀을 주신 것을 의미합니다. 그래서 초대교회 때에는 예수님같이 살기 위해서 집을 팔아서 바치고 지팡이 하나 들고 전도하러 다니는 사람들이 많이 있었습니다.

2:3, "우리가 이같이 큰 구원을 등한히 여기면 어찌 그 보응을 피하리요 이 구원은 처음에 주로 말씀하신 바요 들은 자들이 우리에게 확증한 바니"

복음은 이 세상의 학문이나 성공, 돈이나 권력과 비교할 수 없는 어마어마한 것입니다. 하나님의 말씀은 이 세상의 돈이나 명예나 학벌과 비교할 수 없는 것입니다. 그런데 만일 우리가 이 세상의 돈이나 성공에 정신이 빠져서 하나님의 말씀을 등한히 하면 그것은 우상 숭배 하는 것과 똑같은 것입니다.

모세 때 고라라는 사람이 있었습니다. 그는 레위인이었는데 레위인은 제사장이 될 수 없었습니다. 제사장은 오직 아론과 그 아들들만

이 될 수 있었고 레위인은 보조하는 일밖에 하지 못했습니다. 그래서 고라는 모세를 대적하면서 "모든 이스라엘 백성들은 다 똑같은데 왜 우리는 제사장을 하지 못하느냐?"고 불평했습니다. 그때 모세는 고라에게 너희가 하나님께 수종드는 일이 얼마나 귀한 일인데, 그것으로 감사하지 못하고 제사장까지 하려고 하느냐 하면서 다른 사람들은 그 주위를 물러가라고 했습니다. 그때 땅이 갈라지면서 고라와 동조했던 사람들을 다 삼키고 도로 땅이 다물어졌습니다. 그때 이스라엘 백성들이 모세에게 "네가 이스라엘 백성을 죽였어"라고 원망하니까 전염병이 퍼지기 시작했습니다. 그때 아론이 얼른 분향하는 그릇을 들고 산 자와 죽은 자 사이에 섰을 때 비로소 전염병이 그쳤습니다. 그러나 그때는 이미 이스라엘 백성들 만 사천칠백 명이 죽은 후였습니다.

하나님의 백성들은 작은 일에도 감사해야 합니다. 우리는 다른 사람들과 달라야 합니다. 하나님의 말씀을 들은 자는 듣지 않은 자와 달라야 하고 은혜받은 자는 은혜받지 않은 때와는 달라야 합니다. 우리가 다른 사람들과 똑같아지려고 하는 것이 패역한 것입니다. 하나님의 아들이 오셔서 보물을 주시고 죽기까지 하셨는데, 우리가 이 말씀을 등한히 하면 그것은 하나님의 아들을 죽이는 것입니다.

복음은 주님이 직접 말씀하신 것이고, 주님의 말씀을 들은 자들이 전해준 것입니다. 이것을 통해서 히브리서의 기자는 예수님의 열두 제자는 아니라는 것을 알 수 있습니다. 즉 저자는 주님의 말씀을 들은 자에게서 들은 것입니다.

2:4, "하나님도 표적들과 기사들과 여러 가지 능력과 및 자기의 뜻을 따라 성령이 나누어 주신 것으로써 그들과 함께 증언하셨느니라"

예수님의 복음은 기적으로 가득 차 있습니다. 그리고 주님이 죽었다가 살아나신 자체가 기적이고 우리에게 성령이 오신 것도 기적입니다

다. 우리가 설교하고 찬양하고 봉사하는 것도 기적입니다. 그러나 가룟 유다는 예수님을 믿지 않다가 자살하고 지옥으로 갔습니다. 우리가 세상을 사랑하는 것은 우상 숭배 하는 것입니다. 우리가 하나님의 말씀을 소홀히 하는 것은 이 큰 복음을 등한히 생각하는 것입니다. 그는 보석의 가치를 모르는 사람입니다. 우리는 죽도록 하나님의 말씀을 사랑하고 죽도록 예배를 사랑해야 하나님의 아들의 자격이 있는 것입니다. 그렇게 하지 않는 것은 우리에게 거저 주어진 보석을 버리는 것입니다. 만약 영국 여왕이 직접 와서 어떤 사람에게 수백 캐럿의 다이아몬드를 주었는데 그 가치를 모르고 남에게 줘버리거나 흘려버렸다면 그는 바보입니다. 그는 지옥에 갈 수밖에 없습니다. 그는 하나님의 상속자가 될 수 있었는데 그 가치를 모르는 바람에 지옥의 종이 되고 만 것입니다.

3. 하나님의 상속자

만약 어떤 동네의 가난하게 사는 집 아이가 어떤 큰 나라의 왕자로 입양되었다면 그는 모든 것이 달라지게 될 것입니다. 그 아이는 이제 먹는 것이나 입는 것은 신경 쓸 필요가 없을 것입니다. 왕궁에는 먹을 것이나 입을 것이 너무나도 많이 있고 부족한 것이 별로 없을 것입니다. 그에게 필요한 것은 오직 왕자다운 품위와 아주 넓은 마음일 것입니다. 만일 입양된 왕자가 다른 어떤 왕자보다 더 품위 있고 더 넓은 마음과 지혜를 가지고 사람들을 대한다면 신하들은 왕의 통찰력에 탄복할 것입니다.

그런데 예수 믿는 우리는 그런 왕자로 입양된 것이 아니라 하나님의 아들로 입양된 것입니다. 그래서 더 이상 우리에게 필요한 것은 먹는 것이나 입는 것이나 세상 성공에 대한 걱정이 아닙니다. 우리에게 필요한 것은 하나님의 자녀다운 품위와 아주 넓은 마음이고 하나님의 말씀에 대한 철저한 순종의 자세일 것입니다. 그런 점에서 우리는 천사들을 능가하게 됩니다.

2:5-6, "하나님이 우리가 말하는 바 장차 올 세상을 천사들에게 복종하게 하심이 아니니라 그러나 누구인가가 어디에서 증언하여 이르되 사람이 무엇이기에 주께서 그를 생각하시며 인자가 무엇이기에 주께서 그를 돌보시나이까"

하나님은 온 세상을 천사들에게 복종시키지 않으십니다. 장차 온 세상을 지배할 사람들은 우리 성도들이고 교회에서 보잘것없어 보이는 노인들이요 청년들입니다.

우리는 원래 보잘것없는 사람들이었고, 하나님의 관심의 대상도 되지 못하는 벌레 같은 존재였습니다. 그런데 하나님은 우리를 생각하시고 우리를 돌보시고 사랑하셨습니다.

2:7-8상, "그를 잠시 동안 천사보다 못하게 하시며 영광과 존귀로 관을 씌우시며 만물을 그 발 아래에 복종하게 하셨느니라"

여기에서 "그"는 하나님의 아들을 말합니다. 그는 잠시 천사보다 못하게 하셨다고 했지만 사실은 엄청나게 추락하신 것입니다. 그는 인간이 되셨고 무시를 당하셨고 채찍에 맞으셨고 십자가 위에서 가장 고통스럽게 죽으셨습니다. 그 모든 것이 우리를 영광스러운 하나님의 아들이 되게 하기 위해서였습니다. 그는 죽었지만 하나님의 말씀대로 살아나셨습니다. 하나님의 말씀은 그리스도를 죽음에서 살리셨고 가장 존귀한 곳에 오르게 하셨습니다. 예수님은 그 말씀을 우리에게 주시고 가셨습니다. 하나님의 말씀은 세계에서 가장 비싼 보석이고 우리가 하나님의 자녀라는 표시입니다.

2:12, "이르시되 내가 주의 이름을 내 형제들에게 선포하고 내가 주를 교회 중에서 찬송하리라 하셨으며"

주님은 우리를 형제라고 부르셨습니다. 우리는 예수님과 함께 형제가 되었습니다. 하나님의 자녀들에게 필요한 것은 오직 품위이고 믿음이고 하나님의 말씀입니다. 우리는 이 세상이 영원하지 않다는 것을 알고 있습니다.

사람은 풀과 같고 그 모든 영광은 풀의 꽃과 같지만 하나님의 말씀은 영원하다고 했습니다.

그런데 놀라운 것은 다음 13절 말씀입니다.

2:13, "또 다시 내가 그를 의지하리라 하시고"

"내가 그를 의지"한다는 것은 무슨 뜻일까요? 물론 이것은 우리가 이 세상에서 하나님과 주만 의지하고 살아간다는 뜻입니다. 사실 13절은 히스기야 왕이 앗수르 군대가 쳐들어왔을 때 했던 말입니다. 그때 인간의 힘이나 생각으로는 절대로 히스기야가 앗수르 군대를 물리칠 수 없었습니다. 그러나 히스기야는 주를 의지했습니다. 그리고 천사 하나가 내려와서 앗수르 군대 십팔만 오천 명을 하룻밤 사이에 죽였습니다.

우리는 주님을 믿습니다. 하나님을 의지하는 자는 수치를 당하지 않는다고 약속하셨습니다. 우리는 이 엄청난 구원을 소홀히 생각하지 말고 하나님의 아들의 품위를 가지고 살아가는 성도들이 다 되시기 바랍니다.

04

인간의 운명
히 2:14-18

어떤 사람이 큰 병에 걸려서 수술을 받게 되었거나 중요한 시험을 치르게 되었을 때, 미리 경험해 본 사람이 있으면 큰 도움을 받을 수 있을 것입니다. 병에 걸렸는데 병명도 모르고 그 원인도 모른다면 이것저것 해 보고 여러 병원에 다니면서 고생은 고생대로 실컷 하고 나중에는 시간을 놓쳐서 그 병을 크게 키우는 경우가 많이 있습니다. 또 시험 준비를 하는 경우에도 경험이 있는 사람은 쓸데없이 이 책, 저 책 보지 않고 꼭 필요한 공부만 해서 쉽게 합격을 하는데, 사전지식이 없는 사람은 이 공부, 저 공부하고, 시험에는 아무 도움이 되지 않는 쓸데없는 공부만 실컷 하고 시간만 허비하게 됩니다.

사람들이 평소에는 별로 의식을 하지 않고 살아가지만 모든 사람은 사실 큰 위협을 언제나 옆에 두고 살아가고 있습니다. 그것은 바로 죽음의 문제입니다. 물론 사람들은 젊어서는 건강하기 때문에 잘 죽지 않고 얼마든지 건강하게 살아갈 수 있습니다. 그러나 젊다고 해서 죽음의 문제를 완전히 피할 수는 없습니다. 젊어도 얼마든지 사고를 당할 수도 있고 병에 걸릴 수도 있으므로 사람은 언제든지 죽을 수 있습니다.

그런데 산 자와 죽은 자의 차이는 엄청나게 큽니다. 살아 있는 사람은 그래도 가족을 만날 수 있고 움직일 수도 있고 나중에는 부귀와 영화를 누릴 수도 있지만 죽으면 그야말로 그 사람은 썩어져 없어져 버리게 됩니다. 그래서 만일 가족 중의 누군가가 사고나 병으로 죽게 되면 남은 가족은 슬픔 가운데 보내게 됩니다. 그러나 사람이 살아 있는 것도 쉬운 문제가 아닙니다. 살아 있어도 행복하게 살아 있어야 하는데 그렇게 하려면 돈과 집이 있어야 하고 살아가는 의미가 있어야 합니다. 그래서 사람들은 모두 한편으로는 죽지 않기 위해서 발버둥을 치고, 다른 한편으로는 행복하게 살기 위해서 몸부림을 치고 있습니다. 그러나 우리는 죽는 문제나 혹은 행복하게 사는데 경험이 없으므로 엉뚱한 방면에서 노력과 시간을 허비하는 경우가 많이 있습니다.

성경에 보면 혈루증 여인이 나오는데 그 여자는 혈루증 때문에 행복하지 못했습니다(마 9:18-22). 그 여인은 무려 12년 동안이나 이 의사, 저 의사를 만나서 치료를 받느라고 돈은 돈대로 다 써버리고 병은 낫지 않았습니다. 그런데 이 여인을 행복하게 한 것은 놀랍게도 의사와는 전혀 상관없는 예수님과의 만남이었습니다. 이 여인은 다른 사람들의 이야기를 듣고 예수님의 옷자락만 만져도 자신의 병이 나을 것이라는 믿음을 가졌습니다. 이 여인은 예수님이 지나가는 것을 알고는 사람들 사이를 결사적으로 파고들어서 드디어 예수님의 옷을 만지는 데 성공했습니다. 그때 이 여인은 자기 병이 나은 것을 알았습니다. 이 여인은 더 이상 출혈이 없고 새로운 기운이 생겼던 것입니다.

우리 모든 인간은 '살아야 한다'는 엄청난 짐을 지고 살아가고 있습니다. 이 짐은 남이 져줄 수도 없고 또 자기가 벗을 수도 없습니다. 그러나 예수님은 우리에게 놀라운 말씀을 하셨습니다. 그것은 "수고하고 무거운 짐 진 자들아 다 내게로 오라 내가 너희를 쉬게 하리라"(마 11:28)고 말씀하신 것입니다.

I. 삶의 노예가 된 사람들

사람들은 누구나 다 살아야 한다는 강한 본능을 가지고 살아가고 있습니다. 모든 사람은 살기 위해서 몸부림을 치고 있습니다. 왜냐하면 죽는 것이 너무 고통스럽기 때문입니다. 사람은 배가 고프면 어떻게 해서든지 음식을 먹게 되어있습니다. 배가 고픈 것은 너무 고통스럽기 때문입니다. 또 산에서 길을 잃어버렸으면 기를 쓰고 산을 내려가서 사람들이 사는 곳으로 찾아가려고 합니다. 왜냐하면 혼자 산에 있게 되면 결국 생존할 가능성이 줄어들기 때문입니다. 그러므로 사람들은 먹어야 하고 옷을 입어야 하고 집이 있어야 하고 일을 해야 합니다. 그러면서도 사람은 정작 자기가 왜 살아야 하는지를 알지 못하는 것입니다.

2:15, "또 죽기를 무서워하므로 한평생 매여 종 노릇 하는 모든 자들을 놓아 주려 하심이니"

사람들은 죽는 것이 무서워서 한평생 일을 합니다. 굶어 죽는 것이 무섭고, 얼어 죽는 것이 무섭고, 병들어 죽는 것이 무섭기 때문에 굶지 않고 춥지 않고 병들지 않으려면 일을 해야 하는 것입니다. 그래서 그렇게 죽지 않으려고 한평생에 걸쳐서 그야말로 '뼈 빠지게' 일을 하면서 살아가는 것입니다. 그래서인지 사람들은 아무것도 하지 않을 때가 가장 괴롭다고 합니다. 즉 사람은 무엇인가를 해야 사는 의미를 느끼는데 아무것도 하지 않으면 자신이 살아야 할 의미가 없게 되는 것입니다. 이것은 꼭 돈이 있거나 없는 문제가 아닙니다. 모든 사람은 무엇인가 할 일이 있을 때 살아가는 의미를 느끼고 더욱 죽으라고 할 일이 있을 때 행복한 존재가 된다고 합니다.

유명한 등산가 중에 높은 에베레스트산에 올라가다가 사고로 생명을 잃는 경우가 많습니다. 그래서 사람들은 무엇 때문에 집에 편안하게 있지 그 위험한 데 올라가서 죽느냐고 묻습니다. 그러나 산악인들은 산에 오르지 않고 집에만 있는 것이 오히려 죽은 것이라고 생각한다는 것입니다. 그래서 죽는 일이 있어도 장비를 챙겨서 산에 오를 때 살아있는 의미를 발견하게 된다는 것입니다.

왜 사람은 집에서 가만히 놀고 있으면서 행복할 수는 없는 것일까요? 그것은 이 세상의 모든 것은 제한되어있어서 경쟁에서 이기는 자만이 좋은 것을 차지할 수 있기 때문입니다. 그런데 사람은 차라리 경쟁이 있어야 더 생에 집착한다고 합니다. 아무런 경쟁 없이 모든 것이 풍족하다면 더 아무것도 하지 않게 되고 아무런 노력도 하지 않기 때문에 더 생의 의욕을 잃어버리게 된다는 것입니다. 그래서 돈이 많은 부잣집 자녀들이 더 방황하는 이유가 바로 여기에 있는 것입니다.

왜 사람들이 행복하지 못하고, 왜 사람들이 죽으라고 일을 하거나 공부를 하지 않으면 살 의미를 잃어버리게 될까요? 그것은 이 세상을 보고 살아가기 때문입니다. 사람들은 죄에 빠지는 바람에 하늘에 있는 것을 볼 수 없게 되었습니다. 그래서 이 세상에 있는 것만 보고 살아가니까 이 세상의 일이 없으면 살고 싶지 않은 것입니다. 이 모든 일의 배후에는 마귀가 있습니다.

2:14, "자녀들은 혈과 육에 속하였으매 그도 또한 같은 모양으로 혈과 육을 함께 지니심은 죽음을 통하여 죽음의 세력을 잡은 자 곧 마귀를 멸하시며"

마귀는 인간이 죄에 빠진 후에 죽음의 세력을 통하여 인간을 지배하게 되었습니다. 즉 마귀는 인간에게 너희들은 잘못하면 죽는다고 겁을 주면서 한평생 일이나 하면서 세상 것들만 쌓아놓고 살게 한 것입니다. 그러나 마귀는 거짓말쟁이입니다. 우리가 아무리 세상일을 열심히 한다고 해서 죽을병에 걸리지 않거나 사고가 안 터지는 것도 아니고 죽지 않는 것도 아닙니다. 우리 인간은 아무리 세상의 돈을 쌓아놓아도 죽을 때가 되면 다 죽는 존재입니다. 그래서 모든 사람은 죽지 않으려고 한평생 일을 하고 돈을 모으고 세상에 있는 것들을 붙들고 사는 종들입니다.

그러나 예수님은 이 세상에 오셔서 먼저 마귀의 머리를 깨부쉈습니다. 마귀는 교활하게도 예수님에게 돌로 떡을 만들어 먹으라고 하고 자기에게 절을 하면 세상 영광을 주겠다는 시험을 했습니다. 사실 젊은이나 늙은이 중에서 세상 영광을 위해서라면 얼마든지 마귀에게 절을 하고 양심을 팔 자들이 수두룩할 것입니다. 그러나 예수님은 우리에게 하늘을 바라볼 수 있게 하셨습니다. 우리가 하나님의 나라를 바라보니까(사실은 전부를 다 보는 것은 아니고 일부를 체험하면서) 이 세상에 있는 것들은 아무것도 아니라는 것을 알게 되는 것입니다. 우리가 하나님의 말씀을 들으면서 말씀의 세계 안으로 들어가 보게 되고 예배를 통해서 하나님의 영광을 체험하게 되면, 세상의 재미나 돈이나 성공은 아무것도 아닙니다. 우리가 이 세상에서 무엇을 하고 있든지 우리는 하나님의 자녀입니다. 우리가 왕의 자녀라고 한다면 세상에서 무엇을 하거나 무엇을 입거나 먹는 것은 아무 문제가 되지 않을 것입니다.

이스라엘 백성들은 애굽에 있을 때 수백 년 이상 종노릇을 했습니다. 그들은 일을 하지 않으면 채찍에 맞아야 했고 죽으라고 일을 해야 먹고 살 수 있었습니다. 그래서 이스라엘 백성들에게는 놀고먹는다는 것이 없었습니다. 왜냐하면 그것은 죽음을 의미했기 때문입니다. 그러나 하나님은 출애굽 후에 이스라엘 백성들을 광야로 데리고 가서서 무려 사십 년 동안 먹고 놀게 하셨습니다. 그들은 하늘에서 공짜로 내리는 만나를 먹고 사십 년을 살았습니다. 그러면 그때 과연 이스라엘 백성들이 행복했을까요? 그들은 행복하지 못했습니다. 왜냐하면 그들은 바로를 위해서 일을 해야 행복했기 때문입니다. 그래서 이스라엘 백성들은 애굽으로 돌아가려고 했습니다. 광야에서는 할 일이 없었기 때문입니다. 우리 한국 교인들은 예수를 믿어도 죽으라고 교회에서 일을 해야 그나마 잘 믿는 것 같다는 생각을 합니다. 그래서 한국 교회가 부흥하기는 엄청나게 했습니다. 그러나 그들은 아직도 이 세상에서 산다고 하는 것의 종이 되어있는 것입니다.

그래서 하나님은 우리 성도들에게 노는 훈련을 시키십니다. 하나님이 우리에게 직장을 주시지 않거나 사업을 망하게 하시거나 병을 주시는 것은 노는 훈련을 시키시는 것입니다. 그래서 하나님은 우리에게 세상만 보지 말고 하늘을 바라보라고 하십니다. 그러나 우리는 놀면서 거의 매일 죽으려고 합니다. 왜냐하면 아무것도 하지 않는 것이 너무 괴롭기 때문입니다. 특히 우리가 사는 세상 자체가 일에 미치고 공부에 미치고 운동에 미치게 만듭니다. 결국 우리는 최고로 잘 하지 않는 이상 만족을 하지 못하기 때문입니다. 그러나 우리는 끝내 하늘을 바라보지 못하고 종노릇만 하다가 죽게 되는 것입니다. 그런데 우리가 놀게 되면 결국 하나님의 말씀을 듣게 되고 하늘을 바라보게 됩니다. 하나님의 나라에는 영원한 것들이 전부 다 있습니다. 결국 하나님의 나라의 복이 이 세상에 와야 세상도 행복할 수 있습니다.

2. 참된 인생의 안내자

우리가 이 세상에 인간으로 태어나서 한평생을 산다는 것은 엄청난 축복입니다. 우리 인간은 무한한 상상력을 가지고 있고 엄청난 자존심을 가지고 있으며 또 성공했을 때 엄청난 부귀와 영화를 누리게 됩니다. 특히 요즘은 누군가가 세계적으로 좀 떴다고 하면 그야말로 돈방석에 앉는 것처럼 엄청난 돈을 벌게 됩니다. 그러면 그 사람은 과연 행복할까요? 물론 성공하지 못했을 때 비해서는 말할 수 없이 행복할 것입니다. 그런데 그 사람이 과연 행복할까요? 오히려 정반대로 행복하지 못합니다. 성공하지 못했을 때보다 이상하게도 마음의 갈증은 더 강해지게 되고 부나 명성을 잃어버릴 두려움은 더 많아지고 나중에는 사람들을 만나는 것조차 싫어지게 됩니다. 그 이유는 그의 내면이 메말랐기 때문입니다.

우리 인간이 사는 이 세상은 사막과 같습니다. 인간은 이 사막을 벗어나려고 한평생을 돌고 또 돌고 있습니다. 그런데 그 길옆에는 향락의 장소도 있고 백화점도 있고 좋은 집들도 있지만 결국 그 모든 것은 사막 안에 있는 것들입니다. 그래서 이 세상의 만족은 일시적인 것밖에 되지 못하는 것입니다. 예수님은 무엇이라고 말씀하셨습니까? 예수님은 "내가 주는 물은 그 속에서 영생하도록 솟아나는 샘물이 되리라"(요 4:14)고 하셨습니다.

세례 요한은 유대인들에게 자기는 사람들을 광야에서 바른길로 인도하는 소리라고 했습니다. 사람들이 광야에서 길을 잃고 헤매고 있을 때 어떤 사람이 "이 길로 가면 마을이 나온다"고 가르쳐주면 얼마나 고맙겠습니까? 세례 요한은 바로 그 생명의 길을 안내하는 소리였던 것입니다. 그런데 참 생명 중의 생명이 되신 하나님의 아들이 찾아오셨습니다. 하나님의 아들은 우리 안에 있는 갈증을 영원히 없앨 생수를 주시기 위해서 오셨습니다. 그것이 바로 성령의 생수입니다.

물론 우리가 성령의 생수를 마셔도 이 세상에서 사는 것은 쉬운 일이 아닙니다. 왜냐하면 우리가 성령의 생수를 마셔도 이 세상의 경쟁은 그대로 남아 있고 우리는 이 세상에 적응해서 살아야 하기 때문입니다. 이때 우리가 생각해야 할 중요한 것은 하나님의 백성들은 모두 길이 다르다는 것입니다.

이 세상은 획일화하는 것을 좋아합니다. 아니, 사람들은 획일화가 되어야 합니다. 그래서 똑같은 시험 문제를 가지고 시험을 쳐서 성적이 좋아야 하고 최고가 되어야 하며 남들보다 우수해야 인정을 받을 수 있습니다. 그러나 하나님의 백성들은 한 사람 한 사람의 특성이 다르고 그들의 길이 다릅니다. 그래서 하나님의 인도하심이 우리 한 사람 한 사람에게 다 다른 것입니다. 예를 들어서 그림으로 성공할 재능을 가진 사람에게 음악을 시키면 아마 성공하기 어려울 것입니다.

고흐는 미술에 천재적인 재능을 가진 사람이었는데 그는 전도사 생활을 했습니다. 고흐의 그림의 재능을 인정해주고 후원한 사람은 그의 동생이었습니다. 그러나 그는 얼마 가지 않아서 정신병이 생겨서 정신 병원에서 시간을 보내다가 죽게 됩니다. 물론 병원에서도 그는 그림을 계속 그렸습니다. 그가 그린 마지막 그림은 까마귀가 나는 밀밭 그림이었습니다. 얼마 전 우리 교회 집사님 한 분이 네덜란드에 가서 그 그림을 직접 보고 왔다고 합니다. 우리는 우리가 무엇을 잘하는지 알지 못하고, 하나님이 나를 무엇으로 만들려고 하는지 알지 못합니다. 그래서 우리는 주님을 따라가면서 평안하고 안심이 되기보다는 불안하거나 긴장할 때가 더 많습니다.

그러나 하나님의 아들은 친히 인간이 되셔서 어린아이 시절과 청소년 시절과 청년 시절을 다 거치면서 병이나 따돌림, 가난, 심지어는 죽음까지도 다 겪으셨습니다. 예수님이 자라셨던 갈릴리는 아주 가난하고 어두운 곳이었고 병으로 죽는 사람들이 많은 동네였습니다. 그곳은 귀신들린 자와 병든 자들이 수도 없이 많았고 미래가 아주 불안한 곳이었습니다. 예수님은 거기서 우리가 겪을 수 있는 모든 것을 다 겪으셨습니다. 그리고 예수님은 그런 가운데 고통과 어려움을 이기는 직선코스를 발견하셨습니다. 그래서 우리가 예수님의 지혜를 빌리면 모든 어려움을 시간 낭비하지 않고 반드시 이기고 완쾌될 수 있습니다. 예수님은 우리가 겪는 고통을 다 겪어보셨기 때문입니다.

2:16, "이는 확실히 천사들을 붙들어 주려 하심이 아니요 오직 아브라함의 자손을 붙들어 주려 하심이라"

예수님은 아무 결점도 없고 완전무결한 천사 같은 사람들을 도와주려고 하시는 것이 아니라, 아브라함같이 떠돌이이고, 갈 길도 알지 못하고, 아이도 없고, 땅도, 시민권도 없는 불안한 우리 같은 사람을 도와주려 하신 것입니다. 하나님은 우리가 이 세상에서도 비참하게 살지 않도록 좋은 길로 인도하십니다. 하나님은 이스라엘 백성들에게 너희가 파지 않은 우물물을 마실 것이고, 너희가 짓지 않은 집에서 살고, 너희가 심지 않은 포도원과 감람나무 열매를 먹을 것이라고 하셨습니다. 하나님은 우리가 이 세상에서도 얼마든지 행복하게 살 수 있게 하실 것입니다. 그러나 하나님이 우리에게 이 세상의 행복을 다 주시지 않는 것은 하늘의 복을 주시려고 하시기 때문입니다. 그러므로 너무 억울하다고 생각해서는 안 됩니다.

3. 우리의 대제사장

사람들에게 가장 중요한 것은 자신들의 죄가 하나님 앞에서 사해지는 것입니다. 만일 우리가 무슨 죄를 가지고 있으면 사람들 앞에 설 수 없을 것입니다. 마찬가지로 우리는 아주 작은 죄가 있어도 하나님 앞에 설 수 없습니다. 그래서 사람들은 아예 하나님 앞에 가는 것을 포기하고 이 세상에서 지성을 믿고 자기 능력을 믿고 마음대로 살다가 죽으려고 합니다. 그런데 하나님 앞에서 죄를 완전히 깨끗하게 씻음을 받는 방법이 우리에게 있습니다. 그것은 바로 하나님의 아들 대제사장을 믿는 것입니다. 십자가 위에서 죽으셨다가 다시 살아나서서 하나님 앞에 올라가신 예수님은 우리의 모든 죄를 다 씻어주셨습니다. 사람들은 완전히 죄 용서받는 길이 열렸는데도 불구하고 너무 자존심이 세고 자기 논리에 맞지 않는다고 그것을 믿지 않습니다. 그것은 어쩔 수 없는 것입니다. 그래서 차라리 이 세상에서 너무 똑똑한 것보다는 무식한 것이 낫고 너무 성공한 것보다는 성공하지 못한 것이 낫습니다. 왜냐하면 내가 부족한 줄 알고 예수님이 내 죄를 대신해서 죽으신 것을 믿기 때문입니다.

2:17, "그러므로 그가 범사에 형제들과 같이 되심이 마땅하도다 이는 하나님의 일에 자비하고 신실한 대제사장이 되어 백성의 죄를 속량하려 하심이라"

여기서 "속량한다"는 것은 인질이나 포로가 되어있는 사람의 몸값을 주어서 데려오는 것을 말합니다. 우리 인간 한 사람 한 사람의 몸값은 엄청나게 비싸서 세상 돈으로는 속량할 수 없습니다. 그런데 하나님의 아들의 피 값이 얼마나 비싼지 우리 죗값을 다 갚고도 남는 것입니다. 그리고 우리는 하나님께 돌아와서 하나님의 아들이 되었습니다. 하나님의 아들이 먹는 것을 걱정하며 입는 것을 걱정하며 세상의 명예에 욕심을 낼 필요가 없습니다. 하나님의 아들들은 이 세상에서 없으면 없을수록 더 좋습니다. 그 대신 우리는 당당해야 하고 하나님의 말씀에 사생결단을 해야 합니다.

2:18, "그러므로 그가 범사에 형제들과 같이 되심이 마땅하도다 이는 하나님의 일에 자비하고 신실한 대제사장이 되어 백성의 죄를 속량하려 하심이라"

예수님은 이 세상에서 온갖 고난을 다 받으셨습니다. 예수님은 욕도 먹으시고 오해도 받으시고 몸도 아프셨고 배신도 당하시고 침 뱉음도 당하셨습니다. 예수님은 머리에 가시관도 쓰셔서 엄청난 고통을 당하기도 하셨고 손과 발에 못이 박히기도 하셨습니다. 예수님은 우리의 고통을 능히 도우실 수 있습니다. 우리가 예수님만 생각하면 다 견딜 수 있습니다. 하나님은 우리가 시험당할 때 반드시 이기게 하시고 피할 길을 주시고 감당할 수 있게 하신다고 하셨습니다. 우리는 한평생 일의 종에서 풀려나와야 합니다. 우리는 아무것도 하지 않아도 행복할 수 있어야 합니다. 그리고 미래에 대하여 전혀 염려할 필요가 없습니다. 하나님 아버지께서 내 길을 아시기 때문입니다.

05

하나님의 집

히 3:1-10

사람들은 보통 다른 사람에 대해 관심을 가질 때 대개 "어디서 일을 하십니까?"라고 물어봅니다. 그러면 "저는 중학교에서 일을 합니다."라고 하든지, 아니면 "어느 병원에서 일을 합니다."라고 대답하면, '아, 저분은 학교 선생님이구나.' 라든지, '의사이겠구나.' 라고 짐작하게 됩니다. 사람에게 집은 그 사람의 직책이나 하는 일을 나타냅니다. 사람들은 누구나 할 수만 있으면 좋은 직장에서 일하기를 원하고 좋은 높은 직책을 가지기를 원할 것입니다.

이스라엘 백성들이 가장 존경했던 사람은 모세였습니다. 모세 때문에 이스라엘 백성들이 노예에서 풀려나게 되었고, 그 과정에서 수없이 많은 기적을 행했기 때문입니다. 특히 이 히브리서를 받아보고 있는 사람들은 이스라엘 사람들이고 대부분이 제사장 출신이었다면, 그들은 더욱 더 모세를 좋아하고 추종하는 사람들이었을 것입니다.

그러나 한번 생각해 보면 어떻게 모세 혼자 그런 엄청난 일을 할 수 있었겠습니까? 어떻게 모세 혼자의 힘으로 그 많은 기적을 일으키고 이스라엘 백성들을 애굽에서 이끌고 나올 수 있었겠습니까? 그 모든 것은 하나님이 하신 것이고, 모세는 하나님의 대리자에 불과했던 것뿐입니다. 그런데 모세의 대단한 점은 그가 이 세상에서 하나님의 일을 위하여 뽑힘을 받았다는 사실입니다. 또 모세가 그런 엄청난 능력을 행할 수 있었던 것은 그가 하나님의 집에 뽑힘을 받았기 때문입니다. 그래서 우리는 하나님의 집에 뽑힘을 받는다는 것은 엄청난 일이라는 것을 알 필요가 있습니다.

1. 모세의 충성

모세는 하나님의 집의 일꾼으로 뽑힘을 받은 후 정말 하나님의 말씀에 충성했습니다.

3:5, "또한 모세는 장래에 말할 것을 증언하기 위하여 하나님의 온 집에서 종으로서 신실하였고"

그런데 옛 개역성경 번역을 보면 "또한 모세는 장래에 말할 것을 증거하기 위하여 하나님의 온 집에서 사환으로 충성하였고"라고 되어있습니다.

모세는 아기 때 바로의 공주의 아들로 입양되어서 세상을 바라보며 세상의 영광을 위하여 살았습니다. 그러나 하나님의 때가 되었을 때 모세는 자기 뿌리를 알게 되었고, 이스라엘 노예를 도우려고 하다가 애굽 사람을 하나 죽이고 사십 년 동안 살인자로 미디안 광야에서 숨어 살게 되었습니다. 그러다가 불타는 떨기나무 사이에서 하나님의 음성을 듣고 하나님의 종으로 발탁됩니다. 모세는 하나님이 시키시는 말씀을 듣고 물론 자기는 순종할 수 없다고 대답했습니다. 자기는 말도 잘하지 못하고 무려 사십 년 동안이나 사회에서 격리되어서 살아왔고 가진 능력은 아무것도 없다고 했습니다.

그러나 모세는 하나님의 말씀에 충성했습니다. 모세는 가장 가기 싫은 곳 즉 바로를 찾아가서 불가능한 이야기를 해야만 했습니다. 그것은 이스라엘 백성들을 애굽에서 보내라는 것이었습니다. 바로는 모세의 말을 듣고 도대체 여호와가 누구시기에 내가 그의 말을 들어야 하느냐고 하면서 이스라엘 백성들을 더 괴롭게 했습니다. 그런데 모세는 계속 바로를 찾아갔습니다. 그런데 그가 갈 때마다 하나님의 기적의 능력이 나타났습니다. 나일강이 피가 되고, 개구리 떼가 올라오고, 파리 떼가 몰려왔습니다. 처음에 바로는 모세가 어디 가서 마술을 배워 와서 요술을 부리는 줄 알고 우습게 알았습니다. 왜냐하면 애굽의 요술사들도 그렇게 할 수 있었기 때문입니다. 그런데 나중에는 걷잡을 수 없는 재앙으로 나타났습니다. 그리고 모세는 이해되지 않아도 하나님의 말씀에 순종했습니다. 결국 그 많은 이스라엘 백성을 이끌고 애굽에서 벗어나게 됩니다.

모세는 하나님의 말씀대로 그 백성들을 이끌고 홍해 바닷가로 갔습니다. 그러나 거기서 더 앞으로 갈 수 없었고 뒤에는 애굽 군대가 추격해오고 있었습니다. 그러나 모세는 도망치지 않았습니다. 모세는 하나님의 말씀대로 순종하여 홍해 바다를 가르고 이스라엘 백성들과 함께 바다를 육지처럼 건넜습니다. 또 모세는 하나님의 말씀에 순종하여 광야로 더 깊이 들어갔습니다. 광야는 양식도 없고 물도 없는 곳입니다. 그러나 그는 하나님의 말씀에 충성했습니다. 그 결과 단단한 반석에서 물이 쏟아져 나오고 하늘에서는 이슬과 함께 만나가 내렸습니다.

모세는 이스라엘 백성들을 끝까지 책임지려고 했습니다. 모세가 시내산에 올라가서 하나님의 율법의 돌비를 받는 동안 이스라엘 백성들은 금송아지 우상을 만들어서 숭배하고 축제를 하고 난리가 났습니다. 그때 하나님은 이스라엘 백성들을 다 죽이고 다시 시작하려고 했습니다. 이때 모세는 엎드려 기도하면서 자기 이름을 생명책에서 빼달라고 하며 용서해줄 것을 간청했습니다. 또 이스라엘 백성들이 가나안 입구까지 가서 정탐하고 난 후 못가겠다고 하면서 애굽으로 다시 돌아가려고 했을 때, 하나님은 이스라엘 백성을 다 죽이고 다시 시작하려고 했습니다. 그러나 모세는 또 땅에 엎드려서 안 된다고 하며 간청해서 용서를 받았습니다. 이스라엘 백성들이 고라당을 중심으로 모세를 대적했을 때 하나님은 또 이스라엘 백성들을 전멸시키려고 했지만, 모세는 땅에 엎드려서 기도하면서 이스라엘 백성들을 죽게 해서는 안 된다고 해서 용서를 받았습니다.

나중에 이스라엘 백성들이 생각해보니까 모세같이 하나님께 충성한 사람이 없었습니다. 그리고 모세같이 이스라엘 백성들을 끝까지 책임지려고 했던 사람도 없었습니다. 그래서 모세는 하나님의 온 집에서 참으로 충성된 사환이었습니다. 여기서 '사환'은 그야말로 심부름하는 사람을 말합니다. 모세도 처음부터 사환은 아니었습니다. 모세는 처음에는 당당한 공주의 아들이었습니다. 그러나 그가 하나님 나라의 사환이 되는데 사십 년이 걸렸고 사환으로 낮아지자마자 하나님의 능력이 나타나기 시작했던 것입니다. 그래서 예수님은 하나님의 나라에서는 가장 높은 자가 되려고 하면 가장 낮은 자가 되어야 한다고 말씀하셨습니다. 그러나 모세는 사환이지 주인이 아니었습니다. 모세의 주인은 그리스도였습니다.

2. 예수 그리스도의 낮아지심

예수님은 우주에서 가장 높은 위치에 계신 분이었지만 스스로 낮아지셔서 벌레와 같은 우리 인간이 되셨습니다.

3:1, "그러므로 함께 하늘의 부르심을 받은 거룩한 형제들아 우리가 믿는 도리의 사도이시며 대제사장이신 예수를 깊이 생각하라"

여기에 보면 모세도 하늘의 부르심을 받은 자이듯이, 우리도 "하늘의 부르심을 받은 거룩한 형제들"이라고 말씀하고 있습니다. 만일 이것이 사실이라면 우리에게도 모세에게 일어났던 기적 같은 일들이 일어날 수 있다는 것을 알아야 합니다. 그래서 "우리가 믿는 도리의 사도이시며 대제사장이신 예수를 깊이 생각하라"고 말씀하고 있습니다. 예수님을 "사도"라고 말한 곳은 여기가 유일합니다. 예수님을 사도라고 한 것은 제자들이 사도라고 하는 것과는 다른 뜻입니다. 즉 예수님은 하나님의 보내심을 받아서 이 세상에 오신 분이라는 뜻입니다. 그래서 우리의 믿음에서 가장 중요한 출발점은 예수님이 하나님께서 보내신 분이라는 것을 믿는 것입니다.

예수님은 말씀하시기를 "영생은 곧 유일하신 참 하나님과 그가 보내신 자 예수 그리스도를 아는 것이니이다"(요 17:3)라고 하셨습니다. 예수님은 하나님의 보냄을 받아서 하나님의 말씀을 하십니다. 그리고 예수님은 직접 우리를 하나님의 사람으로 뽑으셨습니다. 즉 우리가 예수님의 말씀을 듣고 믿는 순간 우리는 하나님의 사람으로 뽑히게 되는 것입니다. 그리고 그다음에는 우리의 인생이 어디로 갈지 모릅니다. 왜냐하면 하나님은 우리를 낮아지게 해서 하나님의 손에 붙들린 지팡이가 되게 하시기 때문입니다. 그래서 우리의 고집과 나의 주장과 내 모든 세상적인 욕망이 다 죽었을 때 우리는 하나님의 손에 붙들린 지팡이가 되는 것입니다.

예수님은 하나님의 보내심을 받았을 뿐 아니라 대제사장이셨습니다. 그래서 예수님은 성전이 아닌 빈 들에서도 사람들의 병을 고치시고 죄 사하시는 일을 하셨습니다. 예수님은 다른 대제사장들과 달리 자신의 몸을 제물로 바치셨고, 하늘의 지성소에 올라가신 분입니다.

그래서 우리에게 하늘에 우리 편이신 대제사장이 있다는 것은 엄청난 도움이 됩니다. 즉 하나님 보좌 바로 우편에서 우리의 이야기를 하나님께 하실 수 있는 분이 계시다는 것입니다. 우리는 예수님에게 모든 시시콜콜한 이야기를 다 할 수 있습니다. 왜냐하면 예수님은 우리와 가장 친한 분이시기 때문입니다. 부부 사이에 좋은 점도 모든 시시한 이야기를 다 할 수 있고 그것을 무시하지 않는다는 점입니다.

그동안 우리가 가장 큰 손해를 본 것은 예수님을 가까이하지 않은 것입니다. 특히 예수님은 싸움에 가장 강한 용사이십니다. 그는 전쟁에 능하신 분입니다. 그래서 우리는 우리가 믿는 도리의 사도이시며 대제사장이신 예수를 깊이 생각을 해야 합니다. 예수님이 하신 말씀은 전부 하나님이 하신 말씀이고 살아있는 말씀입니다. 그리고 예수님은 나의 가장 가까운 상담자이시고 나를 돕는 분이시고 하나님 보좌 우편에 계신 분이십니다.

3:2, "그는 자기를 세우신 이에게 신실하시기를 모세가 하나님의 온 집에서 한 것과 같이 하셨으니"

이것도 옛 개역성경 번역에는 "자기를 세우신 이에게 충성하시기를"이라고 했습니다. 예수님은 참으로 하나님께 충성하셨습니다. 예수님은 이 세상에서 하실 일도 많고 가르치실 것도 많았습니다. 그러나 예수님은 일체 그런 것을 하시지 않고 하나님께서 전하라고 하신 말씀만 하셨습니다. 예수님은 하나님의 아들이셨지만 사환이나 종같이 충성하셨습니다. 그는 사람들의 무시와 굴욕과 업신여김을 다 참으셨습니다. 예수님은 오직 하나님의 말씀 하나만 붙들고 사셨는데 그의 마지막은 죽음이었습니다. 아니, 하나님의 말씀을 붙들고 따라가는데 마지막이 죽는 것이면 어떻게 되는 것입니까? 그것도 그냥 곱게 죽는 것이 아니고 십자가에 못 박혀서 가장 고통스럽고 비참하게 죽는 것이었습니다. 그러나 예수님은 이 모든 것을 한마디 불평 없이 다 순종하셨습니다.

예수님은 사람들에게 침 뱉음을 당하셨습니다. 그는 사람들에게 뺨을 맞으셨습니다. 그의 머리털은 뽑혔고 그의 수염도 사람들에게 잡혔으며 채찍으로 수도 없이 맞았습니다. 그가 십자가 위에 못 박혔을 때 사람들은 내려오라고 조롱까지 했습니다. 예수님은 십자가에서 내려오실 수 있으셨고 거기에 있는 사람들을 다 멸할 수 있는 능력도 있었습니다. 그러나 예수님은 "나의 하나님, 나의 하나님, 어찌하여 나를 버리십니까?"라고 외치시고 죽으셨습니다. 예수님은 죽기까지 순종하셨던 것입니다. 모세는 가나안 땅에 들어가지 못했지만 예수님은 십자가 위에서 죽으셨고 지옥까지 끌려 내려가셨습니다. 이렇게 예수님은 죽기까지 하나님의 말씀에 충성하셨습니다.

그러나 모세와 예수님은 비교가 되지 않습니다. 왜냐하면 모세는 주인의 집의 사환이었지만 예수님은 그 주인의 아들이었고 그 자신이 주인이셨기 때문입니다.

3:5-6, "또한 모세는 장래에 말할 것을 증언하기 위하여 하나님의 온 집에서 종으로서 신실하였고 그리스도는 하나님의 집을 맡은 아들로서 그와 같이 하셨으니 우리가 소망의 확신과 자랑을 끝까지 굳게 잡고 있으면 우리는 그의 집이라"

모세와 예수님은 신분 자체가 달랐습니다. 모세는 하나님의 집의 종이요 사환이었지만, 예수님은 하나님의 집의 아들이었고 하나님이셨습니다. 우리가 모세라면 하나님께서 "이스라엘 백성들 다 멸해버리고 너를 통해서 큰 나라를 만들겠다"고 하실 때 "그렇게 하시죠"라고 했을지도 모르겠습니다. 그러나 모세는 끝까지 이스라엘 백성들을 포기하지 않았습니다. 그러나 하나님의 아들이 죽기까지 우리를 사랑하셨다는 것은 말도 되지 않는 일입니다. 하나님의 아들이 하늘에 천사들도 많이 있는데 무엇 때문에 우리를 사랑하겠습니까? 그러나 하나님의 아들은 진짜 끝까지 우리를 사랑하셨습니다. 예수님은 단 한 번도 십자가 위에서 죽는 것을 부정적으로 말씀하신 적이 없었습니다. 그는 오히려 영광을 얻는 것이라고 하셨습니다. 예수님은 우리를 하나님의 아들이 되게 하려고 모든 것을 다 희생하실 정도로 사랑하셨습니다.

3. 하나님이 지으신 집

하나님께서 이스라엘 백성들을 광야로 데리고 가서서 죽을 고생을 하게 하신 것은 단순히 고생시키려고 하신 것이 아니라 하나님의 집을 짓기 위해서였습니다.

3:3-4, "그는 모세보다 더욱 영광을 받을 만한 것이 마치 집 지은 자가 그 집보다 더욱 존귀함 같으니라 집마다 지은 이가 있으니 만물을 지으신 이는 하나님이시라"

하나님은 온 우주 만물을 지으셨습니다. 그러나 이 우주도 하나님이 계시기에는 좁은 공간이었습니다. 하나님은 하늘이 보좌이고 땅이 발을 두는 곳인데 얼마나 크신 분입니까? 예를 들어서 아이들이 레고로 큰 에펠탑을 만들었다 하더라도 보기에는 크게 보일지 몰라도 그 안에 들어가서 생활하기에는 너무나도 작을 것입니다.

그런데 하나님은 놀라운 계획을 하나 세우셨습니다. 그것은 바로 이스라엘 백성들을 하나님의 집으로 만드는 것이었습니다. 하나님은 이스라엘 백성 하나하나를 살아 있는 돌로 만들어서 움직였다가 흩어졌다가 하면서 끊임없이 움직이는 집으로 만들 계획을 하셨던 것입니다. 그래서 하나님은 이스라엘 백성들을 계속 광야에서 돌게 하셨습니다. 왜냐하면 부속 하나하나가 전혀 맞질 않았기 때문입니다. 특히 출애굽한 세대는 너무 개성이 강해서 자기 생각과 맞지 않으면 하나님께 대들고 항의를 하고 애굽으로 돌아가려고 했습니다. 그래서 하나님은 애굽에서 이십 세 이상으로 나온 자는 한 명도 가나안 땅에 들어가지 못한다고 말씀하셨습니다. 그래서 마지막 한 명이 죽을 때까지 이스라엘 백성들은 광야를 벗어나지 못했습니다. 오직 여호수아와 갈렙만 합격했을 뿐입니다.

그런데 이스라엘 백성들은 광야 사십 년 동안 연단 받으면서 하나님을 그들 가운데 모시는 데 성공했습니다. 그래서 하나님이 이스라엘 백성들의 언약궤 가운데 계셨고 이스라엘 백성들은 하나님의 말씀이 하라고 하는 대로 순종하는 사람들이 되었습니다. 그래서 요단강을 건너가라고 하면 바로 순종하여 건너가고 여리고 성을 돌라고 하면 말없이 돌았습니다. 그런데 그들이 말없이 여리고 성을 하루 한 바퀴씩 도는데 사십 년이 걸렸던 것입니다. 평소 이스라엘 백성들은 너무 말이 많았습니다. 그러나 그들의 입이 다물어지는데 사십 년이 걸렸던 것입니다.

예수님은 모세가 지은 집보다 훨씬 더 뛰어난 집을 짓기 위해서 이 세상에 오셨습니다. 그것은 바로 말씀과 성령으로 지으시는 집입니다.

3:6, "그리스도는 하나님의 집을 맡은 아들로서 그와 같이 하셨으니 우리가 소망의 확신과 자랑을 끝까지 굳게 잡고 있으면 우리는 그의 집이라"

오늘도 하나님은 우리를 광야 같은 세상에서 이렇게 굴리시고 저렇게 굴리십니다. 그렇게 하시는 이유는 우리가 모두 개성이 강해서 부속끼리 서로 잘 맞지 않기 때문입니다. 하나님은 우리를 이렇게 연단하셔서 우리가 아무것도 아니라는 사실을 깨닫게 하시고 결국 하나님의 손에 잡히게 하십니다. 그때 우리는 서로 맞아떨어지기 시작합니다. 즉 우리는 보화가 담긴 질그릇처럼 빈틈없이 결합이 되게 됩니다. 그 안을 성령께서 채우시는 것입니다. 우리는 이 세상에서 성령의 기름이 가득 찬 그릇이 되고 집이 되는 것입니다. 결국 그 기름이 사람의 병을 치료하고 인생을 치료하고 실패한 인생을 보석으로 바꾸게 됩니다.

> 3:7-9, "그러므로 성령이 이르신 바와 같이 오늘 너희가 그의 음성을 듣거든 광야에서 시험하던 날에 거역하던 것 같이 너희 마음을 완고하게 하지 말라 거기서 너희 열조가 나를 시험하여 증험하고 사십 년 동안 나의 행사를 보았느니라"

오늘 이 세상을 살아가면서 우리에게 가장 필요한 것은 내 인생이 내 것이 아니라는 것을 인정하는 것입니다. 나는 하나님에게 뽑힌 사람입니다. 그래서 하나님이 말씀하시는 것을 그대로 믿어야 합니다. 그때 반석이 갈라지면서 생수가 터지게 되고 요단강이 갈라지고 적들이 모두 도망치고 성이 무너지는 기적이 일어나게 되는 것입니다. 그러나 우리가 하나님이 하시는 것이 이해되지 않는다고 해서 불평하고 옛날로 돌아가려고 하면 하나님은 모세에게 했듯이 '사십 년을 더 돌려!' 라고 말씀하실지도 모릅니다. 우리는 하나님이 말씀하시는 것을 전부 다 기쁨으로 순종할 때 기적의 사람들로 변하게 됩니다. 우리 한 사람 한 사람이 살아있는 하나님의 나라의 벽돌이 되어서 어디서 어떤 모양으로든지 변해서 사람을 살릴 수 있고 하나님의 영광을 나타낼 수 있습니다.

3:10, "그러므로 내가 이 세대에게 노하여 이르기를 그들이 항상 마음이 미혹되어 내 길을 알지 못하는도다 하였고"

광야의 이스라엘 백성들은 그 엄청난 기적과 하나님의 말씀을 듣고서도 의심이 많았습니다. 그래서 그들은 절대로 하나님의 길을 알지 못하고 광야에서 쉬지 않고 돌다가 죽고 말았습니다. 이스라엘 백성들이 의심에 빠졌던 이유는 과거는 과거이고 항상 새로운 미래만 보고 걱정을 했기 때문입니다. 그들은 하나님이 주신 과거를 재산으로 삼지 못했습니다. 이것은 우리도 마찬가지입니다. 우리는 어려울 때면 울고불고하면서 기도하다가 그때가 지나고 나면 다 잊어버리고 또 새로운 문제를 가지고 씨름을 하면서 또 의심을 합니다. 결국 그러면 영원히 하나님의 비밀을 알지 못하게 됩니다.

우리는 땅만 바라볼 것이 아니라 하나님의 말씀을 통해서 하나님의 세계를 바라보아야 합니다. 하나님은 우리가 살아있는 성전이 될 것을 원하십니다. 하나님은 우리가 수시로 움직이면서 변화되는 능력의 사람들이 되기를 바라십니다. 우리는 예수님을 내 편으로 만들어야 합니다. 우리는 모든 고집과 완악함을 버려야 합니다. 그래서 더 이상 반항하는 모습으로 살아가지 말고 하나님의 뜻에 기쁨으로 순종하는 성도들이 다 되시기 바랍니다.

06

처음 믿음을 끝까지 잡으라
히 3:10-19

얼마 전에 외국에서는 다리를 다친 어떤 여성이 목발을 집고 마라톤을 완주해서 많은 사람의 박수를 받았다고 합니다. 마라톤은 성한 다리를 가지고도 다 달리기 어려운데 다친 다리를 가지고 완주했다는 것은 보통 의지가 아닙니다. 얼마 전 일본에서는 여자 선수가 릴레이를 하다가 다리가 부러졌는데 기어서 목표점까지 가서 다음 선수에게 바통을 연결해주는 장면이 사진으로 나온 적이 있습니다. 마라톤이나 달리기를 하다 보면 힘이 들고 숨이 차서 중간에 포기하고 싶을 때가 많습니다. 그러나 참가한 선수는 끝까지 달려야 선수 자격을 얻게 됩니다.

우리는 이 세상에서 모두 성공하기를 원합니다. 그런데 성공하려고 하면 두 가지를 해야 합니다. 하나는 자신의 길을 찾아야 합니다. 자기 길이 아닌 길에서 아무리 몸부림을 쳐봐야 짜증만 생기고 일이 절대로 재미있을 수 없습니다. 자기 길이라는 것은 그 일 자체가 너무 좋아서 굶어가면서 욕을 얻어 먹어가면서 다른 사람이 알아주지 않아도 그 일을 하는 것입니다. 그러나 아무리 자기 길이라 하더라도 자기만의 길을 걷게 되는 계기가 있습니다. 그것은 바로 어떤 사람의 영향을 받는 것입니다. 그래서 처음에는 다른 사람들이 알아주지 않고 욕을 하고 무시를 하더라도 꾸준히 노력하다 보면 언젠가는 인정받고 성공하게 됩니다. 그런데 사람이 성공하고 난 후에도 자기 길을 꾸준히 간다는 것은 더 어려운 일입니다. 성공하고 나면 이제는 놀고 싶고 인기를 누리고 싶고 같은 일을 계속한다는 것이 지루하기 때문에 자꾸 딴 일을 하고 싶어지게 되는 것입니다.

우리가 신앙생활을 하는 것은 마라톤을 하는 것과 같습니다. 이것은 한두 시간에 끝나는 경기가 아니라 육십 년 칠십 년 달려야 하는 경기인 것입니다. 우리는 이 경기에서 인생의 길을 찾지 못해서 한평생 방황하는 사람들을 많이 보게 됩니다. 수많은 사람이 가치 있게 사는 길을 찾지 못해서 남들이 가는 길을 그냥 따라서 가는 것입니다. 그리고 설사 자기 길을 찾았다고 하지만 성공하고 난 후에는 다른 길을 간다든지 혹은 죄짓는 쪽으로 가서 몰락의 구덩이에 빠지는 것을 많이 보게 됩니다. 그래서 우리가 한평생 자기 길을 찾으려고 하면 남의 인생을 사는 것이 아니라 자신의 인생을 살아야 하고 그 길을 찾아야 합니다. 그리고 길을 찾고 난 후에는 아무리 지루하고 재미가 없어도 그 길을 믿음을 가지고 끝까지 가야 성공할 수 있습니다.

그런 점에서 출애굽한 이스라엘 백성들은 실패한 모델이었습니다. 그들은 처음에 길을 찾았습니다. 그것은 모세라는 하나님의 종을 만나서 홍해를 건넌 것이었습니다. 그러나 홍해를 건넌 후에는 끝없이 덥고 지루한 광야길이 연속되었습니다. 이스라엘 백성들은 그 길을 너무나도 가기 싫어했습니다. 그래서 그들은 조금이라도 힘이 들면 하나님을 원망하고 모세를 불신하는 바람에 하나님으로 하여금 엄청나게 격노하게 만들었습니다. 그래서 하나님께서 맹세하시기를 출애굽한 사람들은 약속의 땅에 들어가지 못한다고 하셨던 것입니다.

그래서 모세의 열 가지 재앙을 보고 홍해를 건넜던 성인들은 두 사람을 빼고는 모두 광야에서 죽고 말았습니다. 그래서 광야에는 60만 명의 무덤이 널려 있었습니다.

이것은 오늘 우리에게도 마찬가지입니다. 우리는 지금 우리가 사는 세상이 너무 편하고 좋기 때문에 불편한 것을 참지 못합니다. 우리는 할 수 있는 대로 재미있고 남들이 알아주는 길을 가려고 하니까 처음 찾은 길이 아닌 딴 길로 자꾸 가는 것입니다. 그러나 그것은 바로 금송아지 신앙인 것입니다.

I. 이스라엘 백성들이 찾은 길

이스라엘 백성들은 애굽에서 노예 생활을 하면서 자신들의 정체성이나 존귀함 같은 것을 다 잃어버렸습니다. 그러나 하나님은 이런 노예근성을 가진 자들을 애굽에서 끌어내서 젖과 꿀이 흐르는 가나안 땅으로 데려가시려는 엄청난 계획을 세우셨습니다. 이스라엘 백성들을 애굽에서 건져내는 데는 나일강이 피가 되고 개구리, 파리, 메뚜기, 우박과 흑암 등의 엄청난 재앙과 애굽의 모든 처음 난 것들이 다 죽는 재앙이 있어야만 했습니다.

그런데 이스라엘 백성들의 본격적인 길은 홍해에서 시작되었습니다. 이스라엘 백성들이 홍해 앞에 왔을 때 앞에는 바다가 놓여 있고 뒤에는 애굽 군대가 추격해 왔습니다. 모두 죽는 것 외에는 다른 길이 보이지 않았습니다. 그때 하나님은 말씀으로 바다를 가르셔서 이스라엘 백성들을 육지처럼 건너게 하셨습니다. 사실 갈라진 바다를 건너가는 데도 믿음이 필요했습니다. 왜냐하면 언제 그 바다가 다시 합쳐질지 몰랐기 때문입니다. 이때 이스라엘 백성들이 하나님을 믿고 살든지 죽든지 그 바다를 건너갔더니 그들이 건너편으로 건너갈 때까지 그대로 물기둥이 서 있었습니다. 그러나 애굽의 군사들은 바닷가에서 멈추어 서야 했는데 오기를 부려서 끝까지 이스라엘 백성들을 쫓아오다가 바다가 합쳐지는 바람에 한 사람도 살지 못하고 다 바다에 빠져 죽고 말았습니다. 이때 이스라엘 백성들은 길을 찾았습니다. 그것은 그들이 하나님의 말씀에 순종하여 걸어가면 산다는 것이었습니다.

이스라엘 백성들은 모두 홍해에서 한번 죽었다가 살아난 사람들이었습니다. 그들은 모두 홍해에서 죽을 수밖에 없었지만 하나님 말씀의 능력으로 한 사람도 죽지 않고 다 살아나게 되었습니다. 이것이 바로 그들의 길이었습니다. 즉 이스라엘 백성들은 이제부터는 하나님의 말씀을 듣고 순종하는 것이 그들의 길이었습니다. 이제 이스라엘 백성들은 눈앞에 어떤 상황이 벌어지든지 하나님의 말씀대로 살아가면 하나님이 반드시 좋은 것을 주시며 결국 가나안 땅에 들어간다는 것을 알고 믿어야만 했습니다.

그러나 이스라엘 백성들은 길을 찾았지만 그들을 기다리고 있는 것은 끝없이 메마르고 뜨거운 광야길이었습니다. 사실 광야길이라고 하지만 거기에는 길도 없었고 사람도 없었고 그늘조차도 없었습니다. 이스라엘 백성들이 가는 길은 모두 자갈길이나 돌길이었고 거기에는 물도, 밭도 없고 아무것도 없었습니다. 이스라엘 백성들이 애굽의 노예로 있을 때는 그나마 물은 얼마든지 있었고 집도 있었고 먹을 것도 있었습니다. 이제 이스라엘 백성들은 하나님이 주신 길을 도무지 걸어갈 자신이 없었고 또 걸어가고 싶지 않았습니다. 그래서 이 믿음의 길을 가면서도 계속 하나님을 불평하고 원망하고 짜증을 부렸습니다. 그 이유는 이 길이 자신들이 갈 길이 아니라고 생각했기 때문입니다. 즉 이 길은 사는 길이 아니라 자기들을 죽이려고 데리고 온 길이라고 생각했기 때문입니다. 그래서 이스라엘 백성들은 수도 없이 하나님을 노하게 만들었습니다.

3:10-11, "그러므로 내가 이 세대에게 노하여 이르기를 그들이 항상 마음이 미혹되어 내 길을 알지 못하는도다 하였고 내가 노하여 맹세한 바와 같이 그들은 내 안식에 들어오지 못하리라 하였다 하였느니라"

이스라엘 백성들은 홍해를 건넘으로 이미 한번 죽은 목숨이었습니다. 그들은 이제부터는 살든지 죽든지 하나님의 말씀 하나만 믿고 걸어가야 하는데 이스라엘 백성들은 자신들이 죽었다고 생각하지 않았습니다. 그래서 이들은 자꾸 더 좋은 다른 길로 가려고 하다가 하나님을 노하게 만들었고, 그 결과 광야를 무려 사십 년 동안이나 방황하게 되었습니다.

2. 이스라엘 백성들의 실망

이스라엘 백성들은 자신들이 홍해를 건너면서 한번 죽었다고 생각하지 않았습니다. 만일 이스라엘 백성들이 한번 죽었다고 생각했다면 하나님이 어떤 길로 인도하시든지 순종하면서 따라갔을 것입니다. 그러나 그들은 자신들이 한번 죽었다가 살아난 것을 잊어버리고 계속 살아야겠다는 생각을 했기 때문에 하나님이 인도하시는 길을 따라갈 수 없었습니다. 이스라엘 백성들은 믿음의 길을 가면서도 억지로 투덜거리면서 갈 수밖에 없었습니다.

3:12, "형제들아 너희는 삼가 혹 너희 중에 누가 믿지 아니하는 악한 마음을 품고 살아 계신 하나님에게서 떨어질까 조심할 것이요"

사실 살아있는 인간으로서 하나님의 능력을 한번 체험한다는 것은 죽어도 더 이상 바랄 것이 없을 것입니다. 더욱이 이스라엘 백성들은 전 세계 어느 민족도 경험해보지 못했던 바다가 갈라지는 기적을 체험했습니다. 이때 이스라엘 백성들은 하나님을 체험했고 하나님을 만난 것이었습니다. 바다를 가르신 하나님께서 무엇을 못 하시겠습니까? 이스라엘 백성들은 이제부터는 죽을 때까지 하나님의 말씀만 붙들고 가면 성공하는 것입니다. 하나님은 반드시 그들을 젖과 꿀이 흐르는 가나안 땅으로 인도하실 것입니다.

그러나 이스라엘 백성들의 눈 앞에 펼쳐지는 현실은 가나안 땅이 아니라 옛날 노예로 살던 애굽 땅보다 훨씬 못한 광야였습니다. 이스라엘 백성들은 그 현실을 보았을 때 하나님의 인도하심에 의심이 생기게 되었고, 더 늦기 전에 애굽으로 돌아가든지 아니면 다른 길을 찾아야겠다고 생각하게 되었던 것입니다.

출애굽하여 광야 생활을 할 때부터 이스라엘 백성들은 크게 몇 번에 걸쳐서 실패하게 됩니다. 가장 큰 실패는 모세가 하나님의 돌비를 받으러 시내산에 올라갔을 때 그동안 참지를 못하고 금송아지 우상을 만들어서 축제를 벌였던 것입니다. 왜 이스라엘 백성들은 하필이면 금송아지 우상을 만들었을까요? 그들은 이미 애굽에 있으면서 금송아지 우상에 빠져 있었던 것입니다. 이스라엘 백성들은 사백년 동안 애굽인들이 하는 것을 보고 배웠던 것입니다. 이스라엘 백성들은 홍해를 건넌 후에는 금송아지를 죽여야 하는데 금송아지가 여전히 살아 있습니다. 즉 옛날 버릇이 또 나오고 말았던 것입니다.

이스라엘 백성들이 또 크게 실패했던 것은 물 때문이었습니다. 이스라엘 백성들은 광야에서 아무리 가고 가도 물이 나오는 곳이 없었습니다. 이제 그들은 모두 목이 말라서 죽을 지경이 되었습니다. 그래서 그들은 하나님을 원망하고 모세를 원망했는데 이때는 모세마저도 크게 실망했던 것 같습니다. 하나님은 모세에게 바위 앞에 서라고 하면서 지팡이로 바위를 치라고 하셨습니다. 그때 모세는 화를 감추지 못하고 "내가 이 반석에서 물을 내랴?"고 하면서 두 번이나 반석을

쳤습니다. 모세의 그 말 속에는 불신이 담겨 있었던 것 같습니다. 하나님은 모세에게 네가 이 일로 하나님의 영광을 나타내지 않았기 때문에 너는 가나안 땅에 들어가지 못할 것이라고 말씀하셨습니다.

또 이스라엘 백성들이 크게 실패했던 것은 가나안을 앞에 두고 정탐꾼 때문에 벌어진 사건이었습니다. 그 정탐꾼들은 40일간 가나안 땅을 정탐하고 난 후에 자신들의 힘으로는 도저히 가나안 땅 정복이 불가능하다고 생각해서 다시 애굽으로 돌아가겠다고 하면서 백성을 선동하고 하나님께 반항했습니다. 그때 하나님은 격노하시며 출애굽한 세대는 가나안 땅에 들어가지 못할 것이라고 하셨습니다. 그리고 가나안 땅을 정탐했던 하루를 일 년으로 계산해서 광야에서 사십 년을 방황해야 할 것이라고 하셨습니다.

하나님은 이스라엘 백성들에게 "그들이 항상 마음이 미혹되어 내 길을 알지 못하는도다"(10절)고 했는데 하나님의 길이 어떤 길입니까? 하나님의 말씀을 찾은 후에는 죽든지 살든지 말씀만 붙잡고 가는 것입니다. 아무리 물이 없어도 참고, 다른 길이 보여도 참고, 가나안 땅에 들어가라고 하면 가는 순종의 길입니다. 그러나 이스라엘 백성들은 자신들이 이미 한번 죽었다고 생각하지 않았기 때문에 계속 하나님을 원망하고 하나님과 다투었습니다.

그러면 왜 하나님은 이스라엘 백성들을 좋은 길로 인도하시지 않았을까요? 하나님에게 가장 중요한 것은 하나님의 백성이 겸손하게 행동하는 것이었습니다. 그래서 하나님은 이스라엘 백성들을 그 열악한 광야로 몰아넣어서 낮아지게 하셨던 것입니다. 광야에서는 금목걸이를 해도 알아주는 사람도 없었고 귀걸이를 해도 아름답지가 않았습니다. 광야에는 먹을 것도 없었고 마실 물도 없었습니다. 이스라엘 백성들은 매일 사느냐 죽느냐 하는 위기 가운데 있으니 낮아질 수밖에 없었습니다.

하나님은 이스라엘 백성들을 한편으로는 낮추시면서 다른 한편으로는 남들이 할 수 없는 경험을 하게 하셨습니다. 그것은 바로 반석에서 생수가 터지는 것이었고, 하늘에서 만나가 내려 그것으로 사는 것이었습니다. 그리고 더 중요한 것이 있었습니다. 그것은 바로 이스라엘 백성에게는 언제나 하나님의 천사가 함께 있다는 것이었습니다.

3:15, "성경에 일렀으되 오늘 너희가 그의 음성을 듣거든 격노하시게 하던 것 같이 너희 마음을 완고하게 하지 말라 하였으니"

하나님은 이스라엘 백성들을 극단적인 어려움 가운데 몰아넣으셨지만 그들에게 아주 귀한 선물을 하나 주셨습니다. 그것은 바로 천사를 보내주시는 것이었습니다. 이 천사는 이스라엘 백성들의 길을 인도하고 모든 적을 다 물리칠 수 있는 능력을 가지고 있었습니다. 그래서 하나님께서는 이스라엘 백성들에게 그 천사의 음성을 들을 때 옛날에 하나님을 격노하시게 하던 것 같이 노하게 만들지 말라고 말씀하셨습니다. 왜냐하면 이 천사가 격노하면 이스라엘 백성들이 다 죽게 되기 때문입니다. 그냥 무조건 순종하기만 하면 사는 것이었습니다.

이스라엘 백성들은 광야에서 새로운 하나님을 발견했습니다. 그 중의 하나가 치료하시는 하나님이었습니다. '여호와 라파'의 하나님이셨습니다. 하나님은 불뱀에 물려서 죽어가는 이스라엘 백성들을 치료해주셨습니다. 또 이스라엘 백성들은 '여호와 닛시'의 하나님을 발견했습니다. 하나님은 아말렉 사람들이 쳐들어왔을 때 깃발을 들고 와서 그들을 물리쳐주셨습니다. 이때 모세가 산 위에서 손을 들기만 하면 여호수아와 이스라엘 백성들은 무조건 아말렉을 이겼던 것입니다. 그러나 모세의 손이 내려가면 아말렉이 이스라엘을 이기려고 했습니다. 그래서 아론과 훌이 아예 모세를 돌 위에 앉혀놓고 양손을 계속 들고 있게 하니까 이스라엘 백성들은 계속해서 아말렉을 이길 수 있었습니다.

3. 믿음의 길

이스라엘 백성들은 불신앙의 결과로 그 지루하고 고통스러운 광야를 무려 사십 년간이나 돌아야만 했습니다. 결국 우리가 믿음이 없으면 이 세상에서 무미건조한 생활을 죽을 때까지 반복할 수밖에 없습니다. 그리고 그들은 결국 안식에 들어가지 못하는 것입니다. 즉 하나님의 말씀을 따르지 않고 딴 길로 간다고 고집부린 사람들은 영광의 나라에 들어가지 못하는 것입니다.

그런데 이 사십 년이 전혀 지루하지 않은 사람들이 있습니다. 그들은 바로 이 광야에서 태어난 아이들이었습니다. 이 아이들은 광야에서 태어났기 때문에 광야가 자기들의 집이었고 고향이었습니다. 이들은 광야 생활이 너무너무 재미가 있었습니다. 왜냐하면 광야에서 매일 만나가 내리는 것이 신기했고, 불기둥과 구름 기둥이 신기했고, 또 내일 무슨 일이 일어날지 몰라서 하루하루가 기대되었기 때문입니다. 이 아이들은 광야에서 모세의 설교를 들었습니다. 그들이 들었던 모세의 설교는 최고의 설교였습니다. 그들은 그야말로 순수한 하나님의 백성들이었습니다. 결국 이 어린아이들이 자라서 가나안 땅에 들어가서 그 땅을 정복하게 되는 것입니다.

3:13-14, "오직 오늘이라 일컫는 동안에 매일 피차 권면하여 너희 중에 누구든지 죄의 유혹으로 완고하게 되지 않도록 하라 우리가 시작할 때에 확신한 것을 끝까지 견고히 잡고 있으면 그리스도와 함께 참여한 자가 되리라"

우리는 매일 오늘 하루하루를 살아가고 있습니다. 이때 우리 마음이 완고해지면 안 됩니다. "피차 권면하여"라는 것은 계속 설교 말씀으로 깨우치는 것을 말합니다. 우리가 살 수 있는 길은 하나님의 말씀밖에 없습니다. 물론 우리에게는 사람의 도움도 필요하지만 하나님께서 사람의 마음을 움직이시는 것입니다. 그리고 하나님이 하늘에서 복을 부어주셔야 이 세상의 모든 일이 잘될 수 있습니다.

출애굽한 이스라엘 백성들은 멋있게 애굽을 떠났고 홍해를 건넜지만 그들은 첫 신앙을 끝까지 붙들지 못했습니다. 그래서 그들은 길은 찾았지만 그 길을 끝까지 걷지 못해서 하나님을 격노하시게 했고 결국 광야에서 다 죽고 말았던 것입니다.

3:16-17, "듣고 격노하시게 하던 자가 누구냐 모세를 따라 애굽에서 나온 모든 사람이 아니냐 또 하나님이 사십 년 동안 누구에게 노하셨느냐 그들의 시체가 광야에 엎드러진 범죄한 자들에게가 아니냐"

모세를 따라 애굽에서 나온 이스라엘 백성들은 정말 많은 체험을 했습니다. 그들은 최고의 문명의 나라인 애굽에서 살았고 출애굽할 때 열 가지 기적을 체험했으며 홍해를 건넜던 자들이었습니다. 그러나 그들은 홍해를 건너면서 죽었다가 살아났어야 하는데 계속 옛사람이 살아 있었습니다. 그들은 계속 애굽에 돌아가기를 원했고, 광야를 무덤으로 생각했습니다. 그래서 실제로 그들에게 광야가 무덤이 되었습니다. 애굽을 떠났던 이십 세 이상의 이스라엘 성인들은 두 사람을 빼놓고는 모두 광야에서 육십만 명이 다 죽고 말았습니다. 그러나 광야생활 중에 태어난 어린아이들은 하나님의 말씀을 재미있어 했고 그 말씀을 잘 따랐습니다. 이 어린아이들은 하나님을 격노하게 하지 않았습니다. 그래서 하나님이 이스라엘 역사에서 가장 사랑하셨던 이스라엘 백성들은 바로 이 광야세대였습니다.

3:14, "우리가 시작할 때에 확신한 것을 끝까지 견고히 잡고 있으면 그리스도와 함께 참여한 자가 되리라"

우리는 이 세상에서 참된 길을 찾지 못해서 많은 방황을 합니다. 세상에서 방황하던 자도 있을 것이고, 교회에 나오면서 방황하는 자도 있을 것입니다. 저도 어떻게 하나님의 말씀을 붙잡게 되었는지 잘 모르겠습니다. 제가 잡은 것이 아니라 하나님의 말씀이 저를 잡은 것 같습니다. 하나님의 말씀을 붙잡기 전에는 세상에서 길을 찾으려고 했습니다. 기독교 안에서도 길이 너무 많아서 어디가 바른길인지 알 수 없었습니다. 그러나 어느 날 하나님의 말씀에 붙들리고는 계속 이 길만을 달려왔습니다. 중간에 딴 길로 가지 않았습니다. 그 이유는 다른 곳은 길이 아니므로 하나님이 막으셨기 때문입니다. 우리가 하나님의 말씀을 붙들고 가면 어디서든지 살게 되어있습니다.

하나님의 말씀을 따라간다고 해서 아무것도 하지 말라는 뜻이 아닙니다. 우리는 얼마든지 공부도 하고 사업도 하고 장사도 하고 직장 생활도 할 수 있습니다. 그러나 우리에게는 하나님의 말씀이 가장 중요합니다. 우리는 더 이상 방황할 수 없습니다. 이 길을 따라가면 젖과 꿀이 흐르는 가나안 땅으로 분명히 들어갈 것입니다. 전능의 하나님을 믿으시기 바랍니다. 하나님은 악도 이용하셔서 하나님의 뜻을 이루십니다. 그래서 우리는 악한 자와 대적할 필요가 없습니다. 우리가 하나님의 말씀을 듣고 은혜를 받았을 때 이미 우리 옛사람은 죽었고 광야에서 새로 태어난 것입니다. 하루하루를 기대하면서 끝까지 이 말씀의 길을 가서 그 신앙의 마라톤에 완주하시는 성도들이 다 되시기 바랍니다.

07

하나님의 안식
히 4:1-11

외국의 어떤 부인은 오십 대에 자신에게 치매가 오게 되었다는 것을 알게 되었습니다. 그분은 길에서 세 번 넘어졌는데, 그 후에는 모든 것을 하나씩 다 기억하지 못하게 되었습니다. 두 딸이 있지만 결혼해서 따로 살고 있고 남편은 돌아가셔서 혼자 산다고 했습니다. 이분은 치매와 같이 살기로 결심했습니다. 그래서 병원에 가서 치매가 늦게 진행되는 약을 꼭 타서 먹고, 그리고 자기가 해야 할 일이 생각나면 즉시 종이에 적어 벽에 붙여 놓고 또 스마트폰 앱에서 자기가 해야 할 일을 알리도록 설정해두었습니다. 이분은 드라마를 아무리 봐도 지겹지 않다고 했습니다. 왜냐하면 다 잊어버리기 때문이었습니다.

요즘은 모든 것을 전투하듯이 해야 살아남는다고 합니다. 더욱이 우리 한국 사람들은 모든 것을 '빨리 빨리' 하는 것으로 유명합니다. 학생들이 대학 입시를 준비하는 것을 보면 '입시와 전쟁'을 치르는 것을 볼 수 있습니다. 학생들은 밤늦도록 학원이나 독서실에서 공부를 전투하듯이 해야 하고, 엄마는 식사를 준비하고 기도원이나 절에 가서 기도하고, 또 시험 당일 늦은 학생은 경찰 오토바이를 타고 가기도 합니다. 또 사람들은 병에 걸리면 투병을 해야 합니다. 즉 병과 전투하듯이 싸워야 하는 것입니다. 그 엄청나게 많은 약을 싸우듯이 먹어야 하고, 음식도 전투하듯이 준비해서 먹어야 하고, 병원에 가서 수술 예약도 전투하듯이 해야 합니다. 그렇게 하지 않으면 수술 날짜도 받을 수 없다고 합니다.

출근할 때도 전투하듯이 해야 합니다. 일어나자마자 급하게 아침을 먹고 지하철역까지 뛰어 달려가서 가까스로 지하철을 탄 뒤 빈자리가 있으면 전투하듯이 엉덩이를 디밀고 앉아야 목적지까지 편하게 갈 수 있습니다. 요즘은 죽으면 쉬는 줄 알았더니 그것도 아닙니다. 죽고 난 후에도 묘지가 부족하니까 화장을 많이 하는데 빨리 화장하려고 하면 화장장으로 빨리 가야 합니다. 우리나라는 죽어도 쉴 수 없는 나라인 것 같습니다. 요즘 우리는 안식이라든지 쉼이라고 하는 것은 찾아보기 어렵게 되었습니다.

예수 믿는 우리에게 과연 '안식' 이라고 하는 것은 죽는 것을 의미할까요? 우리는 죽기까지 죄와 싸워야 하고 현실과 싸워야 하고 살아남기 위하여 싸워야 할까요? 오늘 우리 크리스천들에게는 싸워야 할 적이 너무 많은 것 같습니다. 이 세상의 경쟁도 싸워야 할 대상이고, 눈에 보이지 않는 마귀의 유혹도 싸워야 할 대상이고, 음란한 영화도 싸워야 할 대상이고, 가끔 신경질을 내고 발작을 일으키려고 하는 자기 자신도 싸워야 할 대상인 것입니다. 그래서 오늘날 크리스천들이 더 많은 스트레스를 받고, 더 많이 우울증에 걸리고, 더 많은 자살 충동을 느끼는 것을 보게 됩니다.

우리가 이 세상에서 스트레스도 받지 않고 전투하듯이 살지 않고 믿음으로 승리하는 생활을 할 수는 없을까요? 그것은 본문 성경 말씀에 '안식' 이라는 말로 표현을 하고 있습니다.

I. 이스라엘 백성들의 어려움

'안식'이라는 말은 '사바트'(안식일)에서 나온 말입니다. 즉 하나님께서 천지를 창조하시고 제칠일에 쉬신 것처럼 우리가 쉬는 것을 말합니다. 어떤 일을 다 마친 후에 쉬면 참으로 달콤한 맛을 느끼게 됩니다. 예를 들어서 어떤 사람이 집을 다 짓고 난 후에 그 집에 들어가 처음 잠을 잔다면 그 맛은 아주 달콤할 것입니다. 논문을 쓰는 학자가 그것을 다 완성한 후에 마시는 커피 한 잔의 맛은 말로 표현할 수 없을 정도로 달콤할 것입니다. 시험을 치르는 학생이 시험을 다 마치고 합격까지 하고 난 후에 그동안 읽고 싶었던 책을 읽을 때 맛은 정말 짜릿할 것입니다. 저는 대학에 합격하고 난 후에 니체의 《차라투스트라는 이렇게 말하였다》를 읽었는데 그 어려운 책이 아주 재미있고 이해가 잘 되었습니다.

그런데 복음서를 읽어보면, 예수님이 안식일에 많은 병자를 고치셨기 때문에 유대인들의 미움을 받게 된 것을 보게 됩니다. 그때 예수님은 "내 아버지께서 이제까지 일하시니 나도 일한다"(요 5:17)라고 대답하셨습니다. 즉 예수님이 하늘에서 보니까 하나님 아버지는 안식일에 더 바쁘시게 일을 하시더라는 것입니다. 하나님은 안식일에 더 많은 병자를 고치시고 더 많은 기도에 응답하시고 더 많은 은혜를 주시느라고 더 바쁘셨던 것입니다. 이것은 하나님께서 천지를 창조하신 후에 제칠일에 쉬신 것과 대조되는 것입니다. 하나님께서 처음 천지를 창조하셨을 때 천지는 완전했습니다. 만일 하나님께서 천지를 창조하신 것이 고장이 나고 불완전했더라면 하나님은 제칠일에 수리를 하느라고 쉬실 수 없고 오히려 안식일이 더 바쁘셨을 것입니다.

그러나 이 세상에 인간이 교만하여 죄를 지은 이후로 세상은 고장이 나기 시작했습니다. 사람들이 미치기도 하고 동물들이 병들기도 하고 지구에 재해가 터지기도 했던 것입니다. 그래서 하나님은 쉬실 수 없게 되었습니다. 오히려 예수님은 이 세상에 오셔서 안식일에 병자들을 고치시고 귀신들린 자들을 고치시느라고 더 바쁘셨습니다. 왜냐하면 사람들이 안식일에 병자들을 데리고 회당에 왔기 때문입니다. 그러나 예수님은 십자가 위에서 죽으면서 "다 이루었다"고 말씀하셨습니다. 이것은 이제야말로 사람들을 일일이 찾아다니면서 고치지 않아도 되고, 죄를 근본적으로 뿌리 뽑을 수 있게 되셨기 때문입니다.

본문은 이렇게 말씀하고 있습니다.

4:1, "그러므로 우리는 두려워할지니 그의 안식에 들어갈 약속이 남아 있을지라도 너희 중에는 혹 이르지 못할 자가 있을까 함이라"

우리 예수 믿는 사람들에게 '안식'에 들어갈 약속이 남아 있다고 말씀하고 있습니다. 즉 우리에게는 안식에 들어갈 약속이 다 있는 것입니다. 그러나 아무리 우리가 예수 믿는다고 하더라도 혹시 안식에 못 들어갈 수 있기 때문에 두려워하라고 말씀하고 있습니다. 그러면 여기서 '안식'이라는 것은 우리가 천국에 들어가는 것을 말할까요? 그렇다면 예수를 믿어도 구원받지 못하는 사람도 있을 수 있다는 것을 말하는 것일까요, 아니면 다른 것을 말하는 것일까요?

여기서 히브리서 저자가 아주 강조하는 것이 있습니다. 모세를 따라서 애굽은 나왔지만 광야에서 하나님의 말씀을 거역한 이스라엘 백성들을 언급하고 있다는 사실입니다.

이 이스라엘 백성들은 애굽에서 하나님의 열 가지 기적을 보았습니다. 그리고 홍해가 갈라지는 기적을 보았고 홍해를 육지처럼 걸어서 건넜습니다. 심지어 그들은 시내산에서 불붙는 가운데 하나님이 직접 자기들에게 말씀하시는 소리를 듣기까지 했습니다. 그러나 이스라엘 백성들은 현실을 보았습니다. 그들이 마주하는 현실을 보니까 도저히 살 수 없었습니다. 이스라엘 백성들이 보기에 모세는 이성적으로 도무지 이해할 수 없는 사람 같았고 하나님도 믿을 수 없었습니다. 왜냐하면 광야에는 이 많은 이스라엘 백성들이 먹을 수 있는 물도, 양식도 없었고, 또 무기나 군사 경험도 없는 그들이 가나안 땅을 차지한다는 것은 불가능한 일이었기 때문입니다. 이스라엘 백성들이 현실적으로 가장 좋은 것은 거기서 스스로 해산해서 각자 자기 길을 찾아가든지 하는 것인데, 어디에 가도 그들을 받아줄 나라나 민족이 없었습니다.

이스라엘 백성들은 하나님을 따라가는 것이 너무 불가능하게 보였습니다. 그들의 마음에는 더 이상 하나님을 따라갈 수 없다는 의심이 들었습니다. 그래서 그들은 시내산 밑에서 금송아지 우상을 만들었고, 가나안 땅에 들어갈 수 없기 때문에 지도자를 다시 뽑아서 애굽으로 돌아가자고 했습니다. 그때 하나님은 너무 격노하셔서 홍해를 건너고 하나님의 음성을 들은 자들이 이렇게 하나님을 믿지 못하는 것을 보고, 이들은 가나안 땅에 들어가지 못한다고 맹세하셨던 것입니다. 이스라엘 백성들은 현실의 어려운 점만 보니까 과거의 하나님의 능력을 잊어버리게 되었습니다. 왜냐하면 과거에 아무리 은혜 받았다 하더라도 현실은 현실이기 때문입니다. 지금 살아남지 못하면 과거에 아무리 은혜를 받았다 하더라도 소용이 없을 것입니다. 그래서 이스라엘 백성들은 하나님을 불신했습니다.

2. 말씀과 하나되지 못한 신앙

4:3, "이미 믿는 우리들은 저 안식에 들어가는도다 그가 말씀하신 바와 같으니 내가 노하여 맹세한 바와 같이 그들이 내 안식에 들어오지 못하리라 하셨다 하였으나 세상을 창조할 때부터 그 일이 이루어졌느니라"

여기에 보면 믿는 우리는 안식에 들어가지만 광야에서 하나님을 의심하고 시험했던 이스라엘 백성들은 안식에 들어가지 못한다고 했습니다. 그러면 이스라엘 백성들이 요단강을 건너서 가나안 땅에 들어가는 것이 안식인가 하는 것입니다. 이스라엘 백성들은 요단강을 건넌 후부터 수많은 가나안 족속들과 치열한 전쟁을 해야만 했습니다. 그래서 여호수아도 가나안 땅으로 들어가는 것이 안식은 아니라고 했습니다.

4:8, "만일 여호수아가 그들에게 안식을 주었더라면 그 후에 다른 날을 말씀하지 아니하셨으리라"

만일 여호수아가 이스라엘 백성들에게 안식을 주었더라면 그들은 더 이상 전쟁을 하지 말고 쉬었어야만 했는데, 이스라엘 백성들은 가나안 땅에 들어간 후 계속 싸워야만 했습니다. 그러면 가나안 땅에 들어가는 것이 안식이 아니라면 과연 여기서 말하는 안식은 무엇입니까?
그것을 본문 2절이 대답해주고 있습니다.

4:2, "그들과 같이 우리도 복음 전함을 받은 자이나 들은 바 그 말씀이 그들에게 유익하지 못한 것은 듣는 자가 믿음과 결부시키지 아니함이라"

이것을 옛날 개역한글 성경이 멋있게 번역해주고 있습니다.
2절(개역한글), "저희와 같이 우리도 복음 전함을 받은 자이나 그러나 그 들은바 말씀이 저희에게 유익되지 못한 것은 듣는 자가 믿음을 화합지 아니함이라"
여기서 이스라엘 백성들이 생각하는 것과 하나님께서 생각하는 것이 얼마나 달랐는지 알 수 있습니다. 즉 하나님께서는 이스라엘 백성들이 애굽의 열 가지 재앙을 보고, 홍해가 갈라지는 것을 보고, 또 시내산에서 하나님의 음성을 들었다면, 이제는 무조건 하나님을 믿고 광야든, 바다든, 산이든지 어디에서나 따르기를 기대했습니다. 왜냐하면 그것이 믿음이기 때문입니다.

그래서 말씀을 들은 것이 믿음과 화합한다는 것은 우리가 이런 하나님을 체험했다면 이제부터는 무조건 하나님의 말씀만 믿고 나가야 한다는 것입니다. 이것이 믿음과 화합을 하는 것입니다. 그런데 이스라엘 백성들은 과거 일은 과거 일이고 현재의 문제를 생각해 보았습니다. 물론 이스라엘 백성들에게 열 가지 재앙은 대단하고 홍해를 가른 것은 더 놀라운 체험이었고 시내산에서 하나님의 음성을 들은 것은 정말 엄청난 일이었습니다. 그러나 그들은 과거의 이 은혜들을 가지고 현재나 미래와 연결시키지 못했습니다. 그들은 과거에 은혜 받은 것은 은혜 받은 것이고 그들에게 중요한 것은 지금 당장 먹고 마실 물이 없다는 현실이었습니다. 그리고 광야를 따라가는 것은 자살길이라고 생각했습니다. 이것이 바로 말씀과 믿음이 화합하지 못한 것이었습니다. 즉 말씀 따로, 믿음 따로였던 것입니다.

이것은 오늘 우리도 마찬가지입니다. 우리가 하나님의 말씀을 들을 때 뜨겁게 듣는 것은 광야에서 불과 나팔 소리 가운데서 하나님의 말씀을 듣는 것보다 더 엄청난 것입니다. 왜냐하면 이것은 하나님의 아들이 직접 하늘에서 내려와서 인간의 말로 생생한 하나님의 말씀을 선포해주셨기 때문입니다. 만일 우리가 살아 있는 하나님의 말씀을 들었다면 우리가 해야 할 일은 무엇이겠습니까? 우리 앞에 무엇이 있다 하더라도 무조건 하나님의 말씀만 믿고 가는 것입니다. 우리는 이미 열 가지 재앙 이상의 하나님의 아들이 이 세상에 오신 것을 보았고, 홍해 기적 이상의 경험 즉 하나님의 아들이 죽음에서 살아나신 것을 들었고, 또 불과 나팔 소리가 아닌 성령이 하시는 음성을 들었던 것입니다. 그렇다면 우리는 무조건 하나님께서 우리를 생명의 길로 인도하신다는 것을 믿어야 합니다. 이것이 말씀과 믿음이 화합하는 것입니다.

그러면 만일 우리가 이스라엘 백성들처럼 마실 물이 없고 먹을 양식이 없다면 어떻게 해야 합니까? 이스라엘 백성들처럼 하나님을 불신할 것이 아니라 그 필요한 것을 위해 기도하면 되는 것입니다. 예수님도 십자가 위에서 목마르실 때 내가 목마르다고 말씀하셨습니다. 우리는 하나님의 말씀을 따라가면서 원하거나 어려운 것이 있으면 전부 기도로 말씀드리면 됩니다. 그러나 우리는 애굽으로 돌아갈 수 없고 하나님을 불신할 수도 없습니다. 왜냐하면 우리는 이미 하나님의 말씀을 들은 자들이기 때문입니다. 결국 하나님의 말씀을 듣고도 세상으로 가려고 하면 광야길을 사십 년 동안 도는 수밖에 없는 것입니다.

3. 그리스도인의 안식

우리 그리스도인들은 한평생 싸워야 합니다. 우리는 광야 같은 세상도 살아가야 하고, 요단강을 건넌 후에는 가나안 족속들과 싸워야 합니다.

그러면 우리의 안식은 어디에 있는 것일까요? 그것은 바로 눈에 보이지 않는 안식입니다. 즉 우리가 하나님의 말씀을 듣고 은혜받은 후에도 이 세상 살아갈 것을 생각하면 행복할 자신이 생기지 않을 것입니다. 그때 우리는 지금까지 하나님으로부터 받은 은혜를 곰곰이 생각해보고 또 그동안 들었던 하나님의 말씀을 생각해보아야 합니다. 그때 우리의 마음속에 '내가 이런 말씀을 듣고 이런 은혜를 받고서도 미래를 걱정하는 것은 말도 안 되는 것이다. 나는 살든지 죽든지 이제부터는 하나님의 말씀을 붙들고 무조건 살아가겠다' 고 결심한다면,

우리는 마치 비닐 벽을 통과하듯이 믿음의 영역에 들어가게 됩니다. 즉 안식이라고 하는 것은 죽는 것도 아니고 가나안 땅에 들어가는 것도 아니고 광야에서도 얼마든지 있을 수 있었던 것입니다. 그것은 바로 살아계신 하나님을 체험한 사람으로서 무조건 하나님을 믿겠다고 결심하는 것을 말합니다. 그러면 우리가 어떤 무중력 상태에 들어가듯이 눈에 보이지 않는 어떤 영역에 들어가게 됩니다. 거기가 바로 기적의 영역이고 거기가 바로 승리의 영역입니다. 모세는 광야에 있었고 요단강을 건너지 못했습니다. 그러나 모세는 이미 승리의 영역, 기적의 영역에 살고 있었습니다. 모세는 시내산에서 올라가서 하나님의 말씀을 받을 때 사십일을 먹지도 않고 자지도 않고 지냈습니다. 그리고 모세는 하나님의 영광을 본 후에 그 얼굴에서 빛이 났다고 했습니다. 이것이 바로 안식입니다.

　오늘 우리 그리스도인들이 승리의 삶을 산다는 것은 아주 중요합니다. 우리는 직장에서 승리하고 경쟁에서 승리하기 위해서는 아등바등하면서 몸부림을 쳐야 한다고 생각합니다. 그러나 실제로는 정반대입니다. 우리가 하나님의 말씀을 듣고 살든지 죽든지 하나님께 다 맡길 때 마음이 평안해지게 됩니다. 즉 마음에 갈등이 사라지는 것입니다. 물론 새로운 어려운 문제가 터지면 우리 마음속에 갈등이 또 일어나게 됩니다. 그러나 우리는 또 안식으로 이 갈등을 이겨야 하는 것입니다. 그러면 우리는 하나님의 능력으로 온전히 옷 입게 됩니다.

　모세는 광야에서 아말렉 족속들이 쳐들어왔을 때 걱정하지 않았습니다. 모세는 여호수아에게 아말렉 족속과 싸우라고 해 놓고는 자기는 산 위에 올라가서 팔만 들고 있었습니다. 모세가 팔을 들 때는 여호수아와 이스라엘 백성들이 이겼습니다. 그런데 모세가 팔이 피곤해서 내릴 때는 아말렉이 이겼습니다. 결국 아론과 훌이 모세의 양편에 서서 그의 양팔을 들어 올리자 해가 질 때까지 팔이 내려오지 않았고 이스라엘은 아말렉을 이겼습니다. 이것이 바로 안식이었습니다.

이스라엘 백성들이 르비딤 골짜기까지 왔을 때 마실 물이 없어서 고통스러웠습니다. 그때 하나님께서는 모세에게 반석을 치라고 하셨습니다. 그리고 그 말씀대로 하자 반석에서 생수가 터져 나와서 모든 이스라엘 백성들과 가축들이 마실 수 있었습니다. 이것이 안식이었습니다. 또 이스라엘 백성들이 하나님을 원망했을 때 불뱀이 습격해서 그들이 독사의 독으로 죽어갔습니다. 그때 모세가 하나님께 기도하니까 하나님은 놋으로 뱀 모양을 만들어서 장대에 달아놓고 그것을 보면 산다고 하셨습니다. 실제로 뱀에 물린 이스라엘 백성들이 그 놋뱀을 보자 전부 독이 빠지면서 살게 되었습니다.

가나안 땅으로 건너간 이스라엘 백성들은 수많은 가나안 족속들과 싸워야 했습니다. 그러나 이스라엘 백성들은 전쟁에서 이기려고 아등바등하지 않았습니다. 오히려 그들은 무조건 요단강을 걸어가니까 강이 갈라졌습니다. 또 하나님의 말씀대로 여리고성을 돌았더니 그 견고한 성이 무너졌습니다. 가나안 땅에 들어간 이스라엘 백성들은 안식 안에서 싸웠던 것입니다. 즉 그것은 살려고 몸부림치는 것이 아니었습니다. 그들은 하나님을 믿었고 하나님의 천사를 앞세우고 따라갔더니 전쟁에서 이긴 것이었습니다.

그래서 하나님의 말씀을 듣고 기도 응답을 받고 은혜를 체험한 사람들은 무조건 하나님을 믿을 때 승리할 수 있습니다. 즉 이 안식은 승리의 안식인 것입니다.

4:6, "그러면 거기에 들어갈 자들이 남아 있거니와 복음 전함을 먼저 받은 자들은 순종하지 아니함으로 말미암아 들어가지 못하였으므로"

아무리 복음을 먼저 받아들이고 성공적인 삶을 산다고 해도 하나님을 믿지 않으면 소용이 없습니다. 사람이 자신을 믿으면 결국 몰락하게 되어있습니다. 그래서 사무엘은 사울에게 순종이 제사보다 낫다고 했습니다. 우리가 하나님을 믿어야지, 자기를 믿으면 끊임없이 갈등하고 투쟁하게 되어있습니다.

4:7, "오랜 후에 다윗의 글에 다시 어느 날을 정하여 오늘이라고 미리 이같이 일렀으되 오늘 너희가 그의 음성을 듣거든 너희 마음을 완고하게 하지 말라 하였나니"

우리가 하나님의 말씀을 들으면, 자기 생각을 가지고 계속 고집을 부리면 안 된다는 뜻입니다. 그러면 하나님의 안식에 들어가지 못하고 자기 힘으로 끝까지 몸부림치다가 죽게 되는 것입니다.

4:10, "이미 그의 안식에 들어간 자는 하나님이 자기의 일을 쉬심과 같이 그도 자기의 일을 쉬느니라"

여기서 쉰다는 것은 일을 완전히 쉰다는 뜻이 아닙니다. 완전히 쉬면 쉬는 것이 아니라 노는 것입니다. 우리가 하나님을 믿고 나중에 모든 결과까지 다 맡길 때 정신적인 갈등을 이길 수 있습니다. 우리는 평소 다른 사람의 생각이나 의도까지 알아서 이기려고 끊임없이 생각하다가 결국 우울증이 오게 됩니다. 이제 우리는 이 세상과 화해해야 합니다. 그리고 우리는 우리 자신과도 화해해야 합니다. 우리는 어려운 현실 가운데 사람이나 나의 가능성을 보지 말고 하나님을 믿어야 합니다. 그러면 우리는 안식의 영역에 들어가게 되는데, 그때 하나님의 능력으로 기적이 일어나고 싸움에서 이기고 살아남게 됩니다.

그래서 11절에 "우리가 저 안식에 들어가기를 힘쓸지니"라고 했습니다. 우리는 가만히 있으면 저절로 걱정하고 염려하게 되어있습니다. 우리는 힘써 하나님을 믿음으로 모두 안식에 들어가서 여리고의 기적과 기브온의 기적을 일으키는 성도들이 다 되시기 바랍니다.

08

좌우에 날선 말씀
히 4:12-16

여성 중에 담낭을 제거하는 수술을 받은 분들이 의외로 많은 것을 볼 수 있습니다. 옛날에는 '쓸개 없는 여자'라고 하면 쓸데없이 웃는 사람을 말했는데, 실제로 쓸개가 없는 여성들이 많은 것입니다. 어느 수요일 저녁 시간에 제 아내가 배가 엄청나게 아프다고 해서 예배를 못 보고 집으로 달려갔는데, 아는 병원들은 다 문을 닫아서 잘 모르는 병원에 가서 진찰을 받았습니다. 그런데 그곳에서 급체인 것 같다고 하면서 진통제와 소화제와 수면제 같은 것을 처방해주어서 그 약을 먹었는데, 사실은 굉장히 위험한 것이었습니다. 제 아내는 만 하루 동안 또 아픈 것을 참고 잠만 잤는데 나중에 알고 보니까 쓸개가 썩어서 아픈 것이었습니다. 결국 큰 병원에 가서 쓸개 전문 의사에게 쓸개를 제거하는 수술을 받고 한 달 정도 집에서 요양하고 나왔습니다.

사람들이 간단한 병에 걸렸을 때는 약을 먹고 나을 수 있지만 암세포가 이미 몸에 퍼졌다든지 혹은 어느 부분이 썩었다든지 하면 결국 병원에서 수술을 받아서 썩은 부분을 잘라내어야 살 수 있습니다. 그때 의사는 환자를 마취시켜놓고 아주 예리한 칼로 썩은 부분이나 종양을 잘라냅니다. 그때 의사가 사용하는 칼은 전쟁할 때 사용하는 칼은 아니지만 다른 어떤 칼보다 예리하여 피부와 근육과 뼈 사이와 골수까지 잘라내는 일을 하는 것입니다.

우리가 하나님의 말씀을 들을 때 우리는 대개 하나님으로부터 기대하는 것이 있습니다. 일단 우리가 하나님의 말씀을 들을 때 기쁨의 호르몬이 나오게 됩니다. 그래서 기쁘하게 되고 힘을 내게 되고 용기를 내게 됩니다. 그뿐만 아니라 우리 속을 하나님의 말씀으로 채운다면 우리 전체가 보석으로 변하기 때문에 우리의 가치가 하나님 앞에서 엄청 올라가게 됩니다. 그리고 우리는 하나님의 말씀이 우리의 생각 속에 있기 때문에 사탄이 만들어놓은 올무나 함정에 빠지지 않고 하나님의 축복의 창고를 향하여 직행하게 됩니다.

그러나 우리에게 안타까운 것이 있습니다. 그것은 우리가 하나님의 말씀을 듣고 은혜받는 것을 아무도 알아주지 않을 뿐 아니라 이 세상에서 인정받고 성공하는 것과는 상관이 없다는 것입니다. 역시 이 세상에서 성공하고 돈 벌고 사람들에게 인정을 받으려고 하면 머리가 좋아야 하고 시험에 합격해야 하고 좋은 자리에 있어야 하는 것이지, 하나님의 말씀을 듣는다고 해서 이루어지지 않는다는 사실입니다. 그래서 많은 하나님의 백성들은 하나님의 말씀을 들어야 하는지, 세상 공부를 해야 하는지 망설일 때가 많이 있는 것입니다. 본문은 하나님의 말씀이 우리에게 주는 효과에 대하여 더 구체적으로 말씀하고 있습니다.

I. 사람의 영혼을 치료하는 말씀

요즘은 영혼 치료까지는 오지 못했지만 마음을 치료하는 데까지는 많은 연구가 이루어지고 있습니다. 왜냐하면 너무 많은 사람의 마음이 병이 들어서 고통을 받고 있고 자살을 하고 있기 때문입니다. 얼마 전에도 유치원에서 어린이를 제대로 돌보지 않았다고 비난받던 여선생이 투신자살했습니다. 그리고 어떤 조사를 받게 된 유치원 원장이 자살했습니다. 또 친구들에게 집단 폭행당하던 중학생이 투신자살했습니다. 이 모든 사람이 몸이 병들거나 칼에 찔리거나 한 것이 아닙니다. 그들은 마음에 일어나는 분을 삭이지 못하거나 혹은 앞으로 일어날 일에 대한 걱정 때문에 마음이 불안해서 자살을 택한 것입니다. 지금 우리나라에서는 이런 식으로 해서 자살하는 사람들이 수만 명에 이른다고 합니다. 그래서 정신과에서는 마음의 병을 치료할 수 있는 약을 많이 만들어내었는데 또 자기에게 맞는 약을 찾는 것이 그렇게 어렵다고 합니다.

그런데 사람들은 자기 영혼을 치료하는 것에 대해서는 엄두도 내지 못하고 시작이나 생각조차 못하고 있는 단계입니다. 옛날에는 의사 중의 가장 용하다는 의사는 관절이나 뼈 안에 있는 고름이나 독을 칼로 긁어내어서 환자를 치료하는 사람이었습니다. 그중에 뇌 안에 있는 벌레를 잡아내는 수술을 하는 의사도 있었습니다. 이런 의사는 환자들에게 독한 술을 마시게 한 뒤 입에 헝겊이나 나무토막 같은 것을 물린 후에 톱이나 예리한 칼로 살을 자르고 그 뼛속에 있는 독이나 고름을 긁어내고 난 후에 실로 깁고 붕대로 감아놓는 것입니다. 이런 수술을 할 정도의 의사라고 하면 아마 옛날에는 세계 최고의 명의였을 것이고 못 고치는 병이 없었을 것입니다. 그런데 바로 하나님의 말씀이 그런 역할을 한다고 말씀하고 있습니다.

4:12, "하나님의 말씀은 살아 있고 활력이 있어 좌우에 날선 어떤 검보다도 예리하여 혼과 영과 및 관절과 골수를 찔러 쪼개기까지 하며 또 마음의 생각과 뜻을 판단하나니"

"하나님의 말씀은 살아 있고 활력이 있어"라고 했는데, 옛 개역성경에는 "운동력이 있어"라고 번역했습니다. 즉 하나님의 말씀은 그 자체가 살아 있고 운동력이 있는 말씀입니다. 하나님의 말씀을 수술하는 칼에 비유한다면, 일단 꺼내서 의사의 손에 쥐여주기만 하면 칼이 스스로 환자의 몸 안을 찢고 들어가서 그 안에 있는 온갖 썩은 곳과 곪은 것들을 찾아서 잘라낼 것은 잘라내고 고칠 부분은 고치는 일을 하는 것입니다. 즉 하나님의 말씀은 자기 스스로 움직이는 칼인 것입니다.

이 부분에서 설교자들이 가장 많이 오해하고 있습니다. 설교자들은 할 수 있는 대로 자신들이 성경 말씀을 가지고 많은 것을 찾아내고 많은 이야기를 해야 교인들이 은혜를 받는다고 생각하지만 사실은 정반대입니다. 사실은 하나님의 말씀이 설교자의 입을 사용하고 그의 지성과 그의 음성을 사용해서 교인들의 마음속에 들어있는 고민과 병과 아픈 것들을 찾아내서 수술을 하는 것입니다.

하나님의 말씀이 치료하는 가장 중요한 것은 영혼을 치료하는 것입니다. 여기서 영혼을 치료한다는 것은 죽은 영혼을 살려내는 것을 말합니다. 마치 환자가 이미 숨이 끊어져서 호흡이 없을 때 의사들이 인공호흡을 하거나 전기 충격을 주어서 맥박을 살려놓는 것처럼, 하나님은 죽은 자들의 영혼을 살리는 일을 합니다. 죽은 자들은 하나님에 대하여 아무 생각이 없고 하나님의 말씀에 대하여 아무 반응이 없습니다. 그는 기도할 줄도 모르고 자신의 가치도 알지 못합니다.

그런데 하나님의 말씀을 들었을 때 하나님과 하나님의 말씀에 대한 반응이 생기게 됩니다. 하나님이 계신 것이 믿어지고, 하나님의 말씀을 들으면서 무슨 느낌이 오게 되고 기도하고 싶은 마음이 생기게 되는 것입니다. 그리고 자기 자신의 가치가 생각나고 그동안 무엇인가 시커먼 죄 같은 것이 자기의 숨을 막고 있었다는 것을 알게 됩니다. 이것이 바로 영혼이 살아나는 것입니다. 마치 병원에서 환자가 스스로 숨 쉴 때 살아난 것처럼, 우리가 스스로 숨을 쉬게 되고 생각을 하게 됩니다.

그뿐만 아니라 하나님의 말씀은 마음을 고치는 데 탁월한 능력이 있습니다. 오늘 사람들은 극심한 스트레스와 분노로 인해 우울증과 공황장애와 분노가 생겨 잠시라도 견딜 수 없는 상황 속에서 살아가고 있습니다. 이것은 이미 물리적인 병이기 때문에 정신력만으로는 해결이 되지 않습니다. 그런데 우울증이나 공황장애나 분노의 가장 큰 문제는 자살 충동입니다. 자살 충동은 한순간 어떤 충동에 의해 잘못된 생각을 하게 되어서 저지르게 되는 것입니다. 즉 내가 이런 고통을 받으니 차라리 죽는 것이 낫다든가, 아니면 나 혼자 죽으면 우리 집 식구 전체가 살 수 있다든지, 내가 죽음으로써 다른 사람이 후회하게 해주겠다는 생각이 들게 되는 것입니다. 그러나 이런 것은 전부 마귀가 주는 생각입니다.

하나님의 말씀은 참새 한 마리의 생명도 하나님이 지켜주신다고 했고, 내일 일을 두고 염려하지 말라고 하셨습니다. 예수님은 "수고하고 무거운 짐 진 자들아 다 내게로 오라"(마 11:28)고 하셨습니다. 물론 우리 크리스천들도 병에 걸립니다. 우울증에도 걸리고 정신 질환에도 걸립니다. 그러나 하나님이 죽게 하시지는 않습니다. 때로는 우리가 죽고 싶은 생각이 들 때도 있지만 하나님은 우리로 하여금 또 살 용기를 주시는 것입니다. 조금 더 자존심 버리고 조금 더 낮아지고 조금 더 비참해지고 사는 것이 훨씬 낫습니다. 왜냐하면 하나님이 그것 이상으로 수백 배 축복해주시기 때문입니다.

그래서 성도들이 마음의 병을 앓는다는 것은 마치 훈장과 같습니다. 우리가 예수님의 피로 씻음 받은 양심을 가지고 이 세상을 살면서 어떻게 마음의 병이 걸릴 수 있겠습니까? 예수님은 다른 사람들이 너희에게 악한 말을 하고 거짓으로 욕을 하고 박해할 때 기뻐하고 즐거워하라고 하셨습니다. 왜냐하면 천국에서 우리 상이 크기 때문입니다

(마 5:11-12).

하나님의 말씀은 우리 육체의 병도 치료합니다. 히스기야 같은 경우에는 왕이지만 병에 걸려서 피골이 상접하고 일어나서 걷지도 못하는 상태였습니다. 그때 이사야 선지가 와서 "네가 죽을 것이니 집안 일을 정리하라"고 했습니다. 이때 히스기야는 하나님께 기도하면서 벽을 쳐다보고 통곡했습니다. 그때 히스기야가 죽을 것이라는 말을 전해주고 돌아가던 이사야에게 새로운 하나님의 말씀이 임했습니다. 그것은 "하나님이 그의 기도를 들으셨고 그의 눈물을 보았다"는 것입니다. 그래서 그의 병이 나을 것이며 사흘 만에 성전에 걸어 올라갈 것이며 십오 년의 생명을 연장해주신다는 것이었습니다. 그리고 이사야는 무화과 뭉치를 으깨서 히스기야의 환부에 발라주었습니다. 하나님은 해시계가 뒤로 십도 물러가는 기적을 보여주시면서 히스기야가 치료되게 하셨습니다(사 38:1-8).

예수님 당시에도 복부가 부은 사람이 찾아왔습니다. 복부가 이렇게 부었다는 것은 복수가 찼다는 뜻입니다. 아마 그는 간경화 말기였거나 아니면 콩팥이 나빠져서 온몸이 부었을 수도 있습니다. 예수님은 말씀만으로 이 환자를 깨끗이 고쳐주셨습니다. 물론 우리는 말씀만으로 이 모든 병을 다 고칠 수 없습니다. 우리는 병원의 유능한 의사의 도움도 받아야 합니다. 요즘은 웬만한 병은 병원에서 다 고칠 수 있습니다. 그러나 하나님이 부르시는 경우도 있습니다. 하나님이 부르시면 우리는 천국으로 가야 합니다. 우리는 이 세상에 가족이 있고 내가 좋아하는 일들이 있어도 우리는 결국 하나님이 부르시면 가야 하는 나그네 인생입니다. 그러나 우리의 영혼과 마음과 골수는 다 치료를 받았습니다.

2. 하나님의 말씀은 이 세상을 이기게 한다

우리는 모두 이 세상에서 행복하기를 바라고 잘 되기를 바라며 가치 있는 삶을 살기를 바랍니다. 그런데 이 세상에서 성공하면서 가치 있는 삶을 살기는 정말 어렵습니다. 왜냐하면 세상 사람들은 이 세상의 성공만을 위하여 마음과 뜻과 열정과 양심까지 다 바쳐야 하지만, 우리는 하나님도 믿어야 하고 세상일도 해야 하기 때문에 그대로 따라갈 수 없기 때문입니다. 그래서 우리는 무조건 이 세상에서 성공하려고 하기 전에 생각을 해 보아야 합니다. 그것은 정말 나에게 중요한 것이 무엇인가 하는 것입니다.

우리가 이 세상에서 끝까지 행복하려고 하면 어떻게 하다가 벼락치기로 성공해서는 안 되고 나의 길을 찾아서 그 길을 가야 합니다. 하나님의 말씀은 나의 길을 인도합니다. 본문 12절 끝에 보면 "또 마음의 생각과 뜻을 판단하나니"라고 했습니다. 우리가 예수 믿고 성령이 오신 후에는 옛날처럼 무조건 세상의 성공만을 향하여 달려갈 수 없는 이유가 하나님의 말씀 때문입니다. 즉 우리는 광야로 가야지, 애굽으로 돌아갈 수 없는 것입니다.

그런데 열심히 광야 길을 가다 보면 내가 잘할 수 있는 것을 발견하게 됩니다. 그것은 요단강을 건너는 법과 여리고 성을 무너뜨리는 법이나 가나안의 거인들을 죽이는 법 같은 것을 알게 되는 것입니다. 다윗은 양을 치는 목동이었지만 그 원리를 가지고 거인 골리앗을 쓰러트려서 영웅이 됩니다. 우리가 세상을 그냥 보면 화려하고 행복한 것 같지만 하나님 말씀의 안경을 가지고 보면 모두 썩었고 허영덩어리인 것을 보게 됩니다. 우리에게는 일용할 양식만 있으면 되고, 그날그날 살아갈 능력만 있으면 되는 것입니다.

그런데 하나님의 말씀 앞에서는 세상의 모든 것이 벌거벗은 것 같이 드러나게 됩니다.

4:13, "지으신 것이 하나도 그 앞에 나타나지 않음이 없고 우리의 결산을 받으실 이의 눈 앞에 만물이 벌거벗은 것 같이 드러나느니라"

만일 우리 눈에 보이는 것이 전부라면, 우리 크리스천들은 세상에서 실패한 사람들이며 어리석은 사람들일 것입니다. 그러나 하나님은 이 세상 모든 것을 다 지으셨고 모든 것을 다 결산하는 분이십니다. 우리는 돈이나 성공이나 인기의 잣대를 가지고 모든 것을 판단하지만, 하나님은 죄와 믿음의 잣대를 가지고 모든 것을 판단하십니다. 이 세상은 점점 부요해지고 사람들을 점점 더 호화로워지고 있지만 죄는 더욱 더 늘어가고 있고 믿음은 점점 더 없어지고 있습니다. 즉 이 세상은 하나님 앞에서는 더욱 더 벌거벗겨지고 있는 것입니다. 우리가 잘 아는 동화 중에 '벌거벗은 임금님'이 있지 않습니까? 임금님은 벌거벗고 있는데 신하들은 모두 멋진 옷을 입고 있다고 칭찬하고 있는 것입니다. 그런데 어린아이의 눈으로 보기에 임금님은 틀림없이 벌거벗은 채 행진하고 있는 것입니다.

하나님의 말씀은 이 세상에 빛과 같은 역할을 합니다. 그런데 그냥 빛이기도 하지만 엑스레이같이 사람들을 속속들이 다 비추어주는 빛입니다. 우리가 이 세상 자체만 보면 너무 화려하고 너무 아름답고 행복한 세상인 것 같지만, 하나님의 빛으로 보면 미움과 시기, 불행과 자살 충동이 가득하고 소망이 없는 세상입니다. 이 세상에서 가장 행복한 사람은 하나님의 길을 찾아서 좌로나 우로나 치우치지 아니하고 꾸준히 자기의 길을 가는 사람입니다. 우리는 작은 것으로도 만족하고 하나님의 진리에 부요한 자가 되어야 합니다.

요한계시록에도 라오디게아 교회 같은 경우에는 교인들이 부자였고 부족한 것이 아무것도 없었습니다. 그러나 주님은 라오디게아 교회를 향해서 너희의 가난한 것과 눈먼 것을 알지 못한다고 말씀하셨습니다(계 3:17). 우리는 믿음이 부요한 자가 되어야 하고 말씀에 부자가 되어야 합니다. 왜냐하면 하나님의 무한한 부요함이 바로 우리에게 연결되어있기 때문입니다.

하나님의 말씀은 우리에게 소금과 같이 맛을 내게 합니다. 사람이 아무리 맛있는 고기를 먹어도 소금이 없으면 맛이 밍밍한 것처럼 이 세상은 맛이 없습니다. 그래서 사람들은 텔레비전 드라마나 토크 쇼를 보면서 맛을 느끼려고 하는 것 같습니다. 그러나 천하에 맛이 없는 것이 토크쇼인데 그렇게 사람들은 웃고 좋아하는 것을 보게 됩니다. 오히려 하나님의 백성들은 너무 재미없는 인생을 사는 것 같습니다. 우리에게는 하나님의 말씀이 있고 기도가 있고 찬송이 있고 눈물이 있고 재미있는 이야기들이 있습니다.

우리는 이 세상에 대해서는 칼이 아니라 등대로 빛을 비추는 역할을 합니다. 즉 사람들로 하여금 마귀에게 속지 않고 바른길을 가게 하는 것입니다. 사람들이 하나님의 말씀을 듣고 억지만 부리지 않으면 절대로 망하지 않습니다. 그러나 우리나라에서는 기독교 자체가 하나님의 말씀을 잘 비추지 못할 뿐 아니라 세상이 그렇게 떼를 쓰고 있는 것입니다. 이것은 누가 봐도 재미가 없는 밍밍한 세상일 뿐 아니라 하나님이 보시기에도 복을 줄 필요가 없는 맛이 없는 세상입니다. 욥은 소금 없이 누가 계란 흰자를 먹겠느냐고 하면서 자기는 그것을 만지기도 싫어한다고 했습니다(욥 6:6).

그러나 하나님의 말씀은 마귀에 대해서는 여전히 불칼 역할을 합니다. 그래서 우리가 하나님의 말씀으로 마귀의 가슴을 찌르면 그 가슴에 불칼이 찔리게 됩니다. 마귀가 가장 무서워하는 것은 바로 우리가 하나님의 말씀을 그대로 믿고 전하는 것입니다. 사드락, 메삭, 아벳느고가 하나님의 말씀을 그대로 믿고 순종했을 때 풀무불이 그들을 태워죽이지 못했고 느부갓네살 왕은 그 앞에 무릎을 꿇었습니다. 또 다니엘이 하나님의 말씀을 그대로 믿고 순종했을 때 사자굴에 들어갔지만 사자가 그를 잡아먹지 못했습니다. 예수님은 하나님의 말씀을 그대로 믿고 십자가에 달리셨지만 사망의 권세를 깨트리고 부활하셨습니다. 그래서 우리는 세상에 대해서는 하나님의 말씀으로 등대 역할을 하고 소금 역할을 하고 마귀에 대해서는 불칼로 찌르는 역할을 하는 것입니다.

3. 하나님을 향한 강한 기도의 능력

우리가 아무리 하나님을 향하여 소리 지른다 해도 그 부르짖는 소리가 하나님께 들리지 않으면 소용이 없을 것입니다. 예를 들어서 전화기에 대놓고 아무리 소리를 질러도 상대방이 듣지 않으면 소용이 없는 것입니다. 이 세상 사람들은 아무리 하나님을 향해서 빌어도 하나님의 귀에는 전달되지 않습니다. 왜냐하면 하나님과는 연결 통로가 없기 때문입니다. 그래서 세상 사람들은 예수 믿는 사람들에게 기도해 달라고 부탁하는 것이 가장 잘하는 행동입니다. 왜냐하면 자기들이 기도해봐야 안 되기 때문입니다. 그런데 문제는 우리 예수 믿는 사람들도 기도 응답에 자신을 가지지 못한다는 것입니다. 우리는 기도를 해도 응답이 안 되는 것 같으니까 다른 사람들의 기도 부탁을 들어줄 여유나 자신감이 없는 것입니다.

그러나 하나님의 말씀은 하나님의 보좌를 향하여 올라가는 불입니다. 우리가 하나님의 말씀을 붙들고 기도하면 그 기도는 불이 되어서 하나님의 보좌 우편까지 올라가게 됩니다. 왜냐하면 바로 거기에 우리 주님이 계시기 때문입니다. 예수님은 제자들에게 "너희가 내 안에 거하고 내 말이 너희 안에 거하면 무엇이든지 원하는 대로 구하라 그리하면 이루리라"(요 15:7)고 말씀하셨습니다. 예수님은 우리의 대제사장입니다. 대제사장은 이스라엘 백성들의 죄나 병이나 어려움을 하나님 앞에서 해결해주기 위해서 존재하는 직분입니다. 그래서 우리는 무엇이든지 어려움이 있기만 하면 예수님께 기도할 수 있습니다.

4:15, "우리에게 있는 대제사장은 우리의 연약함을 동정하지 못하실 이가 아니요 모든 일에 우리와 똑같이 시험을 받으신 이로되 죄는 없으시니라"

예수님은 우리의 어려움과 연약함을 위하여 대제사장이 되셨습니다. 그는 우리의 연약함을 잘 이해하시는 분이십니다. 왜냐하면 그는 우리와 똑같이 인간이 되셨고 배고픔이나 병이나 고통이나 죽음을 다 겪으셨기 때문입니다. 그런데 그는 죄가 없으신 분입니다. 그는 죄가 없으시기 때문에 즉각적으로 우리의 어려움을 도와주실 수 있으십니다. 그런데 왜 그렇게 시간이 오래 걸리는 것일까요? 그것은 우리에게 가장 중요한 것이 부흥이기 때문입니다. 부흥의 불만 붙으면 모든 것은 재깍재깍 응답이 되지만 부흥의 불이 꺼지면 시간이 오래 걸리게 됩니다. 그래서 우리는 다른 어떤 것보다 부흥의 불이 먼저 붙도록 기도를 해야 합니다. 우리의 마음이 늘 뜨거워져야 하고 말씀과 기도가 우리의 최고 우선순위가 되어야 다른 기도도 빨리 응답이 됩니다.

4:16, "그러므로 우리는 긍휼하심을 받고 때를 따라 돕는 은혜를 얻기 위하여 은혜의 보좌 앞에 담대히 나아갈 것이니라"

여기 "긍휼하심'은 하나님의 도우심입니다. 우리는 하나님의 도우심 없이는 아무것도 할 수 없습니다. 우리는 성령의 바람이 불어야 저절로 나갈 수가 있습니다. 그리고 우리는 때를 따라 돕는 은혜를 받아야 합니다. 즉 우리는 매 순간, 매 순간 하나님의 지혜와 능력이 필요합니다. 그것을 얻기 위해서 은혜의 보좌 앞에 담대히 나아가야 합니다.

지금 이 시간이 바로 그 시간입니다. 성도들이 함께 모여서 기도하는 것이 은혜의 보좌에 함께 나아가는 것입니다. 담대히 나아가시기 바랍니다. 하나님께 거절당하리라 생각하지 말고 죽자 살자 담대히 나아가서 반드시 응답받고 능력 받는 성도들이 다 되시기 바랍니다.

09

대제사장의 자격
히 5:1-10

우리는 가끔 운동경기나 영화를 보면서 속이 후련해질 때가 있습니다. 특히 우리나라와 별로 사이 좋지 못한 나라가 축구 경기를 할 때 우리나라 선수들이 잘해서 상대편을 무참하게 이겨줄 때 속이 뻥 뚫리게 됩니다. 또 영화 속에서 독일군이 사람들을 죽이거나 못된 짓을 할 때 연합군이나 주인공이 나타나서 총으로 그들을 다 죽이고 승리할 때 속이 후련합니다.

언젠가 서울에서는 장애인을 위한 학교를 지으려고 하는데, 주민들이 반대하는 바람에 지을 수 없게 되자 장애인 엄마 중의 한 사람이 주민들 앞에 나서서 무릎을 꿇고 간청했습니다. 장애인 엄마가 주민들 앞에서 무릎을 꿇은 이 사진 한 장은 많은 사람의 마음을 움직이는 데 큰 영향을 주었습니다.

이것은 시리아 난민에게도 마찬가지였습니다. 시리아에 내란이 일어나서 많은 사람이 있을 곳이 없어서 바다를 떠돌아다닐 때 바다에 빠져서 죽은 작은 남자아이의 사진 하나가 유럽 사람과 지도자들의 마음을 움직여서 시리아 난민들을 받아들이게 되었습니다. 그런데 요즘 유럽은 이 난민 가운데 테러범들이 섞여 있어서 엄청난 고민을 하고 있다고 합니다.

하나님과 사람 사이에도 하나님의 마음을 시원하게 해주는 사람이 필요했습니다. 우리 인간의 교만과 죄는 하나님의 자존심을 상하게 했고, 하나님의 의로우심을 여지없이 짓밟았습니다. 하나님은 우리 인간을 사랑하시지만 인간의 이런 교만한 자세 때문에 사랑하시려고 해도 사랑할 수 없었습니다. 그런데 인간 중에서 하나님의 마음을 시원하게 하기 위해 뽑힌 사람이 있었습니다. 그 사람은 바로 대제사장이었습니다. 우리는 이것이 잘 이해되지 않습니다. 어떻게 대제사장이 하나님의 마음을 시원하게 할 수 있는가 하는 것입니다. 물론 대제사장도 하나님의 마음을 시원하게 할 수는 없었습니다.

일단 대제사장은 아론과 아론의 후손이었는데 이들은 인간 중에서는 하나님과 가장 가깝고 하나님의 마음을 가장 잘 아는 사람들이었습니다. 아론은 하나님의 종 모세의 형이었기 때문입니다. 거기에 비해서 다른 사람들은 사실 하나님의 존재도 모르고 하나님의 마음을 시원하게 하기보다는 하나님을 향해 욕하거나 하고 하나님에 대하여 저주하거나 하기 때문에 하나님의 마음을 시원하게 할 수 없었습니다.

우리 인간이 어떻게 하면 하나님의 마음을 시원하게 할 수 있을까요? 우리가 우리 인간의 죄에 대하여 인정사정없이 대결하고, 하나님의 말씀에 대해서는 목숨을 걸고 순종할 때 하나님의 마음은 시원해지게 되는 것입니다. 그런데 진정으로 하나님의 마음을 시원하게 한 분은 오직 예수님 한 분뿐이었습니다. 그래서 예수님은 하나님의 말씀에 죽도록 순종하셨고, 죄와 사탄의 세력을 완전히 부수어주셨습니다. 그래서 예수님은 하나님의 마음을 시원하게 하셨습니다. 예수님은 우리의 완전한 대제사장이 되셨습니다.

1. 하나님을 기쁘시게 하는데 실패한 사람들

하나님은 이스라엘 백성들을 애굽에서 이끌어내면서 하나님의 보배로운 백성으로 삼으시겠다고 말씀하셨습니다. 저는 '그의 보배로운 백성'이라는 말을 너무나도 좋아합니다. 보석이나 보물은 얼마나 귀하고 좋은 물건입니까? 사람들은 집안의 보석이나 가보 같은 물건들은 가장 소중한 곳에 두고 아낄 것입니다. 하나님은 그중에서도 특히 레위 지파는 하나님의 소유라고 말씀하셨습니다. 우리가 이 세상에서 하나님의 소유가 되는 것은 행복하지 않을 수도 있습니다. 그렇게 되면 우리는 이 세상 것을 많이 가질 수 없기 때문입니다. 그래서 레위 지파도 땅을 나눌 때 땅을 기업으로 얻지 못했습니다. 왜냐하면 그들은 하나님의 소유였기 때문입니다. 그것은 그만큼 레위 지파가 하나님과 가깝다는 뜻이었습니다. 그럼에도 불구하고 하나님은 제사장만큼은 레위 지파 중에서도 하지 못하고 오직 아론과 그 아들 그리고 자손들만 하게 하셨습니다. 왜냐하면 그들만큼 하나님의 마음을 알기 어렵기 때문이었습니다.

여기에 가장 먼저 반발을 한 사람이 있었는데, 바로 고라였습니다. 고라는 모세와 아론에게 "나도 레위족인데 왜 제사장을 하지 못하고 너희들만 다 해먹느냐?"고 반발하면서 아론만 대제사장이 되는 것을 받아들일 수 없다고 주장했습니다. 그리고 지도자들 250명이 그에게 동조해서 반항했습니다.

5:1, "대제사장마다 사람 가운데서 택한 자이므로 하나님께 속한 일에 사람을 위하여 예물과 속죄하는 제사를 드리게 하나니"

사람은 모두 다 죄인입니다. 아론도 죄인이었습니다. 아론은 이스라엘 백성들이 시내산 밑에서 금송아지를 만들 때 주동 역할을 한 사람이었습니다. 그래서 하나님은 아론도 죽이려고 하셨습니다. 그러나 하나님은 모세의 기도로 아론을 용서하시고 대제사장이 되게 하셨습니다. 아론은 한번 죽을 뻔했다가 용서를 받았기 때문에 그 후에는 정말 하나님의 말씀에 죽도록 순종했습니다.

그러나 그것을 모르는 고라는 대제사장을 혼자서 독점하지 말고 서로 돌아가면서 하자고 주장했습니다(민 16:1-50). 그러면서 고라는 굉장히 하나님을 불신하며 공격적인 말을 했습니다. 그리고 많은 이스라엘 백성들이 그 주장에 동조했습니다. 이때 하나님은 모세와 아론에게 이스라엘 백성들을 다 멸하고 다시 시작하겠다고 말씀하셨습니다. 그때 모세와 아론은 하나님 앞에 엎드려서 그것은 하나님의 명예와 이름을 위해서 안 된다고 했습니다. 그때 하나님은 모세에게 이스라엘 백성들에게 속히 고라의 장막에서 멀리 벗어나라고 하셨는데, 얼마 있지 않아서 땅이 갈라지면서 고라와 그의 장막과 식구들과 그의 가축들을 다 삼켜버렸습니다.

그리고 불이 나와서 모세를 반대하던 250명의 지도자들이 다 죽었고 염병이 백성들 가운데 퍼지기 시작했습니다. 그때 아론이 향로에 불을 피워가지고 산 자와 죽은 자 사이에 섰을 때 염병이 그쳤습니다. 고라와 그의 동조자들은 제사장은 아무나 돌아가면서 하는 것이 좋은 줄 알았지만 사실상 하나님을 답답하게 하는 것이었습니다. 그러나 모세와 아론이 그런 가운데서도 엎드려서 하나님께 기도하고 아론이 자기가 죽을 각오를 하고 산 자와 죽은 자 사이에 향로를 들고 섰을 때 하나님의 진노는 그치게 되었던 것입니다.

아론의 두 아들 나답과 아비후는 제사장이었지만 하나님의 말씀에 목숨 걸고 순종하지 않았습니다. 하나님께서는 제사장들이 분향할 때에는 반드시 번제단에 있는 불로 불을 붙이라고 했는데 나답과 아비후는 '그 불이 뭐가 중요하겠어?' 하는 생각으로 다른 불을 붙였다가 향로에서 불이 나와서 죽고 말았습니다(레 10:1-2).

사무엘상 3장에 보면, 엘리 제사장의 두 아들 홉니와 비느하스가 나옵니다. 그들은 제사장이었지만 성전을 이방인들의 성전 정도로 생각을 했습니다. 이방인들의 성전은 그야말로 매춘의 소굴이었습니다. 그래서 그들은 하나님께 바치는 제물을 빼앗기도 했고 성전에서 봉사하는 여인들과 성관계를 갖기도 했습니다. 그때 엘리는 두 아들에게 "너희가 사람 사이에 문제가 생기면 사람이 중재할 수 있겠지만 하나님과 사이에 죄를 지으면 누가 중재하겠느냐?'고 하며 충고했지만 그들은 돌이키지 않았습니다. 하나님은 엘리 집안의 죄는 제사나 예물로도 사함을 받지 못한다고 경고하셨습니다. 결국 블레셋과 전쟁이 나서 하나님의 언약궤는 빼앗기고 홉니와 비느하스는 전쟁에서 죽고 아버지 엘리 제사장은 목이 부러져 죽고, 비느하스의 부인은 아기를 낳다가 죽었습니다(삼상 2:12~4:22).

사울 왕은 하나님이 미디안을 치라고 하셨을 때 쓸모없는 것만 다 죽이고 좋은 양이나 소는 아까워서 살려서 데리고 왔습니다. 그때 사무엘이 사울에게 "왜 하나님의 말씀에 순종하지 않느냐?"고 책망하자 사울은 "하나님께 제사를 드리려고 살려서 데리고 왔다"고 변명했습니다. 그때 사무엘은 사울에게 "순종이 제사보다 낫고 (하나님의 말씀을) 듣는 것이 숫양의 기름보다 낫다"고 했습니다(삼상 15:10-31).

다윗은 예루살렘에서 왕이 된 후에 하나님의 언약궤를 예루살렘으로 옮겨오려고 했습니다. 그런데 모세의 율법에는 하나님의 언약궤는 반드시 고핫 자손이 어깨에 메게 되어있었습니다. 그런데 다윗은 그렇게 하지 않고 새 수레에 싣는 것이 보기 좋다고 생각했는지, 하나님의 언약궤를 수레에 싣고 가다가 소가 타작마당에서 뛰니까 웃사가 손을 들어 언약궤를 잡았다가 즉사하고 말았습니다(삼하 6:1-8).

유다의 웃시야 왕은 하나님의 말씀대로 통치해서 복을 많이 받은 왕이었습니다. 그러나 그가 무슨 바람이 불었는지 자기가 성전에서 분향하겠다고 고집을 부리다가 제사장이 안 된다고 하니까 화를 내었는데, 그때 바로 이마에 한센병이 생기는 바람에 그는 그 자리에서 쫓겨나서 죽을 때까지 한센 병자로 살다가 죽었습니다(대하 26:16-23).

또 히스기야의 아들 므낫세는 성전 안에 온갖 우상을 다 갖다 놓고 섬겼는데 나중에 앗수르에 코가 꿰어서 끌려가고는 거기서 회개해서 돌아오게 됩니다. 그는 나중에 회개하고 모든 우상을 없앴지만 하나님은 므낫세의 죄에 분노가 식지 않아서 결국 유다는 바벨론에 포로로 끌려가게 됩니다. 죄 중에서도 하나님이 가장 보기 싫어하시는 죄가 살인이고 음행입니다.

2. 하나님의 마음을 시원하게 한 사람들

인간은 모두 죄인이기 때문에 죄가 없는 사람은 아무도 없습니다. 아론이나 모세도 하나님 앞에서는 죄인이었습니다. 그러나 한번 하나님의 손에 붙들린 후에는 죽자 살자 하나님의 말씀에 순종했을 때, 하나님의 마음은 시원하게 되었습니다.

아론은 모세가 시내산에 올라가 있는 동안 이스라엘 백성들은 금송아지를 만들어서 숭배하고 먹고 마시고 춤추고 뛰놀았습니다. 하나님은 이스라엘 백성들을 다 죽이고 모세를 통해서 다시 시작하려고 하셨지만 모세는 하나님의 이름 때문에 안 된다고 간청했습니다. 이때 하나님은 아론도 죽이려고 하셨습니다. 그러나 모세가 기도해서 아론은 살게 됩니다. 그리고 아론은 한번 하나님께 돌아선 후 철저하게 모세와 하나님의 말씀에 순종해서 끝까지 살게 됩니다.

> 5:2, "그가 무식하고 미혹된 자를 능히 용납할 수 있는 것은 자기도 연약에 휩싸여 있음이라"

대제사장이나 제사장은 인간이기 때문에 그들도 죄인일 수밖에 없습니다. 그래서 다른 불로 분향하다가 죽을 수도 있고 금송아지를 만들 수도 있고 이방 종교를 따라갈 수도 있습니다. 그러나 일단 하나님께로 한번 돌아선 후에는 다시는 세상을 따라가서는 안 되는 것입니다. 그래서 아론은 자기가 모세보다 세 살이나 많은 형이었음에도 불구하고 철저하게 모세의 지도를 따랐습니다. 이스라엘 백성들이 하나님을 대적할 때에는 모세와 함께 땅에 엎드려 기도했고, 모세가 산 위에서 손을 들 때는 자기도 같이 그의 손을 들어주었습니다. 그리고 그는 염병이 퍼져서 백성들이 죽어갈 때에는 산 자와 죽은 자 사이에 서서 염병이 퍼지는 것을 막았습니다.

또 하나님의 속을 시원하게 했던 제사장이 있었는데 그 사람은 비느하스였습니다. 이때는 이스라엘 백성들이 가나안 땅에 거의 다 왔을 때였는데 모압 여인들의 유혹에 걸려들어서 수많은 이스라엘 족장들과 백성들이 이방신에게 절을 하고 모압 여인과 간음했습니다. 심지어 어떤 족장은 모압 여인을 데리고 이스라엘 진 안에 들어와서 음란한 짓을 하고 있었습니다. 그때 비느하스는 창을 가지고 그 장막에 따라 들어가서 창으로 남자와 여자를 관통시켜서 하나님의 마음을 시원하게 해 드렸습니다(민 25:1-9).

다윗은 처음 언약궤를 옮기다가 실패한 후 다시 하나님의 말씀에 따라 레위 제사장으로 하여금 언약궤를 메게 하여 옮기게 됩니다. 그는 이때 하나님의 언약궤 앞에서 힘을 다해서 춤을 추었습니다. 사울 왕의 딸 미갈은 나오지도 않고 창문에서 그것을 구경하다가 다윗이 춤추는 것을 보고 그를 업신여겼습니다. 그러나 다윗은 이 말을 듣고, 나는 하나님 앞에서 기뻐서 춤을 추었고 이것보다 더 낮아져도 괜찮다고 했습니다. 다윗은 하나님의 마음을 시원하게 했습니다.

또 엘리야는 이스라엘 백성들이 바알 숭배에 빠졌을 때 이스라엘 왕과 백성들 앞에서 바알 제사장 사백오십 명을 갈멜산에 모아놓고 기도의 대결을 벌여 하늘에서 불이 떨어지게 한 후 바알 제사장 사백 오십 명을 다 기손강가에 끌고 가서 죽여 버립니다(왕상 18:40). 이때 하나님의 마음이 시원하셨던 것입니다.

베드로 사도는 "너희는 택하신 족속이요 왕 같은 제사장들"(벧전 2:9)이라고 했습니다. 우리는 이스라엘 백성을 대신하여 하나님의 택함을 받은 백성들이고, 왕 같은 제사장이라는 엄청나게 높은 신분의 사람이 된 것입니다. 그러므로 우리는 이 세상에서 나의 야망이나 욕심을 위해서 살 것이 아니라, 하나님의 마음을 시원하게 해드리는 삶을 살아야 합니다. 우리는 자기 생각을 가지고 자꾸 떼를 쓰거나 억지를 부릴 것이 아니라 정의를 물 같이, 공의를 강 같이 흐르게 해야 하는 것입니다(암 5:24). 이 세상에 하나님의 말씀이 물 같이 흐르고 공의가 강 같이 흐른다면 얼마나 하나님의 마음이 시원하시겠습니까?

3. 하나님이 임명하신 제사장

하나님의 마음을 시원하게 해드리고 하나님의 의를 이루어드리는 일은 내가 하고 싶다고 해서 되는 일이 아닙니다. 미가 선지는 우리가 천천의 숫양과 만만의 강물 같은 기름을 하나님께 바친다고 해서 하나님을 기쁘시게 할 수 없다고 했습니다(미 6:7). 일단 하나님의 마음을 시원하게 해드리는 제사를 드리려고 하면 하나님께서 임명한 제사장이 제사를 드려야 합니다.

5:4, "이 존귀는 아무도 스스로 취하지 못하고 오직 아론과 같이 하나님의 부르심을 받은 자라야 할 것이니라"

우리는 아무도 본성적으로 하나님을 기쁘시게 할 수 없습니다. 왜냐하면 우리는 하나님을 알지도 못할 뿐 아니라 하나님의 뜻을 거스르고 대적하는 본성을 가지고 있기 때문입니다. 그래서 인간이 아무리 하나님께 제사를 드린다고 해도 하나님을 더 화나게 만드는 이방 종교의 제사밖에 드리지 못하는 것입니다. 그래서 제사장은 반드시 하나님이 부르신 자, 아론의 후손만 제사장이 될 수 있었습니다. 그러나 제사장도 죄인이기 때문에 제사를 드릴 때마다 자기 자신의 죄를 속하는 속죄제를 드려야 했습니다.

그런데 진짜 하나님의 마음을 시원하게 해 드릴 대제사장은 감추어져 있었습니다. 그는 아론의 자손이 아니라 하나님의 아들이었습니다. 그는 하나님의 아들이셨기 때문에 하나님의 마음을 너무나도 잘 알았고, 인간이셨기 때문에 우리 인간의 무지와 미신도 너무 잘 아셨습니다.

예수님이 대제사장이 되신 것은 하나님께서 말씀으로 부르셨기 때문입니다.

5:5-6, "또한 이와 같이 그리스도께서 대제사장 되심도 스스로 영광을 취하심이 아니요 오직 말씀하신 이가 그에게 이르시되 너는 내 아들이니 내가 오늘 너를 낳았다 하셨고 또한 이와 같이 다른 데서 말씀하시되 네가 영원히 멜기세덱의 반차를 따르는 제사장이라 하셨으니"

"너는 내 아들이니 내가 오늘 너를 낳았다"고 했는데, 앞에 '아들'과 뒤에 '낳았다'는 말은 완전히 다른 뜻입니다. 앞에 '내 아들'이라는 말은 그가 영원하신 하나님의 아들이라는 뜻입니다. 그리고 '내가 너를 낳았다'고 하신 것은 하나님이 그를 사람이 되게 하셨다는 뜻입니다. 하나님께서는 하나님을 너무 잘 알고 있고, 하나님과 가장 가까운 아들을 사람으로 태어나게 하셨습니다. 그는 하나님도 너무 잘 아시고 우리 인간도 너무 잘 아셨습니다. 왜냐하면 두 가지 본성을 다 가지셨기 때문입니다.

우리는 하나님에 대해서는 전혀 알지 못합니다. 그러나 우리는 인간에 대해서는 너무 잘 압니다. 오늘 여인들이 커피를 마시지 않으면 못산다는 것도 알고, 노인들이 텔레비전이 없으면 못산다는 것도 알고 있습니다. 청년들이 스마트폰이 없으면 살지 못한다는 것도 알고 있습니다. 우리는 사람들끼리 전화하거나 문자를 주고받을 때는 재미가 있는데 기도를 오래 하려고 하면 할 말이 없습니다. 오늘 청년들은 성경이 무슨 가치를 가지는지 전혀 이해하지 못하고 있습니다. 성경은 단순히 좋은 말씀이 들어있는 책으로 생각하기도 합니다. 전도는 상상도 하지 못하고 선교는 예수를 좋아하고 기독교를 좋아하는 사람이 되게 하는 것이라고 생각하고 있습니다. 우리는 이 세상의 물가나 미세 먼지와 기후라든지 부동산 시세 같은 것은 너무 잘 알지만, 하나님에 대해서는 아무것도 알지 못합니다. 그 대신 사람들은 엄청난 무지와 미신에 사로잡혀 있습니다. 우리는 세상은 잘 알지만 하나님을 전혀 모르기 때문에 하나님의 마음을 시원하게 해 드릴 수 없습니다.

그러나 예수님은 하나님의 마음도 아시고 우리의 마음도 잘 아십니다.

5:7, "그는 육체에 계실 때에 자기를 죽음에서 능히 구원하실 이에게 심한 통곡과 눈물로 간구와 소원을 올렸고 그의 경건하심으로 말미암아 들으심을 얻었느니라"

예수님은 하나님이 자기를 죽음에서 다시 살리실 줄 믿었습니다. 그러나 그는 심한 통곡과 눈물로 기도했습니다.

예수님은 하나님이 우리를 얼마나 사랑하시는지 아셨고, 우리의 교만과 죄가 얼마나 하나님의 마음을 아프게 했는지 잘 아셨습니다. 예수님은 우리 인간이 얼마나 무지하며 무능한지 아셨고, 예수님이 이 죄 때문에 치러야 할 고통도 잘 아셨습니다. 그래서 예수님은 겟세마네 동산에서 통곡과 눈물로 기도하셨습니다. 이 기도와 순종이 하나님의 마음을 시원하게 했습니다.

> 5:8-9, "그가 아들이시면서도 받으신 고난으로 순종함을 배워서 온전하게 되셨은즉 자기에게 순종하는 모든 자에게 영원한 구원의 근원이 되시고"

예수님은 하나님의 아들이시지만 인간이 되셔서 순종하셨고 고통을 통하여 더 온전하게 되셨습니다. 그래서 예수 안에서 우리는 얼마든지 하나님을 기쁘시게 할 수 있습니다. 우리는 아무것도 염려할 필요가 없습니다. 예수를 믿는 것 자체가 하나님을 기쁘시게 하는 것입니다.

우리가 이 육신을 통하여 하나님의 뜻에 죽자 살자 순종할 때 우리의 기도는 하나님께 상달하게 됩니다. 육신으로 사는 동안 한번 하나님의 말씀에 죽도록 순종을 해 봅시다. 그래서 우리 모두 예수님처럼 새로운 생명으로 살아가시는 성도들이 다 되시기 바랍니다.

10

더 풍성한 신앙
히 5:11-6:12

우리가 어렸을 때는 집집마다 달항아리가 하나씩 다 있었습니다. 대개 이런 항아리는 마시는 물을 보관한다든지, 간장 같은 것을 넣어 두는 데 사용했습니다. 그런데 얼마 전에 우리나라에서 오래된 무덤을 발굴했는데 그 안에서도 달항아리가 나왔습니다. 이 달항아리는 한 번에 만들지 못하고 위와 아래를 따로 만들어서 붙여야 하므로 만들기 어렵고, 만들다가 실패해서 깨어지는 경우가 많다고 합니다. 요즘 우리나라 도예가 중에서 백자 달항아리를 만드는 분들이 계신데 이들은 아주 높은 경지에 오른 분들이고 그 항아리도 아주 비싼 가격에 팔린다고 합니다.

우리는 이 세상에서 무엇이든지 초보자와 최고의 경지로 오른 사람들 사이에는 엄청난 차이가 있다는 것을 알게 됩니다. 어린아이들의 경우에는 겨우 아장아장 걷는 정도이지만 어른 중에서도 운동선수들은 엄청난 속도로 뛰기도 하고 공을 발로 차기도 합니다. 우리가 특히 유럽 프로축구 선수들이 공을 패스하거나 골인시키는 것을 보면

축구라기보다는 예술이라는 생각을 하게 됩니다. 피아노나 바이올린도 처음 배우는 사람들은 기초 교본을 겨우 따라 하는 정도에 불과하지만, 세계적인 연주자가 되면 쇼팽이라든지 유명한 음악가의 곡을 자유자재로 연주를 하게 되는데, 그때 사람들은 감동의 세계에 빠지게 됩니다.

그런데 히브리서에서는 우리 신앙에도 이런 경지가 있다고 언급하고 있습니다. 즉 처음에는 기독교의 교리를 배우고 지식이나 겨우 배우는 어린아이의 수준이 있다면, 나중에는 성경 안을 완전히 헤집고 다니면서 춤을 추는 어른의 경지 내지는 예술의 경지가 있다고 하는 것입니다.

어린아이들은 처음에는 보행기를 타지만 조금만 더 크면 보행기 안에 절대로 들어가지 않으려고 합니다. 거기에 갇히기보다는 서서 걸으려고 하는 것입니다. 그러다가 조금 더 크면 씽씽카를 발로 밀고 타고 다니게 됩니다. 어떤 어린이는 유치원이나 학교를 마치고 돌아오면 동네 놀이터에서 그네를 타는데 엄청나게 높이 올라가는 것을 보았습니다. 그러다가 어른이 되면 자동차를 운전하고, 나중에는 비행기 조종사나 자동차 경기에 나가는 사람도 생기게 될 것입니다.

우리는 예수님과 유대인 선생들이 진리에 대하여 토론하는 것을 보면, 완전히 어린아이와 전문가가 토론하는 것 같은 모습을 보게 됩니다. 유대인들은 예수님을 함정에 빠트리기 위하여 가이사에게 세금을 바치는 것이 옳은지 틀린지 질문을 합니다. 그때 예수님은 조금도 화를 내지 않으시고 돈을 가져오라 하시고서는 이 얼굴과 글이 누구의 것이냐고 물어보셨습니다. 바리새인들이 가이사의 것이라고 하니까 "가이사의 것은 가이사에게 바치고 하나님의 것은 하나님에게 바치라"고 하셨습니다(마 22:15-22).

어떤 사두개인이 부활이 없다고 믿고 유대 율법에 형이 죽으면 동생이 형수와 결혼해서 아이를 낳는 제도를 가지고 예수님을 시험합니다. 일곱 아들이 있었는데 큰 형이 아이를 낳지 못하고 죽으니까 모두 그 형수와 결혼해서 아이를 낳지 못하고 죽었다는 것입니다. 그러면서 부활 때 그 여자는 누구의 부인이 되겠느냐고 물었습니다. 그러니까 예수님은 "너희가 성경도 하나님의 능력도 알지 못해서 오해를 하였다"고 하시면서 "부활할 때에는 장가도 안 가고 시집도 안 가는 천사 같은 모습으로 부활한다"고 하셨습니다. 그러면서 그때까지 사람들이 전혀 생각해보지도 않았던 말씀, "하나님은 죽은 자의 하나님이 아니요 살아 있는 자의 하나님이시니라"고 하셨습니다 (마 22:23-33).

유대인들은 밖에 나갔다 오면 손을 씻어야 하고, 모든 것의 십일조를 바쳐야 하고, 안식일을 지키려고 엄청 애를 썼지만, 예수님은 안식일의 주인이라고 하면서 마음대로 사람들의 병을 고치시고 죽은 자를 살리시고 기적을 행하셨습니다. 우리가 이런 것을 보면 신앙에 있어서도 확실히 우리가 보지 못하고 알지 못하는 성숙한 세계가 있다는 것을 알게 됩니다.

I. 하나님의 말씀의 초보

본문에서는 멜기세덱에 대하여 이야기하다가 갑자기 "너희가 다시 하나님의 말씀의 초보에 머물러 있어서는 안 된다"라고 말씀하는 것을 보게 됩니다.

> 5:11-12, "멜기세덱에 관하여는 우리가 할 말이 많으나 너희가 듣는 것이 둔하므로 설명하기 어려우니라 때가 오래 되었으므로 너희가 마땅히 선생이 되었을 터인데 너희가 다시 하나님의 말씀의 초보에 대하여 누구에게서 가르침을 받아야 할 처지이니 단단한 음식은 못 먹고 젖이나 먹어야 할 자가 되었도다"

우리가 성경에서 멜기세덱에 대하여 알게 되는 것은 아브라함이 그돌라오멜과의 전쟁에서 이기고 돌아올 때입니다(창 14:18). 그때 멜기세덱은 살렘 왕이고 하나님의 제사장인데, 떡과 포도주를 가지고 나와서 전쟁에서 이기고 돌아오는 아브라함을 축복하고 그에게서 십분의 일을 받는 것을 보게 됩니다. 그때 우리가 멜기세덱에 대하여 받은 인상은 참으로 이상한 사람이라는 것입니다. 우리는 그때까지 하나님을 믿는 사람은 아브라함 한 사람밖에 없는 줄 알았습니다. 그런데 이제까지 한 번도 듣지도 보지도 못했던 멜기세덱이라는 사람이 나타나서 아브라함을 축복하는 것을 보고 이 사람은 참 이상한 사람이라는 생각이 들게 되는 것입니다.

그러나 다윗은 역시 달랐습니다. 다윗은 당시의 제사장과는 다른 멜기세덱의 반차를 따른 그리스도를 내다보았던 것입니다. 그래서 시편 110편 4절에 "여호와는 맹세하고 변하지 아니하시리라 이르시기를 너는 멜기세덱의 서열을 따라 영원한 제사장이라 하셨도다"라고 했습니다. 우리가 보기에는 이상한 멜기세덱이지만 다윗은 멜기세덱을 통해서 예수님께서 대제사장의 직분을 행하실 것을 내다보았던 것입니다. 다윗은 예수님에 대하여 예언하기를 또 다른 하나님이라고 했습니다. 다윗은 하나님이 두 분 계신 것을 알았던 것입니다.

그리고 다윗은 예수님의 생생한 육성을 자기 입으로 토해내었습니다. 즉 "내 하나님이여 내 하나님 어찌 나를 버리셨나이까"(시 22:1)라고 하였고, "나의 거룩한 자로 썩음을 당하지 않게 하리라"(행 13:35)는 말씀을 통해서 그의 살이 썩지 않고 부활하실 것을 알았습니다. 그리고 다윗은 "문들아 너희 머리를 들지어다 영광의 왕이 누구시냐"(시 24:7)고 묻습니다. 그리고 그는 "전쟁에 능한 여호와시로다"(시 24:8)고 강조하고 있습니다. 이것은 우리가 성경을 보는 눈과 다윗이 성경을 보는 눈이 얼마나 다른지 보여주는 것입니다.

히브리서는 이렇게 말씀하고 있습니다.

5:12, "때가 오래 되었으므로 너희가 마땅히 선생이 되었을 터인데 너희가 다시 하나님의 말씀의 초보에 대하여 누구에게서 가르침을 받아야 할 처지이니 단단한 음식은 못 먹고 젖이나 먹어야 할 자가 되었도다"

여기서 "때가 오래되었으므로"라는 것은 히브리서를 읽는 사람들이 처음 믿는 사람들이 아니라는 뜻입니다. 그들은 이미 오래 믿었고 능히 다른 사람들을 가르쳐야 하는 선생이 될 사람들이었습니다. 그래서 이 사람들은 제사장 출신 그리스도인일 것으로 생각합니다. 그러나 그들은 고기 같은 단단한 음식을 먹어서 소화를 시킬 수 없으므로 젖 정도밖에 먹을 수 없다고 강조하고 있습니다. 여기서 우리는 그리스도인이라고 해도 같은 수준이 아니라는 것을 알 수 있습니다. 어떤 사람은 어린아이 수준이어서 아주 유치한 예화라든지 세상 축복 이야기라든지 듣기 좋은 성공에 대한 이야기를 들으면 좋아하지만 단단한 음식은 먹지도 못하고 소화시키지도 못하는 사람들이 많이 있습니다. 그래서 우리는 반드시 사람이 많이 모인다고 좋은 교회는 아니라는 것을 알 필요가 있습니다. 왜냐하면 젖을 주고 설탕물을 주니까 맛이 있어서 몰려들기 때문입니다.

5:13, "이는 젖을 먹는 자마다 어린 아이니 의의 말씀을 경험하지 못한 자요"

젖을 먹는 자는 모두 어린아이니 단단한 하나님의 말씀을 경험해 보지 못했습니다. 이들은 하나님의 말씀으로 고난을 당해서도 이기고, 죽을 수밖에 없는 위기에서 죽음을 이기고 살아나며, 독수리가 날개 치며 올라감 같은 하나님의 능력을 체험해보지 못한 자들입니다. 이들의 믿음은 겨우 아프지 않고 어려움 당하지 않고 현상만 유지하는 것으로 만족하는 신앙입니다. 그래서 이런 사람들은 막상 어려움이 닥치면 무서워서 벌벌 떱니다.

> 5:14, "단단한 음식은 장성한 자의 것이니 그들은 지각을 사용함으로 연단을 받아 선악을 분별하는 자들이니라"

단단한 음식을 먹는 사람은 성경에서 재미있고 자기에게 유익한 말씀만 믿고 어린아이 수준에 있는 사람이 아니라 하나님의 말씀을 붙들고 세상과 싸워서 많은 연단을 받은 사람을 말합니다. 우리가 처음 하나님의 말씀을 가지고 세상에 부딪치면 패배할 때가 많습니다. 그러나 우리는 결코 죽지 않습니다. 오히려 이런 시련들로 인해 연단을 받게 되고 담대한 믿음이 생기게 됩니다. 연단을 많이 받았기 때문에 고난이 오고 시련이 오는 것을 두려워하지 않습니다. 그리고 그들은 지각이 있어서 하나님의 말씀을 가지고 자유자재로 적용하며, 수시로 하나님의 영감이 임해서 하나님의 뜻을 분별하는 자들입니다.

하나님의 말씀은 살아 있는 검이기 때문에 우리 손에 쥐어지기만 하면 자유자재로 움직이게 됩니다. 그 누구도 이런 칼을 가진 사람은 이길 수 없을 것입니다. 하나님의 말씀이 우리 손에 잡히는 순간 자유자재로 움직여서 상대방의 허점을 파고 들어가서 영과 혼과 관절과 골수를 쪼개기 때문입니다. 이런 사람들은 환난이 오는 것을 두려워하지 않습니다. 환난이 오면 이 검의 능력을 발휘할 수 있는 좋은 기회가 되기 때문입니다.

2. 실패한 신앙

히브리서는 우리에게 "그리스도의 도의 초보"를 버리라고 하면서 그 예를 들어서 설명하고 있습니다.

6:1-3, "그러므로 우리가 그리스도의 도의 초보를 버리고 죽은 행실을 회개함과 하나님께 대한 신앙과 세례들과 안수와 죽은 자의 부활과 영원한 심판에 관한 교훈의 터를 다시 닦지 말고 완전한 데로 나아갈지니라 하나님께서 허락하시면 우리가 이것을 하리라"

우리는 대개 기초가 중요하다는 말을 많이 합니다. 운동도, 음악도, 공부도 기초가 중요합니다. 그러나 아무리 기초가 중요하다 하더라도 기초에만 계속 머물러 있으면 훌륭한 전문가가 될 수 없을 것입니다. 기초를 튼튼하게 닦은 후에는 실전에서 더 고난도의 훈련을 받아야 좋은 선수가 되고 좋은 연주자가 되고 좋은 학자가 될 수 있는 것입니다.

우리가 생각하기에는 죽은 행실의 회개도 중요한 것 같고, 하나님께 대한 신앙도 중요한 것 같고, 세례나 안수나 죽은 자의 부활이나 영원한 심판이 다 중요한 것 같습니다. 그러나 회개를 또 하고 또 하고 하지 말고, 세례나 안수도 자꾸 할 필요가 없고, 죽은 자에 대해서도 자꾸 무덤을 옮기거나 이야기할 필요가 없고, 현실에 부딪혀서 말씀을 가지고 이겨야 하는 것입니다. 그런데 현실을 이기지 못하는 이들 중에는 신앙에 완전히 실패하는 자들이 있다고 말씀하고 있습니다.

6:4-6, "한 번 빛을 받고 하늘의 은사를 맛보고 성령에 참여한 바 되고 하나님의 선한 말씀과 내세의 능력을 맛보고도 타락한 자들은 다시 새롭게 하여 회개하게 할 수 없나니 이는 그들이 하나님의 아들을 다시 십자가에 못 박아 드러내 놓고 욕되게 함이라"

어떤 사람이 하나님의 말씀의 빛을 받았습니다. 그래서 엄청나게 은혜를 받았고 회개의 눈물도 펑펑 흘리고 성령의 은사도 받았습니다. 이것은 그가 하나님의 말씀의 능력을 맛보고 내세도 맛본 것입니다. 그러나 이들은 자신의 욕망과 야망과 정욕을 이기지 못했습니다. 그래서 이런 사람들이 상습적인 성폭력을 하고, 하나님의 이름으로 야망을 실현하고 예수님의 능력으로 유명해졌지만 돈을 포기하지 못하고 명예를 버리지 못했을 때 그런 사람들은 다시 회개시킬 수 없습니다. 왜냐하면 처음부터 나쁜 길을 걸었고 많은 사람을 구덩이에 빠지게 했으며 그의 양심은 굳어져 있기 때문입니다.

그들은 하나님의 종으로 영혼을 사랑하지 않고 돈과 명예를 좋아하는 것이 얼마나 무서운 죄인 줄 자신도 모르는 것입니다. 그들의 입에서는 계속 하나님의 이름이 나오고 하나님을 믿는다는 말이 나오고 믿음으로 승리한다는 말이 나오지만 그들은 이미 예수님을 모르는 자들입니다. "나더러 주여 주여 하는 자마다 다 천국에 들어갈 것이 아니요 다만 하늘에 계신 내 아버지의 뜻대로 행하는 자라야 들어가리라"(마 7:21)고 하셨습니다.

또 그들은 예수님을 다시 십자가에 못 박는 자라고 했습니다. 기독교는 자기 자신을 십자가에 못 박는 신앙의 종교입니다. 자기 자신을 십자가에 못 박지 않으니까 예수님을 다시 십자가에 못 박는 짓을 하는 것입니다.

3. 성숙한 신앙이 되기 위하여

프로선수가 되기 위해서는 다른 사람들보다 수십 배 노력해야 할 것입니다. 프로배구선수가 되어서 펄펄 날면서 스파이크를 하고, 영국의 프로축구팀에 들어가서 초스피드로 달려서 골인을 시키는 유명한 선수가 되고, 유명한 피아니스트가 되어 연주회를 하려고 하면, 다른 모든 일을 포기하고 자기가 목표 삼았던 것을 죽으라고 연습해야 할 것입니다. 마찬가지로 우리 성도들은 하나님의 말씀에 달인이 되어야 합니다. 존 번연의 《천로역정》을 보면 저자가 얼마나 하나님의 말씀에 달인이 되었던지 그가 하는 모든 말이 성경 말씀임을 볼 수 있습니다. 그것도 흔히 알기 어려운 욥기라든지 잠언 같은 데서 많이 인용하고 있는 것을 볼 수 있습니다. 그 이유는 그가 감옥에 있으면서 성경을 수도 없이 읽었기 때문입니다.

그래서 만약 우리 마음이 땅이라고 한다면, 이 땅을 단단하게 그냥 두면 안 되고 비를 흡수하여 부드럽게 하고 수시로 갈아엎어서 좋은 땅을 만들어서 채소를 길러내어야 합니다.

6:7-8, "땅이 그 위에 자주 내리는 비를 흡수하여 밭 가는 자들이 쓰기에 합당한 채소를 내면 하나님께 복을 받고 만일 가시와 엉겅퀴를 내면 버림을 당하고 저주함에 가까워 그 마지막은 불사름이 되리라"

땅이 비를 흡수하면 아주 부드러운 습기 있는 흙이 됩니다. 그러나 그것을 그냥 그대로 두면 잡초가 가득 생기든지 그야말로 가시나 엉겅퀴들만 자라서 아무 채소도 거둘 수 없습니다. 식물의 놀라운 점은 습도와 온도가 잘 맞으면 우후죽순처럼 자라게 된다는 것입니다. 부지런한 농부들이 비가 오고 난 후에 흙을 뒤집고 씨를 뿌리게 되면 채소가 잘 자라게 됩니다. 이것은 우리 신앙에도 마찬가지입니다. 우리가 하나님의 말씀을 좋은 마음으로 듣고 채우면 폭발적인 부흥이 일어나게 됩니다. 그때 우리는 하나님께 모든 것을 맡기고 믿으면 되는 것입니다.

우리는 우리 마음을 하나님의 말씀으로 갈아엎어야 합니다. 그래서 비를 흡수해서 땅을 부드럽게 하고 모든 돌은 다 집어내고 거기에 채소를 심어야 합니다. 그런데 마음을 갈아엎지 않고 그냥 두고 세상만 따라가면 어느 순간에 불신앙의 가시와 엉겅퀴가 가득하게 되는데 그러면 마지막은 불사름이 되는 것입니다.

6:11, "우리가 간절히 원하는 것은 너희 각 사람이 동일한 부지런함을 나타내어 끝까지 소망의 풍성함에 이르러"

우리에게는 풍성한 소망이 있다고 했습니다. 즉 자기 마음을 갈아 엎어서 농사를 짓고 자기 십자가를 지고 세상과 싸워서 이기는 자에게는 풍성한 축복의 희망이 있다는 것입니다. 이런 풍성한 소망은 자기 자신의 정욕과 야망을 십자가에 못 박는 것입니다. 우리가 하고 싶은 것을 하지 못하고 가고 싶은 곳에 가지 못하고 자신의 욕망을 십자가에 못 박을 때 얼마나 아프고 답답하겠습니까?

〈쿼바디스〉에 보면 베드로가 로마에 박해가 온 것을 보고 피하여 도망을 가는데 환상 중에 예수님이 십자가를 지고 로마로 가는 것을 보게 됩니다. 그때 베드로가 주님에게 "주여 어디로 가십니까?"라고 물으니 "네가 십자가를 지지 않으려고 하기 때문에 내가 다시 십자가를 지고 간다"고 대답하십니다. 그래서 베드로는 다시 로마로 돌아가서 십자가에 못 박혀 죽었다고 합니다. 요즘 목회자들은 스스로 살기 위해서 십자가를 지지 않으려고 얼마나 애를 쓰는지 모릅니다. 그러면 다시 주님을 십자가에 못 박게 되는 것입니다.

우리가 자신을 십자가에 못 박고 성경 말씀을 가지고 자꾸 현실과 부딪치면서 싸운다면 이론으로 믿는 신앙과는 완전히 다른 신앙을 가지게 될 것입니다. 우리가 세상 가운데서 자유자재로 하나님 말씀의 검을 휘두를 때 우리에게는 풍성한 소망이 있습니다. 즉 우리는 장성한 사람이 되고 예수님의 실력을 배우게 되고 사탄을 이기게 되는 것입니다. 우리 모두 부지런히 말씀을 배우고 이 세상과 싸워서 사탄을 이기는 성도들이 다 되시기 바랍니다.

11

더 높은 대제사장
히 7:1-28

사람들은 경찰서에 간다고 하면 굉장히 마음에 부담을 느끼게 됩니다. 경찰서는 죄를 지은 사람들이 가게 되는데 손에 수갑을 차고 가거나 아니면 그냥 찾아간다 하더라도 주눅이 들어서 들어가는 경우가 많기 때문입니다. 그러나 저는 아주 당당하게 경찰서를 방문한 적이 있습니다. 우리 교회 집사님이 그 경찰서 서장이었는데 그분이 "목사님이 꼭 저희 경찰서를 방문해서 축복 기도를 해주었으면 좋겠다"고 해서 날짜를 정해서 방문했던 것입니다. 입구에서부터 바로 안내를 받아서 경찰서장실로 가고 그다음에 경찰들이 다 모여 있는 자리에서 설교하고 축복 기도도 했습니다. 그리고 서장님도 경찰들에게 훈시를 했습니다. 그때 저는 목사라는 것이 정말 대단하구나 하는 것을 새삼 느꼈습니다.

우리 교회에서 해군사관학교 졸업예배에 참석한 적이 있습니다. 그때는 미리 해군사관학교와 연락해서 헌병대도 바로 통과하고 함정에 올라가서 함장도 만납니다. 저는 따로 교장실에 가서 별 세 개인

교장을 만났습니다. 이처럼 군대와 같은 아주 경비가 엄중한 곳을 방문할 때는 누가 우리를 안내하느냐에 따라 들어갈 수 있는 범위가 달라집니다. 아랫사람이 안내하게 되면 현관 입구나 사무실 정도까지만 들어가지만, 최고 높은 사람이 안내하게 되면 별 까다로운 절차 없이 바로 가장 높은 분의 방으로 가서 접대를 받고 이야기를 나누게 됩니다.

우리가 예배시간에 나아가는 것은 하나님을 만나기 위해서입니다. 우리가 하나님 앞에 나아가는 데는 누가 우리를 안내하느냐에 따라서 우리가 갈 수 있는 범위가 달라집니다. 즉 옛날 구약 제사장이 우리를 안내하면 이 땅을 벗어날 수 없습니다. 우리는 이 땅에서 아주 멀리 계신 하나님을 휘장 뒤에서 간접적으로 그분의 음성을 들을 수밖에 없습니다. 그러나 만일 하나님의 아들 예수님이 우리를 인도하시면, 우리는 하나님의 보좌 바로 앞에까지 가서 하나님을 만나 뵐 수 있습니다.

히브리서를 받아보는 성도들은 오랫동안 이스라엘의 제사 제도에 익숙한 사람이었습니다. 그런데 그들은 예수 믿은 후에 그전에 익숙했던 제사장을 통해 하나님께 나아가지 않고 신앙생활을 하다 보니까 신앙의 기초가 다 무너지는 느낌이 들었던 것입니다. 이에 히브리서의 저자는 예수님은 지금까지의 모든 제사장보다 더 높은 제사장이며, 우리를 능히 하나님 앞으로 인도하시는 제사장이라고 소개하고 있습니다.

1. 또 다른 제사장의 근거

유다 백성들이나 이스라엘 자손들에게 제사장이라고 하면 반드시 레위 지파의 아론의 후손이어야만 했습니다. 이스라엘 자손들에게 있어서 아론의 자손이 아닌 제사장은 상상할 수 없었습니다. 그런데 예수님은 레위 지파도 아니고 아론의 자손도 아니었습니다. 이런 예수님이 우리의 제사장이 된다는 것은 유대인들에게는 도무지 이해할 수 없는 일이었습니다.

그런데 구약 성경에 보면, 레위인이 아닌 제사장이 한 사람 있었습니다. 그것도 딱 성경 한 군데에서만 나옵니다. 사람들은 이 성경 한 구절이 얼마나 엄청난 파장으로 나타나게 될 줄 아무도 몰랐습니다.

> 창 14:18, "살렘 왕 멜기세덱이 떡과 포도주를 가지고 나왔으니 그는 지극히 높으신 하나님의 제사장이었더라"

우리는 이곳 외에는 멜기세덱에 대하여 아는 것이 전혀 없습니다. 멜기세덱은 지극히 높으신 하나님의 제사장이었는데, 아브라함의 자손이 아닌 것은 틀림없습니다. 그가 누구의 자손이며 그 뒤에는 어떻게 되었는지 성경은 일절 말을 해주지 않고 있습니다. 단지 그는 지극히 높으신 하나님의 제사장이었는데, 그돌라오멜과의 전쟁에서 이기고 돌아오는 아브라함을 만나서 축복을 했던 사람입니다. 우리는 이 내용을 보고 '멜기세덱은 참 이상한 사람이다' 라고 생각하고 넘어가게 됩니다. 그러나 하나님의 말씀은 단 한 구절도 시시한 구절이 없습니다.

> 7:1-3, "이 멜기세덱은 살렘 왕이요 지극히 높으신 하나님의 제사장이라 여러 왕을 쳐서 죽이고 돌아오는 아브라함을 만나 복을 빈 자라 아브라함이 모든 것의 십분의 일을 그에게 나누어 주니라 그 이름을 해석하면 먼저는 의의 왕이요 그 다음은 살렘 왕이니 곧 평강의 왕이요 아버지도 없고 어머니도 없고 족보도 없고 시작한 날도 없고 생명의 끝도 없어 하나님의 아들과 닮아서 항상 제사장으로 있느니라"

나중에 다윗은 이 성경 구절에 대하여 깊이 생각을 하다가 멜기세덱이야말로 제사장직의 기초석인 것을 깨닫게 되었습니다. 우리가 집을 지을 때 기초석 위에 집을 짓는 것이 아주 중요합니다. 하나님은 멜기세덱을 아브라함 시대에 딱 한 번 등장시켜서 기초석을 놓으셨습니다. 그리고 무려 사백년 이상 제사장에 대해서는 아무 말이 없다가 이스라엘 백성들이 출애굽한 후에 시내산에서 어마어마한 제사 제도를 세우게 됩니다. 하나님은 성막을 세우게 하시고 레위인을 구별하시고 그중에서도 아론의 자손으로 제사장을 삼으셨습니다. 그러나 이 제사장은 기초석 위에 세워진 것이 아니었습니다.

다윗은 하나님의 말씀을 깊이 묵상하는 가운데 지금 눈에 보이는 아론의 자손 제사장은 완전하지 못하고 또 다른 제사장의 계보가 있다는 사실을 깨닫게 되었습니다. 그것은 바로 멜기세덱의 서열을 따라 세워지는 제사장 제도였던 것입니다. 그래서 다윗은 이렇게 이야기합니다.

> **시 110:4, "여호와는 맹세하고 변하지 아니하시리라 이르시기를 너는 멜기세덱의 서열을 따라 영원한 제사장이라 하셨도다"**

창세기의 한 구절의 말씀(창 14:18)이 나중에 이스라엘 천오백 년의 제사장 제도를 뒤엎게 되는 것입니다. 그래서 예수님은 "천지가 없어지기 전에는 율법의 일점 일획도 결코 없어지지 아니하고 다 이루리라"고 말씀하셨습니다. 즉 예수님은 레위인의 계보를 따른 제사장이 아니고 멜기세덱의 계보를 따른 제사장이 되신 것입니다.

우리가 또 놀라게 되는 것은 하나님은 이사야를 통해서 아하스 왕에게 "처녀가 잉태하여 아들을 낳을 것이요 그의 이름을 임마누엘이라 하리라"(사 7:14)고 예언하게 하셨습니다. 아니, 어떻게 처녀가 잉태하여 아들을 낳을 수 있습니까? 만일 처녀가 아이를 낳는다면 그 처녀는 처녀가 아닐 것입니다. 그러나 그로부터 8백년 쯤 지난 후에 진짜 마리아라는 처녀가 잉태하여 아들을 낳았는데 그분이 바로 예수 그리스도입니다.

히브리서 7장은 1절부터 10절까지 멜기세덱에 대하여 설명하고 있습니다. 멜기세덱은 우리가 보기에 이상한 사람인 것은 틀림없습니다. 왜냐하면 그는 왕이면서 하나님의 제사장이었고 갑자기 나타나서 아브라함을 축복하고 노략물 중에서 십분의 일을 받았기 때문입니다. 성경에 그는 아버지도 없고 어머니도 없고 그 후의 일이나 죽은 것에 대하여 일절 이야기가 없습니다.

이스라엘 사람들은 누군가에 대해서 이야기할 때 그가 누구의 아들이라는 말을 많이 합니다. 그렇지 않으면 어느 지역 출신이라는 것을 그 사람의 이름 앞에 붙입니다. 그러나 멜기세덱은 그냥 살렘 왕이라고 했습니다. 멜기세덱은 의의 왕이라는 뜻입니다. 그리고 그는 아브라함보다 높은 사람이었기 때문에 아브라함을 축복했고 하나님을 대신해서 아브라함에게서 십분의 일을 받았습니다.

7:6-7, "레위 족보에 들지 아니한 멜기세덱은 아브라함에게서 십분의 일을 취하고 약속을 받은 그를 위하여 복을 빌었나니 논란의 여지 없이 낮은 자가 높은 자에게서 축복을 받느니라"

축복이라는 것은 높은 사람이 낮은 사람에게 하는 것입니다. 가끔 나이 어린 사람이 어른에게 '축복합니다' 라고 하는데, 그것은 맞지 않는 어법입니다. 멜기세덱이 아브라함을 축복했을 때 레위는 태어나지도 않았습니다. 그래서 레위는 이때 아브라함의 허리에 있었다고 말씀하고 있습니다(10절). 멜기세덱은 하나님의 아들 예수 그리스도의 기초석이었던 것입니다.

2. 레위 제사장의 한계

제사장은 우리의 죄가 씻겨지도록 기도하고 우리를 하나님께로 인도하는 사람을 말합니다. 그래서 이스라엘 백성들에게는 군인보다 제사장이 더 중요했습니다. 왜냐하면 제사장이 하나님께 바른 제사를 드리면 적이 아무리 쳐들어와도 그 기도의 힘으로 적을 물리칠 수 있었기 때문입니다. 그래서 이스라엘 백성들이 요단강을 건너거나 가나안 땅에서 전쟁할 때 하나님의 언약궤와 제사장들이 백성 앞에서 갔던 것을 보게 됩니다. 제사장은 하나님을 섬기는 특별한 사람들이었습니다.

> 7:11, "레위 계통의 제사 직분으로 말미암아 온전함을 얻을 수 있었으면 (백성이 그 아래에서 율법을 받았으니) 어찌하여 아론의 반차를 따르지 않고 멜기세덱의 반차를 따르는 다른 한 제사장을 세울 필요가 있느냐"

그런데 이스라엘의 대제사장은 한계가 있었습니다. 우선 이스라엘의 대제사장은 언제든지 하나님 앞에 나아갈 수가 없었습니다. 왜냐하면 대제사장 자신이 죄인이므로 죽을 수 있었기 때문입니다. 그래서 아론이나 이스라엘의 대제사장은 일 년에 단 한 번 피를 가지고 하나님의 지성소에 들어갈 수 있었습니다. 이것이 모세와의 차이였습니다. 모세는 언제든지 하나님과 대화를 나누었는데 아론이나 그 후손들은 그렇게 할 수 없었습니다. 하나님의 언약궤가 있는 지성소 앞에는 휘장이 드리워져 있어서 아무도 들어갈 수 없었습니다. 그래서 아론이나 다른 제사장들은 하나님과 자유로운 대화를 나눌 수 없었습니다. 이들이 하나님의 뜻을 아는 방법은 제사장의 옷에 있는 우림과 둠밈이라는 보석을 통해서 '예스'와 '노' 정도를 단답형으로 아는 정도에 불과했습니다.

그리고 대제사장이 하는 일은 지성소 안에 있는 속죄소 즉 하나님의 언약궤 뚜껑에 피를 뿌리는 일이었습니다. 여기에 피를 뿌리는 행위는 이스라엘 백성들이 죄가 있지만 죄를 피로 덮어서 보이지 않게 하는 의미였습니다. 예를 들어서 집에 어떤 손님이 왔는데 치우지 못한 먹다 만 음식이 있으면 그것을 신문지로 덮어서 보이지 않게 하는 것과 같은 것입니다.

그리고 대제사장이 하나님 앞에 들어갔다가 잘못하면 죽을 수도 있었습니다. 그래서 대제사장의 옷 끝에 방울을 달아서 언제나 소리가 나게 했습니다. 만일 대제사장이 지성소에 들어갔다가 그 방울 소리가 나지 않으면 죽은 것이기 때문에 다른 제사장이 그의 몸에 맨 줄을 당겨서 죽은 대제사장을 끄집어내었습니다.

그러면 이스라엘 백성들은 어떻게 하나님을 만날 수 있었을까요? 이스라엘 백성들은 성전 뜰에서 저 멀리 계신 하나님을 바라보면서 기도했던 것입니다. 이때 제사장이 목숨 걸고 하나님의 말씀에 순종하면 기도가 응답되고 하나님의 능력이 나타났습니다. 그러나 제사장이 타락하면 하나님의 기도 응답도 없었고 하나님의 능력도 나타나지 않았습니다.

예를 들어서 사무엘 같은 사람은 하나님의 말씀에 죽도록 순종했습니다. 그랬더니 하나님이 사무엘의 제사를 받으셨고 블레셋 군대가 쳐들어왔을 때 하나님은 우레를 발하여 이기게 하셨습니다(삼상 7:10-12). 그러나 홉니와 비느하스는 하나님의 제사를 업신여겼고 성막을 이방신전 정도로 생각했습니다. 그랬더니 그들은 하나님의 궤를 가지고 전쟁터에 갔지만 전쟁에 지고 언약궤는 빼앗기고 홉니와 비느하스도 죽었습니다(삼상 4:1-11). 그리고 이 후 이스라엘 역사에서는 제사장이 중심이 되지 못하고 왕이 중심이 되어서 정치적으로 모든 것이 결정되는 것을 보게 됩니다.

그러다가 다윗이 한번 크게 혼이 나게 됩니다. 다윗이 전쟁에서 승리를 계속 거두니까 자기 나라 국력이 어느 정도 되는지 알아보려고 인구조사를 하는데 이것이 하나님의 뜻에 맞지 않았습니다(삼하 24:1-25). 다윗은 하늘 군대의 힘으로 싸워야 하는데 인간의 수를 의지하려고 했던 것입니다. 너무 정치적이 되었던 것입니다.

그래서 하나님은 벌을 내리십니다. 다윗에게 선지자를 보내어서 세 가지 벌 중에서 하나를 선택하라고 합니다. 즉 삼년 동안 기근이 오든지, 삼 개월 동안 적에게 쫓기든지, 아니면 삼일 동안 전염병이 퍼지든지 세 가지 중에 하나를 택하라고 하니까, 다윗이 고민하다가 이제는 죽어도 사람에게 쫓기는 것은 싫다고 해서 하나님의 손에 빠지겠다고 하면서 삼일 동안의 전염병을 택하게 됩니다. 그때 하나님의 천사가 칼을 빼서 예루살렘을 가리키는데 삼일 동안 칠만 명이 전염병으로 죽게 됩니다. 이때 다윗이 회개기도를 하니까 하나님이 천사가 서 있는 아라우나의 타작마당에 번제단을 만들어서 하나님께 제사를 드리라고 합니다. 다윗이 하나님께 제사를 드리니까 천사가 칼을 거두고 전염병은 끝나게 됩니다. 그리고 나중에 이스라엘의 성전이 이곳에 세워지게 됩니다. 이때 다윗은 제사의 중요성을 다시 한번 깨달았습니다.

다윗의 아들 솔로몬도 처음에는 하나님께 일천번제를 드려서 응답을 받아서 지혜를 얻게 되고 성전을 지어서 복이란 복은 다 받게 됩니다. 성전을 다 지었을 때 성전에서 하나님 영광의 구름이 나타나서 제사장은 들어가지도 못할 정도였습니다(왕상 8:1-11). 그러나 사람들은 역시 제사보다는 정치를 좋아하는 것 같습니다. 이후에 솔로몬의 제사는 옛날처럼 뜨겁지 못했고 이방 제사를 끌어들이면서 성전 제사는 추락하게 됩니다. 그래서 이스라엘 제사장들은 이스라엘 백성들을 하나님 앞으로 바로 데리고 가지 못했습니다. 이스라엘 백성들은 언제나 휘장을 통해서 하나님을 만나야 했고, 사도 바울은 이것을 마치 수건을 쓰고 사람과 대화하는 것과 같다고 했습니다(고후 3:13-18).

3. 제사장 제도가 바뀌다

제사장 제도가 놀라운 것은 제사장 제도가 변하면 모든 율법이 다 바뀐다는 것이었습니다. 이스라엘 백성들은 오랫동안 레위 계통의 제사장을 통해서 휘장 밖에서 하나님을 만나야 했습니다. 그러나 예수님이 십자가 위에서 죽으시면서 성전 휘장은 위에서부터 아래로 찢어져 두 토막이 나게 되었습니다.

7:12, "제사 직분이 바꾸어졌은즉 율법도 반드시 바꾸어지리니"

레위 지파 사람이 아닌 제사장이 나타나면 모든 율법이 다 바뀌고 뒤집어지게 되는 것입니다. 예수님께서는 레위인이 아닌 유다 지파로서 제사장이 되셨기 때문에 옛날의 율법은 다 폐하여지게 되는 것입니다.

7:16-17, "그는 육신에 속한 한 계명의 법을 따르지 아니하고 오직 불멸의 생명의 능력을 따라 되었으니 증언하기를 네가 영원히 멜기세덱의 반차를 따르는 제사장이라 하였도다"

하나님은 때가 되었을 때 우리 인간에게 엄청난 선물을 주시기로 작정하셨습니다. 그것은 바로 하나님의 하나밖에 없는 아들을 우리를 위해서 희생시키시는 것이었습니다. 그래서 하나님은 우리를 하나님 앞으로 바로 인도할 수 있게 하셨습니다. 하나님은 짐승의 피로 우리 죄를 보이지 않게 덮는 것이 아니라 완전히 없어지고 깨끗하게 하셨습니다. 그것을 위해서 하나님은 오래전에 감추어놓으셨던 기초석을 사용하셨습니다. 그것이 바로 멜기세덱의 반차를 따르는 새 제사장을 세우시는 것이었습니다.

7:18-19, "전에 있던 계명은 연약하고 무익하므로 폐하고 (율법은 아무 것도 온전하게 못할지라) 이에 더 좋은 소망이 생기니 이것으로 우리가 하나님께 가까이 가느니라"

인간의 모든 문제는 하나님께 가까이 갈 수 없어서 생기는 것이었습니다. 빛으로 가까이 가지 못하면 어두워지게 되는 것처럼 우리가 하나님께 가까이 가지 못하기 때문에 죄에 빠지고 고민에 빠지고 비참한 가운데 빠지게 되는 것입니다. 예수님은 하늘에서 내려오셔서 인간이 되셨습니다. 예수님은 하늘에서 내려오셨기 때문에 능히 우리를 하나님께로 인도하실 수 있습니다. 그러나 예수님도 자신이 원하신다고 해서 우리를 하나님 앞으로 데려가실 수 있는 것이 아니었습니다. 예수님이 새로운 대제사장이 되시고 예수님이 우리를 하나님 앞으로 데리고 가실 수 있게 된 것은 그가 맹세하셨기 때문입니다.

7:20-21, "또 예수께서 제사장이 되신 것은 맹세 없이 된 것이 아니니 (그들은 맹세 없이 제사장이 되었으되 오직 예수는 자기에게 말씀하신 이로 말미암아 맹세로 되신 것이라 주께서 맹세하시고 뉘우치지 아니하시리니 네가 영원히 제사장이라 하셨도다)"

여기서 '맹세'라는 말은 유언이라는 뜻도 있고 계약이라는 뜻도 있는데, 여기에서는 죽음으로 약속하는 것을 말합니다. 예수님은 이미 하늘에 계실 때 아버지와 언약을 맺으셨습니다. 그것은 바로 멜기세덱의 반차를 따르는 제사장이 되어서 자신이 죽음으로 그 보혈을 믿는 모든 자의 죄가 완전히 깨끗해지고 그들을 하나님 앞으로 인도하시는 것이었습니다. 그래서 예수님이 십자가에 못 박혀 죽으셨을 때 하나님과 우리 사이를 가로막고 있던 성전 휘장이 위에서부터 아래로 찢어져서 이제 우리는 휘장 안으로 들어갈 수 있게 되었던 것입니다(마 27:51). 예수님의 십자가는 단지 우리의 지은 죄를 헝겊이나 천으로 덮어서 보이지 않게 된 것이 아니라 우리 죄를 다 빨아가서 우리의 양심을 깨끗하게 하셨습니다. 물론 아직도 우리의 생각과 기억과 본성 속에는 죄의 습성이 남아 있지만 죄의 고름은 다 빨려 나갔습니다. 단지 죄의 그 상처나 습관이나 기억은 남아 있을 수 있습니다.

그런데 지금 우리의 대제사장은 어디에 계십니까? 우리의 대제사장은 이 세상에 계신 것이 아니라 하나님의 보좌 우편에 계시기 때문에 우리가 기도하거나 예배를 드릴 때 우리를 바로 하나님의 보좌 앞으로 인도하십니다. 천사들의 검문이나 신분증 조사도 필요 없고, 우리가 예수님의 이름을 대면 바로 하나님 앞으로 나아가게 되는 것입니다. 이것이 바로 예수님께서 우리에게 주신 더 좋은 소망입니다.

그런데 왜 우리는 하나님 앞에 올라가는 것이 보이지 않을까요? 사실은 우리가 보지 못하는 것이 너무나도 많이 있기 때문입니다. 우리는 하늘의 불말과 불병거도 보지 못하고, 우리 주위에 있는 천사도 보지 못하고, 성령님도 눈으로 볼 수 없습니다. 세례 요한은 성령이 비둘기같이 임하는 것을 보았습니다. 초대교회 성도들은 성령이 불같이 임하는 것을 보았습니다. 엘리사와 그의 사환은 하나님의 불말과 불병거를 보았습니다. 우리는 지금 보지 못하는 것이 너무 많습니다. 그래서 우리의 믿음이 자라지 않는 것입니다. 다윗은 "내 눈을 열어서 주의 율법에서 놀라운 것을 보게 하소서"(시 119:18)라고 했습니다. 우리는 하나님의 신기한 세계에 대하여 보아야 할 것이 너무나도 많습니다. 예수님은 우리를 하나님 앞으로 인도하실 뿐 아니라 우리를 위하여 간구하십니다.

7:25, "그러므로 자기를 힘입어 하나님께 나아가는 자들을 온전히 구원하실 수 있으니 이는 그가 항상 살아 계셔서 그들을 위하여 간구하심이라"

예수님은 우리의 온전한 대제사장이시기 때문에 우리가 기도하고 찬송하고 말씀을 들을 때, 우리를 하나님 앞으로 인도하실 뿐 아니라 온전히 구원하신다고 했습니다. 여기서 '구원'은 우리의 모든 어려움에서 건짐을 말합니다.

하나님은 이 세상에 악한 자들도 살게 하셨습니다. 악한 자들은 교만하고 자기 멋대로 힘을 휘두르면서 살아가고 있습니다. 거기에 비하여 하나님은 우리에게 자기 힘을 의지하지 못하게 하셨습니다. 그래서 우리는 늘 이 세상에서 어려움을 당하고 악한 자로부터 공격을 받을 때가 많습니다. 그래서 우리는 하나님께 나아가게 됩니다. 왜냐하면 "하나님은 나의 피난처시요 피할 바위시요 나의 능력"이시기 때문입니다.

하나님은 우리 삶에 나타나기를 원하십니다. 그래서 우리는 내 힘으로 악한 자를 이기려고 할 것이 아니라 하나님이 이기시게 해야 합니다. 우리는 내 힘으로 인생을 살 것이 아니라 하나님이 내 인생에 들어오셔서 계시게 해야 합니다. 그때 우리 마음에 드는 생각은 내 인생이 내 인생이 아니면 불안해서 어떻게 살 것인가 하는 것입니다. 내 인생을 내가 살지 않고 다른 분이 살면 나는 어떻게 되는 것입니까? 하나님은 전문가이시고 최고의 예술가이시기 때문에 우리 인생을 최고로 아름답게 하실 것입니다.

모세도 자기 힘으로 인생을 살 때는 애굽에서 죄악된 생활을 하다가 애굽의 감독을 죽이고 도망치는 일밖에 하지 못했습니다. 그러나 하나님이 모세의 인생에 들어오셨을 때 그는 능력의 사람이 되었습니다. 사도 바울도 자기 힘으로 인생을 살 때는 교만했고 예수 믿는 사람들을 박해했지만 예수님이 그의 인생에 들어오셨을 때 겸손해졌고 모든 곳에 복음을 전했고 큰 부흥을 일으켰고 많은 서신을 남길 수 있었습니다.

대제사장은 우리를 위하여 기도하고 계십니다. 즉 우리가 시험에 빠지지 않고 악에 지지 않도록 지금도 기도하고 계신 것입니다. 그래서 때때로 우리 인생에 이해할 수 없는 일들이 일어날 때가 많이 있지만 죄에 빠지려고 하다가 벗어나기도 하고, 사고를 당할 뻔했는데 멀쩡하기도 하고, 이 길로 가려고 했는데 다른 길로 가게 되는 것입니다. 이것은 대제사장이신 예수님이 살아계셔서 나를 위하여 기도하시기 때문입니다. 하나님의 아들 대제사장이 기도하면 마귀는 벌벌 떨 것입니다. 이제 하나님 앞에 우리가 당하는 모든 어려움을 다 아뢰어서 모든 응답을 풍성히 받게 되시기를 바랍니다.

12

새로운 언약
히 8:1-13

우리 인간 세상에서는 약속을 바꾸는 경우가 얼마든지 있습니다. 예를 들어서 운동경기 같은 경우에도 비가 너무 많이 오면 취소하는 경우도 있고, 음악 콘서트 같은 경우에도 노래를 부르는 사람이 심한 감기에 걸려서 목소리가 나오지 않으면 다른 사람이 대신 노래를 부르거나 아니면 아예 콘서트 자체를 취소할 때도 있습니다. 또 연인들이 만나서 데이트를 하기로 했다가 사정이 생기면 약속을 연기하는 경우도 있고, 심지어는 데이트하던 상대를 깨고 다른 사람을 만날 수도 있습니다. 또 어떤 사람에게 물건을 지원하겠다고 약속했다가 취소하는 경우도 있을 것입니다. 요즘은 음식점에 예약해 놓고 예약시간에 그 손님이 오지 않는 것을 '노쇼'라고 하는데, 이런 경우에는 음식을 준비하기 위해 이미 재료비라든지 큰 비용을 지불했기 때문에 손해를 보게 됩니다.

그런데 아무리 취소하려고 해도 취소할 수 없는 것이 있습니다. 그것은 바로 법원의 결정입니다. 약속은 내가 지킬 수도 있고 안 지킬 수도 있지만, 법원의 판정은 반드시 지키도록 법으로 강제하고 있습니다. 이 세상에서 가장 끔찍한 일은 큰 죄를 짓고 어떻게 판결이 날지 모르는 신분으로 감옥에 갇혀 있는 것입니다. 그때 가장 중요한 것이 판사의 판결입니다. 판사가 피고인에게 "당신은 너무 큰 죄를 지었으므로 사형에 처한다"고 하면 그는 언젠가는 사형을 당하게 될 것입니다. 반대로 판사가 "피고인은 무죄입니다"라고 선언하면 그 자리에서 자유의 신분을 얻게 되고 무엇이든지 할 수 있는 자유의 몸이 될 것입니다.

우리 모든 인간은 하나님 앞에서 모두 죽어야 할 죄인들입니다. 하나님의 판결은 이미 내려져 있습니다. 그래서 우리 모든 인간은 언젠가는 반드시 죽게 되어있습니다. 인간이 서로 사랑하고 결혼을 하고 성공하는 것도 사형 선고를 받은 상태에서 하는 행위입니다. 물론 우리가 당장 죽는 것은 아닙니다. 그러나 아무리 젊은이라 하더라도 시간이 지나면 반드시 늙게 되고 또 병이나 사고로 죽게 됩니다.

얼마 전에는 고3 학생들이 어떤 펜션에서 가스에 중독되어서 목숨을 잃은 일이 있었습니다. 그 학생들은 너무 어린 나이에 죽었기 때문에 부모가 애통하지만 사람은 어쩔 수 없는 것입니다. 그런데 만일 우리가 누군가의 도움으로 죽음을 면제받을 수 있으면 얼마나 좋겠습니까? 만일 우리가 누군가의 도움으로 무엇이든지 할 수 있는 자유를 얻게 된다면 얼마나 좋겠습니까?

그래서 이 세상에서 가장 중요한 것은 하나님과의 약속입니다. 우리가 하나님을 몰라서 그렇지, 하나님과 한번 약속을 맺게 되면 그 효력은 무한정입니다. 하나님께서 우리를 지켜주신다고 약속하시면 어떤 일이 있어도 지켜주십니다. 반대로 하나님께서 우리를 버린다고 하시면 아무리 내가 잘살아도 죽게 됩니다. 그런데 우리 힘으로는 하나님과 약속을 맺을 수 없습니다. 왜냐하면 하나님은 하늘에 계시고 우리는 땅에 있기 때문입니다. 그리고 우리는 하나님을 볼 수 없고 그

음성을 들을 수도 없습니다. 그래서 하나님께서는 하나님의 아들을 이 세상에 보내셨습니다.

그러므로 누구든지 예수를 믿으면 하나님과의 약속을 맺게 됩니다. 하나님은 우리를 지켜주시고 우리의 기도에 응답해 주시며 우리에게 영원한 생명을 주십니다. 바로 이것이 우리가 이 세상에 살면서 해야 하는 가장 중요한 일입니다. 나머지 일은 부수적인 것에 불과한 것입니다.

1. 하나님의 약속

하나님께서는 아브라함을 믿게 하셔서 그와 약속을 하셨습니다. 그것은 바로 그가 하나님의 복을 가진 자가 되고 하나님의 복을 후손에게 상속시킬 수 있는 것이었습니다. 만약 우리나라에서 어떤 사람이 재벌의 상속자가 된다면 어마어마한 일일 것입니다. 우리나라같이 작은 나라의 재벌도 엄청난데 하나님의 복이라면 도대체 그 규모가 어느 정도일까요?

애플사의 스티브 잡스는 세계적인 부자가 되었는데, 그에게는 대학 다닐 때 사귀다가 헤어진 여자 친구와 사이에서 난 딸이 하나 있었습니다. 스티브 잡스는 자기 딸이 아니라고 주장했지만 유전자 검사에서 친자판정을 받았습니다. 그러나 그 후에도 그는 자기 딸을 사랑해주지 않고 법적으로 부양해야 할 돈만 보냈다고 합니다. 그 딸이 스티브 잡스에게 흠집이 나서 타지 않는 포르쉐 자동차를 달라고 해도 스티브 잡스는 그 차를 딸에게 주지 않았다고 합니다. 그는 정말 인정머리 없는 못된 아빠였습니다. 그래도 그 딸은 하버드를 나와서 글 쓰는 작가가 되었다고 합니다. 예수님은 "너희가 악한 자라도 좋은 것으로 자식에게 줄 줄 알거든 하물며 하늘에 계신 너희 아버지께서 구하는 자에게 좋은 것으로 주시지 않겠느냐"(마 7:11)고 하셨는데 스티브 잡스는 그 악한 아빠였던 것입니다. 그래도 그는 그 아이의 등록금은 주었습니다. 우리가 몰라서 그렇지 하나님의 상속권은 어마어마한 것입니다. 이것은 정말 친자라는 재판이 붙을만한 어마어마한 복입니다.

하나님은 오직 아브라함의 믿음을 보시고 그를 의롭다 하시고 그에게 하늘의 복을 약속하셨습니다. 아브라함은 나이가 들었지만 유감스럽게도 아들이 없었습니다. 그러나 하나님은 아브라함에게 하늘에 별처럼 많은 자식을 주시겠다고 하면서 밤하늘의 별을 헤아려 보라고 하셨습니다. 아브라함은 밤하늘의 수많은 별을 보고, 하나님은 무에서 유를 만드시고 죽은 자도 살리시는 분이심을 믿었습니다. 하나님은 아브라함의 이 믿음을 보시고 의롭다고 인정하시고 하늘의 복을 약속하셨습니다(창 15:6).

그러나 현실은 하나님의 약속과 정반대였습니다. 아브라함은 흉년을 만나서 애굽에 내려갔다가 바로 왕에게 아내 사라를 빼앗기기도 했습니다. 또 아브라함은 전쟁을 만났는데, 그 후에 조카 롯은 아브라함을 떠나기도 했습니다. 만약 조카 롯이 그의 옆에 남았더라면 아브라함에게 아들이 생기지 않을 경우 조카를 아들로 삼을 수도 있었습니다. 또 아브라함은 사라의 여종 하갈을 첩으로 맞이해서 아들을 낳았지만 하나님은 약속의 아들이 아니라고 해서 내보냅니다.

아브라함의 가장 큰 위기는 백 살에 낳은 아들을 하나님께 번제로 바치라는 시험이었습니다. 그러나 아브라함은 이 하나님의 말씀에 순종하여 이삭을 데리고 모리아 산에 가서 실제로 칼을 빼 들고 죽여 번제로 바치려고 했습니다. 그래서 아브라함은 하나님의 말씀에 순종한 사람이라는 칭호를 얻었습니다. 아브라함은 인간으로서 최초로 하나님의 복을 약속받은 사람이었습니다. 그러나 그렇다고 해서 그에게 땅이 생긴 것도 아니고 자식들이 하늘의 별처럼 많이 생긴 것도 아니었습니다. 단지 아브라함은 하나님의 말씀을 믿으므로 의롭다 함을 받았고 하나님의 복을 약속받았을 뿐입니다.

2. 시내산의 언약

이스라엘 백성이 애굽에 내려온 후에 정말 하나님의 말씀대로 하늘의 별처럼 자손들이 많아지게 되었습니다. 그러면 아브라함의 자손은 전부 다 하나님의 복의 상속자들이었을까요? 아마 그랬더라면 문제는 간단했을지도 모릅니다. 하나님의 복의 상속자는 아브라함의 육체적인 자손이 아니었습니다. 아브라함의 자손은 아브라함과 똑같은 믿음의 사람들이어야만 했습니다. 즉 하나님은 무에서 유를 만드시고 죽은 자를 살리시는 것을 믿고, 또 백 살에 낳은 자식도 하나님께서 바치라고 하시면 바칠 수 있는 믿음을 가진 자라야만 했습니다. 이렇게 아브라함의 믿음은 하나님만 유일하신 분으로 믿는 신앙이었고, 하나님이 아들이라도 바치라고 하면 군말 없이 순종하는 신앙이었습니다.

그런데 이스라엘 자손들이 애굽에 내려와서 별처럼 많아지면서 믿음의 경계가 모호해지게 되었습니다. 즉 이스라엘 백성들은 전부 애굽 사람들과 비슷해지게 된 것입니다. 그래서 하나님은 이스라엘 백성들을 강한 손과 편 팔로 애굽에서 이끌어 내신 후 시내산에서 믿음이라는 것이 어떤 것인지 확인하는 언약을 맺으셨습니다. 그것이 바로 모세를 통하여 하나님이 맺으신 시내산 언약이었습니다.

인간이 하나님의 복을 받기 위하여 가장 중요한 것은 죄에 대한 하나님의 진노를 푸는 것이었습니다. 그 방법은 목숨을 걸고 하나님의 말씀에 순종하는 것밖에 없었습니다. 그래서 하나님은 그의 신실한 종 모세를 세워서 이 언약을 맺으셨습니다. 모세는 하나님으로부터 언약의 돌비를 받을 때 시내산의 불 가운데로 들어갔습니다. 그것은 죽을 각오를 하고 들어간 것이었습니다. 모세는 시내산 꼭대기에서 사십일을 먹지도 않고 물도 마시지 않고 결사적으로 하나님의 말씀에 순종해서 돌비를 받았습니다.

그러나 이스라엘 백성들은 시내산 밑에서 금송아지 우상을 만들어놓고 술 마시고 춤을 추고 뛰놀았습니다. 아마 이때 이스라엘 백성들도 모두 금식하고 죽을 각오를 하고 하나님의 말씀을 믿었다면 그들은 모두 그 놀라운 복의 상속자가 되었을 것입니다. 그러나 하나님의 말씀에 불순종했기 때문에 사망의 상속자가 되고 말았습니다. 그래서 출애굽한 남자 모두가 두 명 여호수아와 갈렙을 빼놓고는 광야에서 다 죽었습니다. 여기서 우리가 알 수 있는 것은 사람은 축복의 상속자가 아니면 사망의 상속자라는 사실입니다. 하나님은 이스라엘 백성에게 하나님의 말씀 안에 머물러 있기만 해도 축복의 상속자로 인정해주겠다고 약속하셨습니다.

8:9, "또 주께서 이르시기를 이 언약은 내가 그들의 열조의 손을 잡고 애굽 땅에서 인도하여 내던 날에 그들과 맺은 언약과 같지 아니하도다 그들은 내 언약 안에 머물러 있지 아니하므로 내가 그들을 돌보지 아니하였노라"

하나님은 이스라엘 백성들을 애굽에서 손을 잡고 인도하여 내셨다고 말씀하셨습니다. 아이들이 너무 어릴 때는 엄마나 아빠가 항상 손을 잡고 데리고 다녀야 합니다. 그렇지 않으면 자기 마음대로 아무 데나 가려고 해서 위험하기 때문입니다. 그래서 하나님은 이스라엘 백성들이 안전하도록 율법을 주셨습니다. 율법은 이스라엘 백성들을 하나님께 잡아매는 끈이었습니다.

그중에서 가장 중요한 것이 제사 제도였습니다. 하나님은 이스라엘 백성에게 번제나 화목제 같은 제사 제도를 지키게 하셨습니다. 이 것은 양이나 소를 죽여서 피를 흘리고 그 기름이나 고기를 불로 태우는 의식이었습니다. 이것은 우리 자신의 고집이나 욕심이나 생명을 하나님께 바치는 것을 의미하는 것입니다. 그러므로 하나님을 믿는다는 것은 우리에게 가장 소중한 것을 하나님께 바치는 것입니다. 즉 내 자신의 목숨을 걸고 하나님의 말씀에 순종할 수 있어야 하는 것입니다. 이스라엘 백성들이 그럴 수 없기 때문에 하나님은 양이나 소를 하나님 앞에서 태우라고 말씀하셨던 것입니다.

그리고 하나님은 안식일을 지키라고 하셨는데, 안식일은 하나님과의 비밀 약속이었습니다. 이것은 하나님의 백성이라는 비밀 표시였던 것입니다. 그리고 성적인 죄나 재산적인 죄나 살인을 하지 말라고 하셨습니다. 이 모든 것이 하나님의 언약 안에 있는 표시였습니다. 그런데 이스라엘 백성들은 아브라함과 달랐습니다. 그들은 모세와도 달랐습니다. 그들은 목숨 걸고 하나님의 말씀에 순종하지 못했습니다. 이스라엘 백성들이 다윗이나 모세같이 하나님의 율법을 사랑한다면 율법은 하나님의 축복의 표시가 될 것입니다. 그러나 그들이 율법을 사랑하지 않을 때는 율법은 이스라엘 백성들을 하나님께 붙들어 맬 힘이 없었습니다.

다윗은 이것을 알고는 하나님의 율법을 사랑했습니다. 다윗이 하나님의 율법을 억지로 지키려고 하지 않고 그것을 사랑해서 노래로 만들고 그 내용을 묵상했을 때, 그 율법 안에 있는 메시야를 발견할 수 있었습니다. 그는 멜기세덱의 반차를 따르는 제사장을 알았고 또 다른 하나님을 알게 되었습니다. 그러나 거의 대부분의 이스라엘 백성들은 율법은 하나님의 잔소리라고 생각했습니다. 그래서 억지로 지키거나 형식적으로 지키는 체하다가 모두 망하고 말았습니다. 율법은 어린아이들이 서로 사랑을 고백하는 것처럼 약점을 가지고 있었습니다. 왜냐하면 어린아이들은 사랑의 고백을 지킬 힘이 없기 때문입니다.

3. 예수님의 새 언약

이스라엘 백성들이 하나님의 복의 상속자가 되는데 실패했던 가장 큰 이유는 그들이 정신적으로 너무 미숙했기 때문입니다. 또 하나님은 하늘에 계신데 이스라엘 백성들은 땅에 있는 미천한 사람들이었기 때문입니다. 즉 하나님과 이스라엘 백성들은 수준이 너무 맞지 않았던 것입니다. 그래서 하나님의 아들이 이 세상에 내려오시게 되었습니다. 그는 율법을 지키러 오신 것이 아니라 모든 사람으로 아브라함 같은 믿음을 가지게 하기 위해 오셨습니다.

8:1, "지금 우리가 하는 말의 요점은 이러한 대제사장이 우리에게 있다는 것이라 그는 하늘에서 지극히 크신 이의 보좌 우편에 앉으셨으니"

지금 우리가 하고 있는 말은 엄청나게 중요한 말입니다. 이것은 우리가 사느냐 죽느냐 하는 것을 결정하는 것이고, 우리에게 엄청난 축복이 주어지느냐 저주가 주어지느냐를 결정하는 문제입니다. 그런데 다행스러운 것은 우리에게 대제사장이 있다는 것입니다. 즉 우리를 향한 하나님의 진노를 완전히 해결하고 우리를 하나님의 복의 상속자가 되게 하려는 대제사장이 하나님의 보좌 우편에 계시다는 것입니다.

그러면서 히브리서는 진짜 성전은 하늘에 있다고 말하고 있습니다.

8:2, "성소와 참 장막에서 섬기는 이시라 이 장막은 주께서 세우신 것이요 사람이 세운 것이 아니니라"

히브리서는 예수님이 이 세상에 계속 계셨더라면 제사장이 되지 못하셨을 것이라고 말하고 있습니다. 왜냐하면 이 세상에는 레위족의 제사장만이 있기 때문입니다. 그런데 모세가 처음 성막을 지을 때는 시내산에서 하나님이 보여주는 모형을 보고 지었습니다. 우리가 그냥 출애굽기의 성막을 짓는 부분을 보면 도무지 이해하기가 어렵습니다. 왜냐하면 모형이 없기 때문입니다. 그러나 모세는 시내산에서 성막이나 언약궤의 모형을 보았기 때문에 하나님이 말씀하신 숫자와 그 모형이 맞아떨어지면서 정확한 성막을 만들 수 있었습니다. 그런데 모세가 만든 성막은 하늘에 있는 성전의 모형이고 그림자였습니다.

> 8:5, "그들이 섬기는 것은 하늘에 있는 것의 모형과 그림자라 모세가 장막을 지으려 할 때에 지시하심을 얻음과 같으니 이르시되 삼가 모든 것을 산에서 네게 보이던 본을 따라 지으라 하셨느니라"

참 성전은 하늘에 있었습니다. 이스라엘 백성들은 하늘에 올라갈 수 없었기 때문에 목숨 걸고 하나님의 말씀에 순종할 때 하나님께서 그 제사를 받으셨던 것입니다. 그러나 하늘의 성전에도 제물이 있어야 했습니다. 왜냐하면 하나님의 아들도 대제사장이었기 때문입니다.

> 8:3, "대제사장마다 예물과 제사 드림을 위하여 세운 자니 그러므로 그도 무엇인가 드릴 것이 있어야 할지니라"

하나님의 아들은 인간이 되신 자신을 목숨 걸고 하나님께 제물로 드리셨습니다. 우리는 모두 목숨 걸고 하나님의 말씀에 순종하는 것이 신앙이지만 하나님의 아들은 실제로 죽어야 했습니다. 왜냐하면 피 흘림이 없으면 죄 사함도 없기 때문입니다. 예수님은 가장 숭고하고 완전한 제사를 드리셨습니다. 그래서 예수님은 하늘에 하나님의 보좌 우편에 직접 가서서 하나님의 허락을 받아오셨습니다. 그것은 예수 믿는 우리가 모두 죄 용서함을 받는 것입니다.

8:12, "내가 그들의 불의를 긍휼히 여기고 그들의 죄를 다시 기억하지 아니하리라 하셨느니라"

이스라엘 백성들의 죄 용서는 죄가 있지만 죄를 덮어서 보이지 않게 하는 것이었습니다. 그러나 하나님은 우리의 죄를 기억도 아니하신다고 하셨습니다. 그리고 하나님은 죄를 지을 수밖에 없는 우리를 미워하시는 것이 아니라 긍휼히 여기신다고 하셨습니다. 하나님은 우리의 연약함을 깊이 이해하시고 동정하십니다.

그리고 우리는 모두 당당한 하나님 복의 상속자의 자격을 얻게 됩니다.

8:10, "또 주께서 이르시되 그 날 후에 내가 이스라엘 집과 맺을 언약은 이것이니 내 법을 그들의 생각에 두고 그들의 마음에 이것을 기록하리라 나는 그들에게 하나님이 되고 그들은 내게 백성이 되리라"

우리는 하나님의 법적인 자녀의 자격을 받았습니다. 하나님은 나의 아버지이시고 나는 하나님의 아들입니다. 양자도 친자와 똑같은 법적인 권리를 받습니다. 우리는 모형이 아니라 하나님의 완전한 법에 의하여 친자의 자격을 받은 것입니다. 우리가 하나님의 자녀라면 돈 걱정 같은 것은 할 필요가 없습니다. 우리가 걱정해야 할 것은 어떻게 하면 '노블리스 오블리제' 즉 하나님의 아들로서 이 세상에서 얼마나 낮은 곳까지 가서 수고할 것인가 하는 것입니다. 우리에게 가장 중요한 것은 하나님의 자녀답게 당당하게 살아가는 것입니다. 그리고 세상 자격을 가지고 남을 판단하지 말아야 합니다. 왜냐하면 이 세상은 우리가 봉사해야 할 곳이지 왕 노릇 할 곳이 아니기 때문입니다.

우리는 하나님의 사랑받는 자들이 되었습니다. 그리고 우리에게는 위대한 꿈이 있습니다. 그것은 하나님의 뜻이 나타나는 것입니다.

8:11, "또 각각 자기 나라 사람과 각각 자기 형제를 가르쳐 이르기를 주를 알라 하지 아니할 것은 그들이 작은 자로부터 큰 자까지 다 나를 앎이라"

하나님의 백성들은 모두 주를 압니다. 왜냐하면 주님이 안 계셨으면 우리는 모두 영원한 멸망의 자식이요 저주의 자식이 되었을 것이기 때문입니다. 세상에서 큰 자나 작은 자는 중요하지 않습니다. 우리는 각자 자기에게 주어진 하나님의 일을 열심히 하면서 살아야 합니다. 우리의 자격은 어마어마하고 우리가 받을 복도 어마어마합니다. 우리는 이 세상의 복을 시시하게 생각합니다. 이것은 하나님의 복의 전부가 아닙니다. 단지 하나님의 사랑의 표시일 뿐입니다. 이 우주에 예수님보다 더 위대한 분은 없고 예수님보다 더 아름다운 분도 없습니다. 그는 대제사장이 되시므로 더 아름다운 직분을 얻으셨고 우리에게 더 아름다운 약속을 성취시켜주셨습니다.

8:6, "그러나 이제 그는 더 아름다운 직분을 얻으셨으니 그는 더 좋은 약속으로 세우신 더 좋은 언약의 중보자시라"

예수님은 스타 중의 스타입니다. 예수님은 우리 모두의 꿈이고 소망입니다. 우리는 이 세상에서 예수님의 그 이름으로 또 위대하게 살아가게 됩니다. 예수님의 이름으로, 그리고 예수님을 위하여 사는 것보다 더 위대한 것은 없습니다. 우리의 하루하루를 모두 예수님께 넘겨드리고 위대한 인생을 사시는 성도들이 다 되시기 바랍니다.

13

단번에 드린 제사
히 9:1-28

누군가가 큰 잘못을 저질렀을 때 그것을 용서받는다는 것은 참 좋은 일입니다. 예를 들어서 어떤 학생이 학교에서 누군가를 때려서 뼈를 부러트릴 수도 있고, 기물을 부술 수도 있고, 커닝하다가 걸릴 수도 있는데, 선생님과 학교에서 다 용서를 해주고 또 배상해준다면 얼마나 다행스러운 일입니까. 이것은 그냥 무마하고 넘어가는 것이 아니라 새로 시작할 수 있는 기회를 주는 것과 같습니다. 그러나 만약 용서가 안 된다면 경찰서에 끌려갈 수도 있고 학교에서 정학이나 퇴학을 당할 수도 있습니다. 그러면 한번 잘못한 것이 인생 끝까지 남아서 그를 괴롭힐 수도 있습니다.

이것은 남녀 관계에서도 마찬가지입니다. 남녀 관계에서 잘못이 있을 때 피해당한 자가 참고 넘어가면 다행이지만, 그렇지 못하고 이것을 고발하든지 인터넷에 올리면 큰 사회적인 망신을 당하기도 하고 모든 명예나 직위를 잃어버리는 경우도 종종 있습니다. 그래서 죄를 지은 사람에게는 용서받는 것이 참으로 중요한 것입니다.

옛날 우리나라 사람들은 하나님을 몰랐기 때문에 죄 용서와 피가 관련이 있다는 것을 몰랐습니다. 우리는 사람이나 동물이나 피를 흘리면 죽는 정도밖에 몰랐습니다. 그리고 죄를 지은 사람은 자기 몸으로 죗값을 갚든지 아니면 높은 위치에 있는 사람이 호의를 보여서 용서해주든지 해야만 그 죄가 해결되었습니다. 그래서 옛날 우리나라 사람들은 피가 죄 용서를 받게 한다는 개념이 없었습니다. 우리는 지금도 피가 죄 용서를 가져온다는 의식이 별로 없습니다.

죄를 지으면 상대방의 용서를 받는 것이 중요하고 그렇지 못하면 벌금을 내든지 처벌을 받아야 합니다. 지금 동물의 피 같은 경우에는 소용이 없고 사람의 피는 공기가 들어가지 않게 해서 수혈해서 사용합니다. 우리는 평생에 한두 번은 헌혈할 때가 있는데 그때 관을 통해서 빠져나가는 내 피를 보면서 내가 죽는 것이 아닐까 하는 생각이 들게 됩니다. 그러나 우리 몸에는 조혈 세포가 있어서 피가 만들어지기 때문에 너무 많이 흘리지만 않으면 얼마든지 피는 다시 만들어진다고 합니다.

그런데 이 세상에서 유일하게 피가 죄 용서를 가져온다는 것을 안 백성이 있습니다. 바로 이스라엘 백성들이었는데 그들은 사람에게 죄를 지었을 때는 물론 상대방에게 배상도 하고 용서도 받아야 하지만, 하나님 앞에서 그 죄 사함을 받아야만 했습니다. 그때 필요한 것이 양이나 소 같은 짐승의 피였습니다. 구약 시대에 죄를 지은 사람은 양이나 소를 죽여서 그 피를 흘리면 죄 용서를 받았습니다. 그리고 대제사장은 이스라엘 백성들의 죄를 다 모아서 지성소에 일 년에 한 번 들어가서 시은소라는 언약궤의 뚜껑에 피를 뿌리면 이스라엘 백성들은 죄 용서를 받았습니다. 그러나 이 모든 것이 성전에서만 가능했지 아무 데서나 피를 뿌린다고 해서 용서받는 것은 아니었습니다.

본문인 히브리서 9장은 아주 길게 이스라엘 백성들의 성전과 제사 제도에 대하여 설명하고 있습니다. 그것을 다시 길게 설명할 생각은 없습니다. 그래서 그중에서 가장 핵심적인 것만 살펴보려고 합니다.

1. 하나님의 죄 용서가 없으면

이 세상에서 누군가가 죄를 지었을 때 상대방이나 당국으로부터 완전한 죄 용서를 받지 못하면 그는 평생 자유롭게 살 수 없습니다. 죄를 지은 사람은 조사받으러 불려 다녀야 하고 눈치를 보아야 하며 그것이 제대로 해결이 되지 않으면 감옥에 들어가야 합니다. 예를 들어서 어떤 사람이 다른 사람의 물건을 훔쳤거나 다른 사람을 때렸을 경우 피해자 본인에게 사과하고 용서를 받게 되면 떳떳하게 살아갈 수 있습니다. 그러나 피해자가 절대로 용서해주지 않으면 결국 경찰서에 가게 되고 조사를 받아야 하고 벌금을 내든지 감옥에 갇히든지 하게 됩니다. 그러나 이것은 이 세상에서 해당하는 것이지, 하나님 앞에서 또 심판이 있습니다. 사람들은 사람들끼리만 합의 보면 된다고 생각하지만 온 세상의 주인은 하나님이시기 때문에 하나님의 용서를 받아야 합니다.

그래서 중요한 말씀이 바로 27절 말씀입니다.

9:27, "한번 죽는 것은 사람에게 정해진 것이요 그 후에는 심판이 있으리니"

모든 사람이 한번 죽어야 한다는 것은 누구나 다 아는 정해진 사실입니다. 사람은 늙어서 죽든, 병이나 사고로 죽든, 누구든지 한번은 다 죽게 되어있습니다. 그러나 모든 사람은 한번 죽는 것으로 끝나는 것이 아니라 그 후에는 하나님의 무서운 심판이 있습니다. 이 하나님의 심판은 우리가 이 세상에서 사는 것이나 죽는 고통과는 비교할 수 없을 정도로 무섭습니다.

그러나 모든 사람은 죽으면 모든 것이 끝난다고 생각합니다. 그러나 절대 그렇지 않습니다. 사람들의 죽은 후가 더 무서운 것입니다. 왜냐하면 사람이 죽은 후에는 무서운 하나님의 심판이 있기 때문입니다.

예수님은 하나님의 심판에 대하여 부자와 거지 나사로의 비유를 통해서 생생하게 보여주셨습니다(눅 16:19-31). 부자는 이 세상에서 성공하고 재물이 많아 떵떵거리면서 살았는데 죽어서 지옥으로 갔습니다. 지옥이 얼마나 뜨거운지 그는 혀조차도 시원하지 않아서 목이 타들어 가는 것 같았습니다. 지옥은 물이 없는 곳이었습니다. 그리고 부자의 온몸은 구더기가 파먹고 있었습니다. 지옥은 유황불이 언제나 타기 때문에 숨을 쉴 수 없는 곳입니다.

그런데 하나님은 이스라엘 백성들의 경우에 죄 용서받는 방법을 가르쳐주셨습니다. 그것은 성전을 통해서 짐승의 피를 흘리는 것이었습니다. 사람들이 자신의 죄를 깊이 깨달았을 때, 양이나 소를 끌고 성전으로 가면 제사장이 짐승의 머리에 손을 얹게 합니다. 그리고는 인정사정없이 짐승을 죽여 버립니다. 그리고 그 피를 번제단에 뿌리면 그 피가 죄를 덮게 됩니다. 즉 죄가 없어지는 것은 아니지만 피가 죄를 덮기 때문에 하나님이 보시지 않는 것입니다. 그러면 이스라엘 백성들의 양심은 하나님 앞에서 떳떳해지게 됩니다. 그래서 이스라엘 백성들의 제단에는 뿔이 있는데 이 뿔은 죄 용서의 권세를 나타내는 것입니다.

그런데 제사의 제물은 사냥한 들짐승도 안 되고 사자나 호랑이 같은 맹수도 안 되고 돼지나 개도 안 되었습니다. 왜냐하면 사납고 시끄러운 것은 용서할 수 없었기 때문입니다. 그것은 자기가 더 시끄럽고 더 사납기 때문입니다. 이스라엘 백성들의 양심이 하나님 앞에서 떳떳하면 천국의 축복을 누릴 수 있었습니다. 그것은 하나님께 기도할 수 있고 말씀 들을 수 있으며 하나님을 찬송할 수 있고 복을 받을 수 있었습니다.

이스라엘 백성들이 죄 용서받으면 하나님이 그들의 기도를 들어주셨습니다. 그들이 어느 곳에 있든지 성전을 향하여 기도하기만 하면 하나님은 그 기도를 들어주셨습니다. 혹시 이스라엘에 비가 오지 않아서 농사를 지을 수 없을 때 성전을 향하여 기도하면 하늘에서 비가 내렸습니다. 비만 내리면 이스라엘 백성들은 얼마든지 잘 살 수 있었습니다. 혹시 적이 쳐들어왔을 때 성전을 향하여 기도하면 하나님께서 적을 물리쳐 주셨습니다. 전염병이 퍼졌을 때도 죄를 인정하고 성전을 향하여 기도하면 그 병이 사라졌습니다. 이스라엘 백성들은 도대체 성전 안에는 하나님이 어디에 살고 계시며 천사들은 어디에 살고 있을까 생각을 했을 것입니다.

제가 어렸을 때는 라디오가 매우 컸습니다. 트랜지스터가 개발되기 전이어서 진공관으로 소리를 증폭시키니까 라디오가 옛날 텔레비전만 했고 아주 귀했습니다. 그런데 거기서 사람들의 말도 나오고 노래도 나오고 음악도 나오니까 제가 형에게 물어보았습니다. 이 안에 사람들이 사느냐고 하니까 형이 "라디오 안에 조그만 사람들이 있는데 그들이 말도 하고 노래도 한다"고 했습니다. 저는 그 말을 믿었는데 알고 보니까 새카만 거짓말이었습니다.

이스라엘 백성들은 성전을 하나님이 계시는 집으로 오해할 수 있었습니다. 그래서 하나님은 성전 구조나 기구들을 전부 다 공개를 하셨습니다. 성전은 결코 하나님이 계시는 집이 아니었습니다. 성전 뜰에는 제단이 있고 성소에는 금향단과 떡상과 금등대가 있고 가장 안쪽에 있는 지성소에는 하나님의 언약궤가 있을 뿐이었습니다. 성전 안에 결코 하나님은 계시지 않았습니다.

그러면 하나님은 어디 계신 것일까요? 하나님은 하늘에 계시고 성전에서는 언약궤 위에 있는 그룹의 두 날개 사이에서 말씀하셨습니다. 그런데 모세 이후에는 그룹의 날개 사이에서도 하나님의 말씀을 거의 들을 수 없었습니다. 왜냐하면 제사장이 오래 지성소에 있을 수 없었기 때문입니다.

2. 막혀 있는 성전

이스라엘 백성들의 성전은 하나님께 나아갈 수 있는 유일한 길이었습니다. 그러나 이스라엘 백성들은 아무도 성전을 통해서 하나님께 나아갈 수 없었습니다. 왜냐하면 성전 구조 자체가 하늘로 연결되어 있지 않고 막혀 있었기 때문입니다. 이스라엘 백성들이 제사 드릴 때 그들은 죄 용서를 받고 하나님의 은혜를 받을 수 있었지만 이스라엘 백성들은 결코 하나님께 나아갈 수 없었습니다. 하나님을 만날 수 있는 언약궤 앞이 휘장으로 막혀 있었기 때문입니다. 그리고 소나 양의 피는 인간의 죄를 덮어서 보이지 않게 할 뿐이지 완전히 없애지는 못했기 때문입니다. 이는 방안에 오물이 잔뜩 있을 때 신문지 같은 것을 덮어서 보이지 않게 할 수는 있지만 냄새는 없앨 수 없고 오물도 없어지지 않는 것과 같습니다. 인간의 양심은 너무 썩어 문드러져 있어서 소나 양의 피로는 덮어서 보이지 않게 할 뿐이지 그 냄새를 바꾸고 죄를 완전히 없앨 수는 없었습니다.

그래서 절대적인 하나님의 말씀이 여기서 나옵니다.

9:22, "율법을 따라 거의 모든 물건이 피로써 정결하게 되나니 피흘림이 없은즉 사함이 없느니라"

성전에 있는 모든 물건이 효력을 가지려고 하면 거기에 제사장이 피를 뿌려야만 했습니다. 또 인간이 하나님의 심판을 받지 않고 떳떳하게 살려고 하면 짐승의 피를 흘리고 피를 뿌려야만 했습니다. 그러나 짐승의 피는 오직 사람들의 죄를 덮을 뿐이지 완전히 깨끗하게 하지는 못했습니다.

9:9, "이 장막은 현재까지의 비유니 이에 따라 드리는 예물과 제사는 섬기는 자를 그 양심상 온전하게 할 수 없나니"

여기에 "양심상"이라고 번역된 것이 옛 개역성경에는 "양심으로"로 되어있습니다. 즉 우리가 하나님의 말씀을 믿고 순종하기 때문에 죄지은 양심이 깨끗해지는 것이지, 소나 양이나 염소의 피가 우리 양심을 깨끗하게 하지 못하는 것입니다. 결국 이 짐승의 피는 앞으로 오실 예수 그리스도의 피를 상징하는 것이지, 아무리 양이나 소를 몇만 마리 죽인다고 해서 우리 양심이 깨끗해지는 것은 아니라는 것입니다. 사람들은 결국 양심이 굳어지는 병에 걸려서 이 모든 독이 온몸에 퍼져서 영원히 죽게 됩니다. 이 병은 너무나도 그 독의 피해가 크기 때문에 그냥 가두어두는 것으로는 안 되고 영원히 불로 태워야 하는 독인 것입니다.

예수님은 하나님의 아들이시기 때문에 피가 없으셨습니다. 그러나 그는 피를 가지기 위하여 인간으로 태어나셨습니다. 예수님은 인간으로 이 세상에 오셔서 하나님이 우리를 얼마나 사랑하시는지 보여주셨고, 하나님의 말씀을 육성으로 들려주셨습니다. 그리고 그는 자신의 피를 십자가 위에서 흘리심으로 하늘에 가는 것을 막는 지성소 휘장을 찢으셨습니다. 이제 우리가 하나님 앞에 나아가는 것을 막는 것은 아무것도 없습니다. 우리가 예수님의 피를 가지고 하나님 앞에 나아간다면 하나님의 보좌 우편까지 아무도 막을 수 없습니다. 그래서 지금은 하나님의 은혜를 베푸시는 때요 기도에 응답하시는 때이기 때문에 무엇이든지 기도하기만 하면 하나님은 다 들어주십니다. "구하는 이마다 받을 것이요 찾는 이는 찾아낼 것이요 두드리는 이에게는 열릴 것이니라"(마 7:8)고 하셨습니다.

우리는 완전히 죄 용서를 받았고, 우리 양심은 완전히 치료되었고, 우리는 당당하게 하나님 앞에 나아갈 자격을 얻었습니다. 우리의 양심이 완전히 치료되었기 때문에 우리는 아주 작은 죄에도 가슴 아파하고 조그만 죄를 지어도 회개하지 않고는 견디지 못하는 것입니다. 우리는 예배드릴 때마다 하늘에 있는 성전에서 예배드리기 때문에 말할 수 없는 은혜를 받게 됩니다. 우리는 절대로 정죄함이 없습니다. 이 세상에서도 정죄함이 없고 죽고 난 후에도 정죄함이 없습니다. 우리는 하나님의 자녀이기 때문에 세상 모든 것이 다 하나님의 것입니다. 그래서 우리는 돈이나 명예에 집착할 필요가 없습니다. 그런데 사람들이 집착하는 이유는 그들이 아들이 아니고 종이기 때문이고 죄인이기 때문입니다. 우리는 하나님의 자녀답게 당당하게 살아가기만 하면 되는 것입니다.

3. 단번에 드린 제사

옛날 이스라엘 백성과 이방인들 사이에는 엄청난 차이가 있었습니다. 용서받은 자와 용서받지 못한 자의 차이였습니다. 그래서 옛날 우리나라에도 사화가 한번 일어나면 반대편에 있는 자들을 전부 싹쓸이해서 죽였습니다. 그런데 그 일을 지금도 하고 있습니다. 단지 죽이지만 않을 뿐이지 감옥에 가두거나 죽도록 심문합니다. 그래서 우리 사회는 용서가 없습니다. 간혹 일본 사회를 드라마 같은 것을 통해서 보면 용서라는 단어 자체가 없는 것을 보게 됩니다. 옛날에도 할복자살해야 했고 또 직접 복수해야만 했습니다. 요즘 미국에도 용서라는 것이 없는 분위기를 보게 됩니다. 미국도 모든 것을 돈이나 이익을 두고 따지는 것을 보게 됩니다. 이런 사회는 희망이 없습니다. 왜냐하면 희망이 있는 사회는 용서가 있고 사랑이 있고 미래가 있는 사회이기 때문입니다.

그런데 예수님은 하나님의 아들이시지만 이 세상에 오셔서 자신의 몸으로 단번에 피를 흘리심으로 우리로 하여금 완전한 용서를 받게 하셨습니다.

9:24-26, "그리스도께서는 참 것의 그림자인 손으로 만든 성소에 들어가지 아니하시고 바로 그 하늘에 들어가사 이제 우리를 위하여 하나님 앞에 나타나시고 대제사장이 해마다 다른 것의 피로써 성소에 들어가는 것 같이 자주 자기를 드리려고 아니하실지니 그리하면 그가 세상을 창조한 때부터 자주 고난을 받았어야 할 것이로되 이제 자기를 단번에 제물로 드려 죄를 없이 하시려고 세상 끝에 나타나셨느니라"

우리가 하나님의 용서를 받는다는 것은 인생을 다시 시작할 수 있다는 것을 의미합니다. 우리는 언제든지 새 인생을 시작할 수 있습니다. 특히 우리가 하나님의 말씀으로 큰 은혜를 받았을 때 그때는 정말 과거의 모든 좋지 못했던 생활을 다 떨쳐버리고 새 출발 할 수 있는 기회가 됩니다.

예수님은 눈에 보이는 성전에 들어가신 것이 아니라 하늘의 성전에 들어가셔서 단번에 자신의 피로 제사를 드려서 우리의 모든 죄를 다 없애버리셨습니다.

9:14, "하물며 영원하신 성령으로 말미암아 흠 없는 자기를 하나님께 드린 그리스도의 피가 어찌 너희 양심을 죽은 행실에서 깨끗하게 하고 살아 계신 하나님을 섬기게 하지 못하겠느냐"

우리는 예수님의 피로 완전히 죽어 있고 굳어 있었던 양심이 살아나게 되었고, 하나님께 살아있는 예배를 드릴 수 있게 되었습니다. 이것이 바로 최고의 복입니다. 즉 양심이 완전히 깨끗해지고 살아있는 예배를 드리는 복입니다. 이것이 바로 천국의 복입니다. 이 세상의 복은 먹고 마시고 입고 놀고 춤추고 권세 부리는 것이지만 천국의 복은 보석같이 빛나는 양심과 살아있는 예배입니다. 여기에서 능력이 나오게 됩니다.

예수님의 십자가 죽음은 '디아데케' 입니다.

9:15-17, "이로 말미암아 그는 새 언약의 중보자시니 이는 첫 언약 때에 범한 죄에서 속량하려고 죽으사 부르심을 입은 자로 하여금 영원한 기업의 약속을 얻게 하려 하심이라 유언은 유언한 자가 죽어야 되나니 유언은 그 사람이 죽은 후에야 유효한즉 유언한 자가 살아 있는 동안에는 효력이 없느니라"

여기에 "유언" 이라는 말이 나오는데 헬라어로 '디아데케' 라고 합니다. '디아데케' 는 '언약' 이라는 말도 되고 '유언' 이라는 말도 되는데, 히브리어로는 '베리트' 라고 합니다. '베리트' 는 약속을 못 지키면 죽는 것을 의미하는 것입니다. 인류는 하나님의 말씀에 불순종함으로 죽게 되었습니다. 하나님은 이스라엘 백성들과 언약을 세우셨는데 그들이 지키지 못해서 다 멸망했습니다. 예수님은 새 언약을 세우셨는데 이것은 '디아데케' 즉 예수님이 죽음으로 영원히 효력을 가지는 약속입니다.

우리는 하나님의 기업의 상속자가 되었습니다. 우리는 하나님의 자녀이고 하나님의 모든 것은 우리의 것이 되었습니다. 우리는 하나님께서 우리에게 모든 것을 주실 것을 믿고 하루하루 하나님의 말씀 붙들고 살아서 많은 기도의 응답을 받는 성도들이 다 되시기 바랍니다.

14

지성소에 들어가라

히 10:1-22

요즘은 집에서 닭을 잡는 일이 거의 없을 것입니다. 그러나 옛날에는 생닭을 파는 곳이 없었기 때문에 닭고기를 먹으려면 집에서 닭을 직접 잡아야만 했습니다. 저희 집에서 어머니가 닭을 잡으시면 제가 주로 하는 일은 닭의 목을 비트는 일과 닭 털을 뽑는 일이었습니다. 그리고 나면 어머니가 닭의 배를 가르는데 그때 닭의 배 안에서 내장이 나오게 됩니다. 그때 쓸개를 조심해서 제거해야 합니다. 만약 쓸개를 터트리게 되면 그 고기를 못 먹게 됩니다. 어떤 때는 아직 달걀이 되지 못한 알들이 그 속에 있을 때도 있습니다. 그리고 모래주머니라는 닭똥집을 반으로 갈라서 그 안에 있는 찌꺼기를 제거하고 또 창자를 제거해서 깨끗이 씻은 후에 삶게 됩니다. 저희 교회에는 권사님들의 유명한 노하우가 있는데 닭의 배 안에 아주 고급 인삼과 찹쌀을 넣고 밤과 대추도 넣어서 유명한 삼계탕을 만드십니다. 만일 그런 과정을 거치지 않고 그냥 살아있는 닭을 끓는 물에 집어넣는다면 털도 뽑히지 않고 안에 있는 쓸개는 터지고 창자 안에 있는 이물질들이

다 나와서 그것은 먹을 수 없게 될 것입니다.

또 제가 어렸을 때 저희 동네에 서커스단이 오곤 했습니다. 그들은 동네 큰 공터에 아주 대형 텐트를 치고 동물들도 데리고 오는데, 코끼리나 얼룩말도 있었고 원숭이도 있었습니다. 저는 너무나도 서커스를 보고 싶었지만 돈이 없었기 때문에 볼 수 없었습니다. 그래서 서커스단 주위를 뱅글뱅글 돌면서 혹시라도 틈이 있으면 안을 한번 보려고 했는데 절대로 그런 틈이 없었습니다. 그래서 저는 어렸을 때 한 번도 서커스를 구경해본 적이 없었습니다. 만일 그때 돈이 있어서 서커스 텐트 안을 들어갔었더라면 서커스 단원들이 공중에서 그네 묘기를 부리는 것이나 짐승들이 불을 통과하는 것이나 공중에 공을 던지는 묘기들을 보았을 텐데 보지 못한 것이 지금도 아쉽습니다.

우리가 맛있는 닭고기를 먹으려고 하면 닭의 배를 열어서 그 안에 든 것을 다 끄집어내야 하고, 또 멋진 서커스를 구경하려고 하면 돈을 내고 서커스 텐트 안으로 들어가는 것이 중요하듯이, 우리가 이 세상에서 최고로 멋진 인생을 살려고 하면 성전 휘장을 지나 지성소 안으로 들어가야 합니다.

우리는 이 세상에서 미래의 멋진 삶을 향하여 한 걸음씩 한 걸음씩 나아가고 있습니다. 우리가 이 세상을 살다 보면 멋진 성공도 있고 재미있는 경험들도 있겠지만 지루한 것들도 많이 있고 재미없는 것이 더 많을 것입니다. 특히 우리 인간의 신체는 십대 후반 혹은 이십대 초반을 전성기로 해서 그 이후로는 계속 퇴행하게 됩니다. 우리는 더 이상 자라지도 않고 활동력도 떨어지다가 나중에는 늙어지게 됩니다.

그러나 아직 우리에게는 아주 맛있는 요리를 먹는 것이나 서커스를 구경하는 것 같은 절정은 없었습니다. 오늘 예수님은 우리를 초청하십니다. 그것은 이 세상에서 먹을 수 없는 최고의 요리를 먹고, 이 세상에서는 구경할 수 없는 최고의 서커스를 구경하라는 것입니다.

1. 하나님의 초청

　우리는 사실 매일 혹은 계절마다 쇼를 보고 있습니다. 우리는 아침이 되면 칠흑같이 어둡던 하늘이 핑크빛으로 변하다가 나중에 동쪽부터 붉은색으로 물들어 오는 광경을 봅니다. 어떤 때는 하늘에 있는 구름이 아침 태양 빛을 받아서 너무 멋지게 보일 때도 있습니다. 그리고 저녁에 해질 때가 되면 온 세상은 또 붉은 빛으로 물들게 됩니다. 그러다가 어떤 때는 밤하늘에 한꺼번에 운석이 무더기로 떨어질 때가 있는데 그때 사람들은 우주 쇼를 본다고 말을 합니다. 사막이나 시골 같은 곳에 가면 밤하늘에 얼마나 많은 별이 떠 있는지 모릅니다. 그리고 봄이 되면 수많은 꽃이 피고 가을이 되면 북쪽에서부터 단풍이 내려오기 시작합니다. 이때는 마치 하나님께서 아주 큰 붓을 가지고 노란색을 칠해서 내려오시는 것 같습니다. 그러나 이것이 하나님의 쇼의 참모습이 아니었습니다. 이 세상 모든 사람은 하나님의 놀라운 쇼를 보면서도 마치 서커스장 안에 들어가지 못해서 바깥에서만 빙빙 도는 것처럼 하나님의 쇼를 한 번도 구경해보지 못했던 것입니다.
　하나님은 이 세상에서 단 한 군데를 통해서 인간을 하나님께로 초청하셨습니다. 그것은 바로 이스라엘 백성들이었고 성전 제사였습니다. 그러나 성전 제사는 그렇게 썩 재미있는 쇼가 아니었습니다.

10:1, "율법은 장차 올 좋은 일의 그림자일 뿐이요 참 형상이 아니므로 해마다 늘 드리는 같은 제사로는 나아오는 자들을 언제나 온전하게 할 수 없느니라"

　하나님은 이스라엘 백성들이나 이방인들을 하나님의 잔치에 초청하셨지만 성전 제사는 진짜 잔치가 아니었습니다. 왜냐하면 이것은 마치 우리가 닭 요리를 먹기 전에 닭 잡는 것을 구경하는 것과 같은 것이기 때문입니다. 이스라엘 백성들이 성전에 가면 소나 양이나 염소를 죽이는 것을 보았습니다. 그리고 죽인 소나 양이나 염소의 피를 제단에 뿌리고 그 내장을 다 꺼내고 껍질을 벗기는 것을 보았습니다. 결국 제단에 불태우는 것은 내장에 있는 기름이었습니다.

물론 성전 제사에도 좋은 것은 있었습니다. 그것은 화목제를 드렸을 때 그 고기를 가족이나 제사장이나 모든 사람이 나누어 먹는 것이었습니다. 옛날에는 고기를 먹는다는 것이 굉장히 귀한 일이었습니다. 그래서 고기를 먹으면 그날이 자기 생일이라고 생각했습니다. 이스라엘 백성들은 화목제 제물을 여러 날을 두고 먹을 수 없었기 때문에 하루 이틀 만에 다 없애려고 하면 주위에 있는 사람들에게 나누어 주어야 했습니다. 그렇지만 이스라엘 백성들은 진정한 하나님의 축복 앞에는 나아갈 수 없었습니다. 왜냐하면 율법이나 성전은 앞으로 올 좋은 일의 그림자요 모형에 불과했기 때문입니다. 즉 그것은 맛보기에 불과했지 진짜가 아니었던 것입니다.

오히려 율법이나 성전 제사는 우리가 왜 하나님의 잔치에 나아갈 수 없는지 가르쳐주는 역할을 했습니다. 그것은 바로 죄였습니다. 우리 인간은 모두 본성 안에 죄가 있습니다. 우리는 모두 혈기를 가지고 있고 성욕을 느끼며 분노하고 있고 남의 것을 빼앗으려는 탐심을 가지고 있습니다. 그리고 우리는 하나님을 모릅니다. 이것은 마치 아이들이 부모에게 반항하다가 집을 나간 후에 깡패들에게 두들겨 맞아서 기억상실증에 걸린 것과 같습니다. 우리는 하나님에 대한 기억까지 다 잊어버렸습니다.

우리가 예수님의 탕자 비유를 보면 탕자가 쫄딱 망하고 난 후에 아버지에게 돌아가야겠다고 생각해서, 그 자리에서 일어나서 고픈 배를 부여안고 아버지에게로 돌아갑니다. 그래도 이 탕자는 아버지에 대한 기억을 가지고 있었습니다. 그러나 우리는 아버지에 대한 기억조차 없어지고 말았습니다. 너무 어렸을 때 아버지나 어머니가 돌아가시고 사진도 없으면 아버지나 어머니에 대한 그리움은 있지만 그분들에 대한 아무 기억이 없습니다. 저희 집에도 막내동생이 있는데 너무 어려서 어머니가 돌아가셔서 어머니에 대해서는 아무 기억도 없다고 말합니다. 저는 어머니에 대하여 너무나도 좋은 기억들이 많이 있는데, 어렸을 때 어머니가 돌아가신 동생은 기억이 전혀 없다는 것입니다.

그래서 이스라엘 백성들이 가지고 있었던 율법이나 성전 제사는 하나님을 자꾸 기억나게 하는 사진과 같은 것이었습니다. 즉 '하나님은 이렇게 생기셨다. 하나님은 이렇게 멋있는 분이시다. 우리가 하나님께 가려고 하면 이렇게 해야 한다' 는 것을 자꾸 기억하게 하는 흑백사진과 같은 것이었습니다.

10:3-4, "그러나 이 제사들에는 해마다 죄를 기억하게 하는 것이 있나니 이는 황소와 염소의 피가 능히 죄를 없이 하지 못함이라"

이스라엘 백성들이나 이방인들은 성전 제사를 통해서 죄 씻는 것을 배우고 하나님에 대하여 자꾸 생각을 했습니다. 그러나 그것이 천국 잔치거나 하나님의 모든 축복은 아니었습니다. 단지 그것은 앞으로 올 좋은 일의 그림자에 불과했던 것입니다. 그러나 이것은 하나님의 약속이고 초청장이었습니다.

그런데 왜 하나님은 빨리 오시지 않았을까요? 그것은 하나님이 너무 빨리 오셔서 모든 것을 다 주시면 우리 인간이 죄의 심각성을 깨닫지 못하게 되기 때문입니다. 아직 우리는 죄가 얼마나 무서운 것인지 모를 때가 많습니다. 그래서 사람들이 자꾸 죄를 짓고 교도소가 만원이 되는 것입니다.

10:2, "그렇지 아니하면 섬기는 자들이 단번에 정결하게 되어 다시 죄를 깨닫는 일이 없으리니 어찌 제사 드리는 일을 그치지 아니하였으리요"

14 지성소에 들어가라

우리는 지금 살인은 무서운 죄라는 것을 압니다. 왜냐하면 살인하면 반드시 경찰이 그를 잡아가서 무기징역을 선고하든지 사형을 언도하기 때문입니다. 그동안 성 문제를 가볍게 생각했던 사람들이 지금 몰락하고 있습니다. 왜냐하면 이제 여성들이 더 이상 참지 않고 입을 열기 시작했기 때문입니다. 미국의 성범죄를 저지른 한 의사는 175년의 징역을 받았습니다. 요즘 우리나라 사회는 에이즈가 얼마나 무서운 병인지 모르고 있습니다. 사람들은 에이즈에 걸리면 국가에서 무료로 다 치료해준다는 말을 하지만, 에이즈에 걸리는 것보다 더 무서운 병은 없을 것입니다.

그러나 우리는 하나님을 모르고 하나님을 멀리하고 하나님의 말씀을 업신여기는 것이 얼마나 무서운 죄인지 모르고 있습니다. 모든 불행과 비참한 것은 하나님을 잊어버리고 멀리한 데서 생긴 것입니다. 그래서 하나님은 이스라엘 백성들을 통해서 하나님의 말씀에 순종하는 것이야말로 진정으로 행복해지는 길이라는 것을 계속 강조하고 가르쳐오셨습니다.

오늘 우리 기독교의 문제가 바로 여기에 있습니다. 우리는 죄가 무엇인지도 모르는 상태에서 기독교는 죄 용서부터 선언해버립니다. 그러니까 예수는 믿어도 죄는 겁내지 않고, 무조건 세상에서 성공만 하려고 하는 것입니다.

2. 하나님의 기적의 시작

드디어 때가 되었을 때 하나님은 그 약속하신 위대한 일을 시작하셨습니다. 그것은 바로 하나님의 감추어져 있던 아들이 등장하게 된 것입니다. 온 우주의 주인공이시고 모든 생명체의 주인이신 하나님의 아들이 드디어 등장하시게 되었습니다. 이것이 하나님의 위대한 잔치의 시작이었습니다.

그러나 이 위대하신 하나님의 아들은 천사나 영웅의 모습으로 나타나시지 않았습니다. 그는 여인의 뱃속에서 태아로 임신이 되셔서 아기로 이 세상에 나타나셨습니다. 이것은 하나님이 우리 인간을 너무 사랑하셔서 우리와 같이 되기 위하여 이 세상에 오신 것입니다. 이것은 하나님의 가장 위대한 쇼의 시작이었습니다.

하나님의 아들은 하나님께서 가장 원하시는 것이 무엇인지 아셨습니다. 그것은 제사도 아니고, 많은 헌금도 아니었습니다. 하나님이 가장 원하시는 것은 죽도록 하나님의 말씀에 순종하는 것이었습니다.

10:5-7, "그러므로 주께서 세상에 임하실 때에 이르시되 하나님이 제사와 예물을 원하지 아니하시고 오직 나를 위하여 한 몸을 예비하셨도다 번제와 속죄제는 기뻐하지 아니하시나니 이에 내가 말하기를 하나님이여 보시옵소서 두루마리 책에 나를 가리켜 기록된 것과 같이 하나님의 뜻을 행하러 왔나이다 하셨느니라"

하나님의 아들은 그 몸으로 하나님의 말씀을 전하시고 철저하게 하나님의 뜻에 순종하셨습니다. 하나님의 아들의 최종적인 순종은 우리 인간의 죄를 위하여 자신이 죽는 것이었습니다. 하나님의 아들은 한마디 불평 없이 하나님의 공의와 인간의 사랑을 하나 되게 하려고 십자가 위에서 죽으셨습니다. 만약 예수님이 십자가 위에서 죽는 것이 너무 고통스럽고 억울해서 욕을 하든지 내려달라고 하든지 했다면 하나님의 공의와 사랑은 입 맞추지 못했을 것입니다. 예수님은 단 한마디 원망이나 불평 없이 십자가 위에서 죽으셨습니다. 이것이 위대한 하나님의 역사였습니다.

예수님의 순종의 결과가 얼마나 엄청났던지 예수님은 우리의 죄를 단번에 속하시고 하나님의 보좌 우편에 앉으셨습니다. 예수님은 우리에게 하나님의 기억만 살아나게 하신 것이 아니라 하나님의 사랑을 믿게 하셨고 또 우리도 하나님을 찾게 하셨습니다. 하나님은 율법을 우리 마음에 주셔서 우리로 하여금 하나님의 뜻을 생각하게 하셨고 하나님은 우리 죄를 기억도 하지 않게 되었습니다.

3. 지성소로 들어가라

예수님은 하나님의 아들이시지만 우리 죄를 위하여 십자가에 양팔을 벌리고 못 박혀 죽으셨습니다. 그때 예수님의 배가 갈라진 것은 아니지만 하나님과 우리 사이를 가로막고 있던 휘장이 찢어졌습니다. 만약 그때 우리가 예수님의 내장을 볼 수 있었다면 그분의 쓸개는 너무나도 속이 상해서 썩어 있었을 것이고, 심장은 너무나도 답답해서 터져 있었을 것입니다. 그러나 그것이 우리를 살리는 피가 되어서 못 자국과 창 자국을 통하여 흘러내렸습니다. 그 피가 우리 죄를 영원히 깨끗하게 하고 우리의 양심을 완전히 새것이 되게 했습니다. 그래서 이제 우리는 하나님 앞에 담대하게 나아갈 수 있게 되었습니다.

10:19, "그러므로 형제들아 우리가 예수의 피를 힘입어 성소에 들어갈 담력을 얻었나니"

우리는 옛날에 성소가 무엇을 하는 곳인지도 몰랐고, 거기에 들어가야 할 필요를 느끼지도 못했습니다. 우리는 단지 이 세상에서 공부하러 도서관에 가고 대학에 들어가고 커피숍에 가고 친구와 데이트하는 것만 알았습니다. 가끔 재미있는 뮤지컬을 한다고 하면 보러 가고 음악회를 한다고 하면 가는 줄 알았습니다. 그러나 이제 이 세상에서 최고의 잔치가 벌어지게 되었습니다. 그것은 우리가 하나님의 초청을 받아서 최고의 음식을 먹으며 최고의 축복을 가지는 것입니다.

그래서 우리는 예수의 피를 힘입어서 성소에 들어갈 담력을 얻게 되었습니다. 옛날에 성소에는 제사장만 들어갈 수 있었습니다. 제사장이 아닌 자들이 성소에 들어가면 죽었습니다. 지성소에는 대제사장만 들어갈 수 있었습니다. 그러나 예수님의 피로 우리는 하나님의 지성소를 통해서 하나님 나라로 들어갈 수 있게 되었습니다.

10:20, "그 길은 우리를 위하여 휘장 가운데로 열어 놓으신 새로운 살 길이요 휘장은 곧 그의 육체니라"

예수님의 십자가는 길이 있습니다. 마치 예수님은 죽으심으로 자신의 배를 다 열어놓으신 것과 같습니다. 그래서 하나님은 성전의 휘장이 위에서부터 아래로 찢어지게 하셨습니다.

저희 집 아이는 C.S. 루이스의 나르니아 책을 가장 좋아합니다. 《나르니아 이야기》는 '사자 마녀 옷장'이 첫 번째 책인데, 이차대전 때 독일군의 폭격 때문에 시골로 피난 간 아이들이 큰 집에서 놀다가 막내인 루시가 옷장에 들어갔다가 나르니아 나라로 가게 됩니다. 나르니아는 겨울이었고 하얀 마녀가 통치하고 있었습니다. 그런데 그 옷장이 마법이 있는 이유는 아주 옛날에 나르니아 나무로 그 옷장을 만들었기 때문이라고 합니다. 결국 네 아이는 나르니아에 가서 하얀 마녀를 물리치고 나르니아에 봄이 오게 합니다.

십자가는 천국으로 들어가는 문입니다. 십자가는 천국의 재질로 만든 나무이기 때문입니다. 하나님은 지금 우리를 부르고 계십니다. 그래서 우리는 이 세상에서 먹고 마시고 노는 일보다 십자가에 가서 십자가를 두 손으로 만져야 하고 거기에 입을 맞추어야 합니다. 그때 십자가의 문이 열리게 됩니다. 우리가 그 안으로 들어가 보면 그 안은 지성소 안입니다. 그러나 옛날 모세가 만들었던 지성소가 아니고 천국에 있는 지성소입니다. 거기에는 온갖 하나님의 지혜와 능력이 다 있고 천사들이 돌아다니는 세계인 것입니다. 만약 우리가 하늘을 날아다닐 수 있어서 화성도 가고 목성도 가고 다른 우주에도 갈 수 있다면 엄청난 기분이 들 것입니다. 아마 등산하는 사람들이 그 재미를 맛보려고 에베레스트나 K2 같은 높은 산에 올라가는 것 같습니다. 그들은 아마 사람이나 차 소리도 들리지 않고 공기는 희박하고 자연과 자신이 하나가 되는 것 같은 그 희열을 느끼기 위해서 높은 산에 올라가는 것 같습니다.

오늘 우리는 하나님의 나라 안에 들어가는 길을 찾아내었습니다. 그것은 바로 예수님의 십자가입니다. 이 예수님의 피 묻은 십자가가 천국에 들어가는 문입니다. 그런데 하나님은 우리를 초청하고 있습니다. 아가서에 보면 비밀의 화원으로 초청하고 있습니다. 거기에는 호두꽃이 피었고 무화과꽃이 피었다고 말하고 있습니다. 20절에 그 길은 "새로운 살길이요 휘장은 곧 그의 육체니라"고 했습니다. 예수님의 육체는 갈라져서 우리의 길이 되었고 우리에게 맛있는 천국 요리가 되었습니다.

우리가 그 넓은 천국에 가면 어디부터 가야 할까요? 그것은 하나도 걱정할 필요가 없습니다. 왜냐하면 거기에는 우리를 안내하실 분이 계시기 때문입니다.

10:21, "또 하나님의 집 다스리는 큰 제사장이 계시매"

우리는 이 세상에서 이미 하나님 나라에 들어와 있습니다. 우리가 예배드릴 때 부르는 찬송과 설교는 천국의 최고의 요리입니다. 천국의 대제사장은 우리를 바로 하나님 앞으로 인도하실 것입니다. 거기서 하나님은 우리의 기도를 들으시며 "네 믿음대로 될지어다"라고 축복하실 것입니다. 이때 우리는 양심과 우리 몸과 우리 영혼이 티 하나

없이 깨끗하게 됩니다.

10:22, "우리가 마음에 뿌림을 받아 악한 양심으로부터 벗어나고 몸은 맑은 물로 씻음을 받았으니 참 마음과 온전한 믿음으로 하나님께 나아가자"

우리의 양심은 보석처럼 아름답게 되었습니다. 우리는 자꾸 하나님께 나아가야 합니다. 오늘 모든 사람은 양심이 굳어 있어서 죽어가고 있습니다. 이것은 간이 굳는 것보다 더 무서운 병입니다. 간이 굳으면 간 경화증이 되는데 몸에 들어오는 독을 분해하지 못하기 때문에 죽게 됩니다. 간 경화에 걸린 이 중에는 술을 많이 마셨거나 간염에 걸렸던 이도 있을 것입니다. 그러다가 결국 간 이식을 받지 못하면 죽게 됩니다. 그런데 양심이 굳어지면 거짓말을 하게 되고 뻔뻔스러워지게 됩니다. 그리고 이 세상에서 온갖 탐욕을 다 부리게 되는데 그 썩은 냄새가 온 세상을 다 망하게 합니다. 양심이 썩은 자는 지옥에서 영원히 태워야 그 냄새가 다른 곳을 오염시키지 않을 것입니다.

그런데 우리가 하나님 앞에 가니까 양심이 깨끗하게 되었고 온몸이나 기억까지도 깨끗하게 되었습니다. 우리는 완전히 새사람이 되어서 하나님을 만나고 하나님에 대한 기억이 다 살아나게 됩니다. 이것이 우리의 살길입니다. 우리는 하나님 앞으로 달려가서 지성소를 통해서 난 문으로 하나님께 몰려 들어가야 합니다. 천국은 침노하는 자가 빼앗는다고 했습니다(마 11:12). 다른 것은 다 2등 해도 되지만 하나님을 사랑하는 것은 1등을 하셔서 존귀한 사람이 되시기 바랍니다. 우리는 겉으로 보기에 보잘것없는 질그릇입니다. 그런데 깨어보면 우리 안에는 엄청나게 비싼 다이아몬드가 들어있습니다. 우리는 최고의 보배를 가진 자들입니다. 하나님이 나를 깨끗게 해주시고 천국의 복을 주시도록 간구하시기 바랍니다.

15

담대함을 버리지 말라
히 10:23-39

성경에는 전쟁에 대한 표현들이 많이 나옵니다. 예를 들어서 '용감하게 전진하라' 고 하거나, '우리들의 무기는 어떤 견고한 진도 부수는 하나님의 능력' 이라고 하는 것이나, '전신갑주를 입으라' 는 등의 표현입니다. 예수님은 제자들에게, "내가 세상에 화평을 주러 온 줄로 생각하지 말라 화평이 아니요 검을 주러 왔노라"(마 10:34)고 하셨습니다. 구약 성경에는 실제로 사람을 죽이는 전쟁 이야기가 많이 나오는데, 대표적인 것이 다윗이 물맷돌로 적장 골리앗의 이마를 쳐서 쓰러트리고 그의 칼로 그 목을 베는 내용입니다.

그러나 우리가 잘 이해되지 않는 것은 하나님께서 모세나 여호수아에게 가나안 족속이나 아말렉 족속들은 남녀노소 할 것 없이 다 죽이라고 말씀하신 것입니다. 그리고 모세나 여호수아는 실제로 그렇게 했습니다. 우리가 생각하기에는 젊은 여자나 어린아이가 무슨 죄가 있겠습니까? 그런 사람들까지 다 죽이는 것은 너무 잔인한 일이 아닐까요? 그러나 하나님께서는 이스라엘 백성들에게 독사가 낳은 새끼도 여전히 독사이기 때문에 다 죽이라고 명령하셨던 것입니다.

전쟁을 일어나면 할 수 있는 한 사람들이 살기 위해서 숨으려고 도망을 치게 됩니다. 그래서 분명히 앞으로 공격하라고 명령했는데 후퇴하는 병사들이 있습니다. 그러면서 이 후퇴하는 사람이 '후퇴! 후퇴!' 라고 하면서 자기가 명령을 내립니다. 그러면 막 올라가던 군인들도 그것이 상사의 명령인 줄 알고 모두 후퇴하다가 방어막이 무너지면서 전멸을 당하게 되는 것입니다. 비겁한 한 사람이 혼자 살기 위해서 후퇴한 것이 결과적으로는 부대 전체가 무너지게 된 것입니다.

그러나 용감한 군인들은 아무리 적이 공격을 퍼부어도 절대로 후퇴하지 않습니다. 오히려 총알이 퍼붓고 폭탄이 터지는 가운데서도 전진하면 이상하게 살길이 생기고 승리를 거두게 되는 경우가 많습니다. 실제로 전투를 해 보면 달리는 사람을 총으로 맞히는 것은 매우 어렵습니다. 영화에서는 총을 쏘기만 하면 상대방이 맞아 죽지만 실제로는 정확하게 조준해서 사격하지 않으면 잘 맞지 않습니다. 그런데 비겁하고 경험이 없는 사람들은 총소리만 듣고서도 숨든지 도망을 치려고 하는 것입니다.

본문 성경 말씀은 우리 신앙인들에게 용감한 군인 같은 태도로 전진하라고 강조하고 있습니다. 35절에 보면 "그러므로 너희 담대함을 버리지 말라"라고 했습니다. 즉 우리 신자들은 반대가 있고 박해가 있고 믿지 않는 사람들의 공격이 있다고 해서 겁을 집어먹고 도망치거나 숨을 생각을 하지 말라는 것입니다. 오히려 우리는 반대나 공격이나 박해가 있을 때 더 담대하게 용기를 내어서 전진해야 합니다.

우리의 신앙은 오직 전진하는 것입니다. 우리 신앙은 하나님을 향하여 전진하는 것이고, 미래를 향해서 전진하는 것이고, 고난과 어려움과 죽음을 향하여 전진하는 것입니다. 예수님은 죽고자 하는 자는 살고 살고자 하는 자는 죽는다고 말씀하셨습니다. 저는 어떤 큰 병이나 어려움이 왔을 때 살 생각을 하지 않습니다. 도리어 죽으려고 생각하고 덤벼들면 죽지도 않고 모든 일이 너무나도 잘 해결되어 하나님의 큰 역사가 나타나는 것을 보았습니다. 그래서 다른 사람들은 경제적으로 어렵다고 해서 세상으로 도망치려고 하고 신앙적으로 후퇴를 하려고 하고 죄와 타협하려고 할 때에 우리는 용감하게 전진해야 살 수 있는 것입니다.

1. 믿음으로 전진하는 신앙

우리가 가진 신앙은 가만히 제 자리에 머물러 있는 정지된 신앙이 아니고 앞을 향하여 자꾸 나아가는 동적인 신앙이 특징입니다. 요즘 우리 주위의 사람들이 앞으로 나아가는 것을 보면 주로 세상을 향해서 전진하는 것을 보게 됩니다. 좋은 학교를 다니거나 돈 버는 것을 나쁘다고 생각하거나 그것이 무가치하다고 생각해서는 안 됩니다. 그러나 세상 것들은 너무 맛있고 모든 사람이 원하는 것이기 때문에 우리는 거기에 빠지기 쉽습니다. 그러나 세상의 성공은 우리 영혼을 구원할 수 없고 세상에서 어려움이 오면 모든 사람은 쓰나미 같이 휩쓸려 버리게 됩니다. 그래서 우리는 세상의 좋은 것은 모두 하나님이 주시는 작은 축복이고, 우리는 모두 큰 것을 향해서 전진해야 넘어지지 않습니다.

그래서 23절에 보면 "또 약속하신 이는 미쁘시니 우리가 믿는 도리의 소망을 움직이지 말며 굳게 잡고"라고 했습니다. 우리는 "우리가 믿는 도리의 소망" 바로 우리가 믿는 이 신앙의 깃발을 굳게 잡고 앞으로 나가야 합니다. 그중에서 가장 중요한 것이 우리가 하나님을 향하여 나가는 것입니다.

앞에 있는 말씀을 보면 예수님은 대제사장으로서 하늘 지성소의 문을 여셨고, 우리 양심을 깨끗하게 씻어주셨습니다. 그래서 우리는 하나님을 향하여 돌진하기만 하면 되는 것입니다. 우리가 세상을 향하여 돌진하면 세상의 조류에 휩쓸려서 우리 영혼을 잃어버리게 됩니다. 가끔 수영을 아주 잘하는 사람들이 바다에 빠져 죽는 경우가 있는데 그것은 바로 바다에 조류가 강하게 흐르고 있기 때문입니다. 그것도 모르고 바다에 멀리 헤엄을 치러 나가거나 물속에 깊이 들어갔다가 조류에 휩쓸리면 빠져나오지 못하고 물에 빠져 죽게 되는 것입니다. 특히 섬과 섬 사이에는 아주 강한 물결이 흐르기 때문에 조심해야 합니다.

그런데 우리가 세상을 향해서 나가면 결국 세상의 조류에 휩쓸려서 뭐가 뭔지 모르게 되고 결국 자신의 영혼의 가치를 잃어버리게 됩니다. 그러나 우리가 하나님을 향하여 전진하면 우리는 자기 영혼을 잃지 않습니다. 예수님이 하늘 문을 열어놓으셨다면 우리는 무조건 하나님을 향하여 전진해야 합니다. 그러나 이 하늘 문은 언제든지 다시 닫힐 수 있습니다. 즉 우리 신앙이 침체되고 세상에 빠져서 허우적거린다면 하늘 문은 다시 닫히게 될 것입니다. 예수님이 하늘 문을 열어놓으셨으므로 우리는 천국을 향하여 돌진하기만 하면 됩니다. 왜냐하면 하나님은 미쁘시사 반드시 약속하신 것을 지키시는 분이기 때문입니다.

그러면 우리가 하나님을 향하여 돌진하는 방법이 무엇입니까?

그것은 먼저, 열심히 모여 하나님의 말씀을 파내어서 나누어 먹고 합심해서 기도하는 것입니다.

10:25, "모이기를 폐하는 어떤 사람들의 습관과 같이 하지 말고 오직 권하여 그 날이 가까움을 볼수록 더욱 그리하자"

이 당시에 이미 모이지 않는 교회가 있었다는 것을 알 수 있습니다. 그중에는 무교회주의자들이 있습니다. 그들은 예수 그리스도의 사상만 공부하면 되는 것이고, 골치 아프게 교회에 모일 필요가 없다고 주장합니다. 즉 예수 그리스도의 사상은 훌륭하고 좋지만, 교회는 돈을 내라고 하고 서로 싸우고 무식한 사람들이 많아서 안 나간다는 주의였습니다. 그러면서 교회에 나가지 않는 자가 더 깨끗하고 고고하고 거룩하다고 생각하는 것입니다. 그러나 교회를 사랑하지 않는 것은 예수님을 사랑하지 않는 것입니다. 우리는 교회를 사랑해야 하고 교인들을 좋아해야 합니다. 그리고 어떤 사람들은 세속주의에 빠져서 교회에 가서 예배를 드리는 것은 시간을 낭비하는 것이고 어느 곳에서나 하나님을 믿을 수 있으므로 세상에서 사업해서 돈을 벌고 사람을 만나서 유익한 시간을 가지겠다고 주장하는 사람들이 있었던 것입니다.

그러나 우리는 모이기를 힘써야 합니다. 더욱이 "그 날이 가까움을 볼수록" 즉 사회가 혼란스럽고 위기가 찾아오고 있고 기독교가 욕을 먹고 있고 신앙을 버리고 세상으로 가는 사람들이 많으면 많을수록 우리는 더 열심히 모여서 하나님의 말씀을 파고들고 그 말씀을 붙들고 기도를 해야 한다는 것입니다. 왜냐하면 우리가 모인 곳이 지성소 안이고 하늘로 가는 길이기 때문입니다. 여기에 하늘이 열려 있고 천사들이 오르락내리락하고 있습니다. 여기서 우리가 하나님의 응답을 받고 축복을 받아야 세상이 복을 받을 수 있습니다.

그러나 우리가 하나님께 가려고 하면 할수록 사탄은 결사적으로 우리로 하여금 모이지 못하도록 잡고 늘어질 것입니다. 그래서 우리는 서로의 신앙을 격려하고 힘을 북돋아 주어야 합니다.

10:24, "서로 돌아보아 사랑과 선행을 격려하며"

신앙적으로 약한 사람들은 자꾸 넘어지려고 하고 세상에 휩쓸리려고 합니다. 그럴 때일수록 작은 신앙을 격려해주고 힘을 내고 변화

되는 것을 보고 칭찬도 해주어야 합니다. 우리는 모두 약한 자들입니다. 그래서 우리는 모두 위로가 필요하고 격려가 필요합니다. 그래서 조금이라도 신앙에 힘을 내려고 할 때 '잘한다'고 격려해주어서 함께 모이고 열심의 불이 붙어야 합니다. 이렇게 하는데 가장 중요한 것은 말씀의 비밀을 아는 것입니다. 우리가 하나님 말씀의 비밀을 알 때 모이는 것이 재미있고 힘이 있습니다. 말씀의 비밀을 모르면 결국 지치고 낙심하게 되어있습니다. 하나님 말씀의 비밀을 알 때 우리는 하늘 문을 열 수 있습니다. 즉 말씀이 비밀의 열쇠인 것입니다.

두 번째로 우리는 고난의 때에 담대해야 합니다. 사람들은 누구든지 고난을 만나면 기가 꺾이게 되어있고 낙심해서 주저앉게 됩니다. 이것이 바로 침체에 빠지는 것입니다. 저는 청년의 때에 교회를 열심히 다녔지만 하나님의 말씀을 듣지 못해서 오래 침체되어 있었던 때가 있었습니다. 그때 저는 웃는 것을 잃어버렸습니다. 우리는 세상 일이 잘되어도 세상을 향하여 달려가게 되고, 반대로 세상 일이 안 되면 또 침체에 빠지게 됩니다. 침체에 빠지면 전진하는 것을 중단하게 됩니다. 배를 몰고 갈 때 가장 위험한 것은 엔진이 고장 나서 배가 그냥 바다 위를 떠돌아다니는 것입니다. 이 배는 자칫 잘못해서 큰 파도를 만나거나 암초를 만나서 부딪치게 되면 침몰하게 됩니다.

그래서 크리스천들에게 있어서 영적으로 침체되는 것보다 더 무서운 것은 없습니다. 영적인 침체는 병원으로 치면 응급 환자가 생긴 것과 같습니다. 이때 우리는 사이렌 소리를 울리면서 합심해서 기도를 해주어야 합니다. 그리고 손을 붙잡아주고 격려를 해주어야 합니다. 우리는 고난이 왔을 때 너무 복잡하게 생각을 하면 안 됩니다. 우리는 아주 단순하게 내가 이 고난을 이길 것이고 나는 정금으로 변할 것이라는 것만 믿어야 합니다. 그리고 용기를 내어서 당당하게 나가야 합니다. 내가 하고 있는 주님의 일을 당당하게 하는 것입니다.

그리고 우리는 미래를 향하여 나가야 합니다. 우리는 미래를 알 수 없습니다. 사람들은 경제적으로 어려우면 결혼도 하지 않고 아이도 낳지 않고 공부도 하지 않고 자포자기에 빠질 때가 많습니다. 그래서 미래는 생각하지 않고 게임에 빠지거나 술만 마시거나 혹은 텔레비전만 보려고 하는 것입니다. 그러나 성경은 울며 씨를 뿌리는 자는 기쁨으로 단을 거둔다고 했습니다(시 136:6).

우리는 지금 너무 즐거우면 안 되고 모든 재미있는 것을 다 해버려도 안 되는 것입니다. 우리는 지금 돈을 다 써버리면 안 되고 모든 계획을 다 만들어서 써버려도 안 됩니다. 우리는 반드시 지금은 참아야 하고 불편을 참아야 하고 미래에 하나님이 역사하실 것을 기다려야 합니다. 하나님의 말씀은 배에서 엔진과 같은 것입니다. 배가 아무리 시설이 좋아도 엔진이 나쁘면 큰 바다를 건너갈 수 없습니다. 그러나 엔진이 튼튼하면 아무리 큰 바다도 거뜬하게 건널 수 있습니다. 그래서 우리도 장성했으면 하나님의 말씀도 젖같이 부드러운 것만 먹지 말고 단단한 음식을 먹어야 하는 것입니다.

2. 세상으로 가는 신앙

우리가 하나님을 향하여 또 고난을 이기고 미래를 향해서 열심히 나아간다고 해서 당장 성공하는 것도 아니고 사람들이 알아주는 것도 아니고 세상에서 인기를 끌 수 있는 것도 아닙니다. 그리고 우리는 자연적으로 하나님의 말씀보다는 세상에 끌리고 세상 것을 좋아하는 경향이 있습니다. 그래서 우리는 계속 하나님의 말씀으로 불붙어 있지 않으면 자기도 모르는 사이에 신앙의 불이 꺼지면서 세상으로 흘러가 버리게 됩니다. 그래서 어떤 때는 음행을 저지를 때도 있고 어떤 때는 성도로서의 양심을 더럽힐 때도 있게 되는 것입니다. 우리는 이렇게 연약한 인간이기 때문에 늘 유혹을 받기도 하고 넘어지기도 하는 것은 사실입니다. 그러나 우리가 세상으로 빠져버리면 양심의 고통까지 느끼지 못하게 됩니다. 그리고 그런 상태로 계속 가게 되면 그의 영혼은 다시 더러워지게 됩니다.

> 10:26-27, "우리가 진리를 아는 지식을 받은 후 짐짓 죄를 범한즉 다시 속죄하는 제사가 없고 오직 무서운 마음으로 심판을 기다리는 것과 대적하는 자를 태울 맹렬한 불만 있으리라"

이 사람은 분명히 진리를 아는 지식을 받았습니다. 그러나 그는 계속 하나님을 향하여 전진하지 않았습니다. 오히려 그는 세상적인 지식이나 유행을 교회에 끌어들여서 크게 인기를 누리고 성공하게 되었습니다. 그의 신앙은 하나님의 말씀을 자기 멋대로 해석해서 야망과 혼합시킨 것입니다. 사람들은 이 희한한 가르침의 맛을 보았을 때 엄청나게 좋아하게 되었습니다. 그래서 그는 자기만 타락한 것이 아니라 그 거짓된 복음을 가지고 수많은 영혼을 타락하게 만들었습니다. 그는 경건할 수 없습니다. 그는 입으로는 경건을 부르짖지만 실제로는 음란한 생활을 하고 있었고, 정직하지 못했습니다. 그는 돈을 엄청나게 좋아했고 명예와 권력을 좋아했습니다. 그는 교계의 지도자가 되었고 성공한 목사나 장로가 되었습니다. 그러나 그는 짐짓 죄를 지었습니다. 즉 연약해서 죄에 빠지는 것이 아니라 죄를 합리화시키고 축복으로 위장하고 감추었습니다.

이런 사람은 "속죄하는 제사"가 없다고 했습니다. 왜냐하면 그는 은혜를 이미 잃어버렸고 양심이 죽어버렸기 때문입니다. 이런 사람은 오직 무서운 마음으로 심판을 기다리는 것과 맹렬한 불만 있을 것이라고 경고했습니다. 지금 그런 사람은 성공한 것이 아니라 심판을 대기하고 있는 것이며 맹렬한 불에 빠질 것입니다.

사람들은 복음이 얼마나 위대한 것인지 모르고 있습니다. 구약 성경을 보면 모세의 율법을 어긴 자들도 용서받지 못하고 돌에 맞아 죽었습니다.

10:28, "모세의 법을 폐한 자도 두세 증인으로 말미암아 불쌍히 여김을 받지 못하고 죽었거든"

광야에서 어떤 사람이 안식일에 나무를 줍다가 안식일을 어겼다고 해서 돌에 맞아 죽었습니다(민 15:32-36). 사실 광야는 나뭇가지를 줍는 것이 아주 어려웠는데 안식일에는 모두가 쉬는 날이니까 혼자 나뭇가지를 줍기가 쉬웠던 것입니다. 그러나 그는 모세의 법을 어긴 것도 용서받지 못하여 돌에 맞아 죽어야 했습니다. 아간은 여리고 성에서 하나님이 취하지 말라고 한 금덩이와 은덩이와 시날산 외투 하나는 감추었다가 온 가족이 돌에 맞아 죽었습니다. 그리고 또 광야에서 모압 여인과 음행을 하고 우상의 음식을 먹었던 자들은 다 죽었습니다. 이것은 모세의 법이 그만큼 권세가 있다는 것을 보여줍니다. 즉 이스라엘이 살고 죽는 것은 이 법에 달려 있었던 것입니다.

그런데 복음은 어떤 것입니까?

10:29, "하물며 하나님의 아들을 짓밟고 자기를 거룩하게 한 언약의 피를 부정한 것으로 여기고 은혜의 성령을 욕되게 하는 자가 당연히 받을 형벌은 얼마나 더 무겁겠느냐 너희는 생각하라"

복음은 하나님의 아들이 생명을 희생해서 우리를 살리기 위해서 주신 것입니다. 그런데 우리가 이 복음을 가치 없게 생각한다면 하나님의 아들을 짓밟는 것이고 그의 피를 더럽히는 것이며 성령을 욕되게 하는 것입니다. 하나님 아들의 말씀을 짓밟은 자들이 받을 심판이 얼마나 무서운 심판이겠습니까?

10:31, "살아 계신 하나님의 손에 빠져 들어가는 것이 무서울진저"

하나님의 손에 빠져서 심판받는 것은 너무나도 무서운 것입니다. 우리는 사람들로부터 공격당하고 매를 맞고 모든 것을 빼앗기면 만신창이가 됩니다. 우리는 그런 것을 아주 두려워합니다. 그러나 이런 것은 하나님의 진노의 심판에 비하면 아무것도 아닙니다. 하나님의 심판은 육체적이고 심리적이며 모든 절망과 고통을 다 받는 것입니다. 그래서 우리는 이 세상에서 하나님의 고통을 받아야 살 수 있습니다. 그래야 우리가 하나님의 말씀을 다시 붙들게 되기 때문입니다.

우리는 이 세상에서 사람에게 원수를 갚으려고 할 필요가 없습니다. 왜냐하면 우리의 인생을 원수 갚는 것에 쓰기에는 너무나도 아깝기 때문입니다. 그리고 하나님은 우리의 원수를 다 갚아주십니다.

10:30상, "원수 갚는 것이 내게 있으니 내가 갚으리라"

하나님은 우리 성도들의 억울하고 원통한 것을 다 갚아주시기 때문에 우리는 직접 원수를 갚으려고 해서는 안 됩니다. 우리는 오직 하나님의 말씀만 붙들고 나가면 되는 것입니다.

3. 담대한 것을 버리지 말라

우리가 모든 반대나 세상의 유혹을 뿌리치고 하나님의 말씀만 붙잡고 전진하려고 하면 담대한 마음이 필요합니다. 왜냐하면 믿음이나 하나님의 세계는 모두 눈에 보이지 않는 것들이고, 이 세상의 권력이나 성공은 눈에 보이는 것이고 모든 사람이 부러워하고 칭찬하는 것이기 때문입니다. 그래서 우리에게는 영의 눈이 뜨이는 것이 필요한

데 우리도 인간인 이상 영의 눈이 감겨 있을 때가 너무나도 많은 것입니다. 심지어는 예수님의 제자들조차도 오순절 성령 받기 전에는 영의 눈이 감겨 있었습니다. 하물며 세상의 성공과 권력과 돈이 이렇게 아름다운 현실에서 얼마나 영의 눈이 감겨 있기 쉽겠습니까? 심지어는 교회들도 세상의 것으로 도배하는 세상이니까 우리는 하나님을 향하여 돌진하는 데 걸림돌이 너무나도 많습니다. 그래서 우리는 담대하게 우리를 잡고 늘어지는 것들을 뿌리치고 하나님을 향하여 무조건 달려가야 합니다.

> **10:32-34** "전날에 너희가 빛을 받은 후에 고난의 큰 싸움을 견디어 낸 것을 생각하라 혹은 비방과 환난으로써 사람에게 구경거리가 되고 혹은 이런 형편에 있는 자들과 사귀는 자가 되었으니 너희가 갇힌 자를 동정하고 너희 소유를 빼앗기는 것도 기쁘게 당한 것은 더 낫고 영구한 소유가 있는 줄 앎이라"

우리는 이 히브리서를 받고 읽는 성도들이 믿음을 가진 후에 영적으로 크게 박해받은 것을 알 수 있습니다. 여기서 이 사람들이 비방과 환난으로 구경거리가 되었다는 것을 보면, 이들이 모두 잡혀서 원형 경기장 같은 곳에 끌려가서 많은 사람의 구경거리가 되었던 것을 알 수 있습니다. 그리고 그들의 가족이나 친구 중에서는 감옥에 갇힌 자도 있었고 재산이나 집을 다 빼앗기기도 했던 것입니다.

어쩌면 이 사람들은 로마에 있던 그리스도인들일 수도 있습니다. 네로가 로마가 불타고 난 후에 기독교인들을 모두 잡아서 원형 경기장에 집어넣고 사자 밥이 되게 하고 불에 태워죽일 때 이들이 있었던 것입니다. 그리고 기독교인들은 무조건 감옥에 가두고 집도 빼앗고 재산도 몰수당했던 것을 볼 수 있습니다. 하나님의 백성들이 이런 일을 한번 당하면 기가 죽어버려서 그때부터는 신앙을 버리거나 신앙을 숨기고 도망치기가 쉽습니다.

그러나 35절에 "그러므로 너희 담대함을 버리지 말라 이것이 큰 상을 얻게 하느니라"고 격려했습니다. 즉 우리 크리스천은 이런 일로 용기를 잃지 말고 담대하게 하나님을 향하여 나가라는 격려의 말씀입니다. 왜냐하면 우리에게 큰 상이 있기 때문입니다. 즉 담대하게 나가는 신자들에게는 하나님이 반드시 응답해주시는 큰 상과 축복이 있기 때문입니다.

그래서 우리는 하나님을 믿어야 합니다.

10:38-39, "나의 의인은 믿음으로 말미암아 살리라 또한 뒤로 물러가면 내 마음이 그를 기뻐하지 아니하리라 하셨느니라 우리는 뒤로 물러가 멸망할 자가 아니요 오직 영혼을 구원함에 이르는 믿음을 가진 자니라"

하박국 선지자의 유명한 말씀입니다. 즉 "의인은 그의 믿음으로 말미암아 살리라"는 말씀입니다(합 2:4). 하박국 선지 당시 예루살렘은 불의에 가득 차 있었고 폭력이 난무했으며 곧 바벨론에 의해 비참히 멸망하게 되었는데도, 하나님은 의인은 믿음으로 살리라고 하셨습니다. 즉 우리는 그 어려움 중에서도 하나님을 믿어야 하는 것입니다. 우리는 당장 모든 것이 어려워도 결국 하나님이 우리를 의롭게 하시는 것을 믿어야 합니다. 하나님은 "뒤로 물러가면 내 마음이 그를 기뻐하지 아니하리라"고 말씀하셨습니다. 이것이 하박국서에서는 "그의 마음은 교만하며 그 속에서 정직하지 못하나"라고 되어있습니다. 세상을 따라가서 마음이 교만해지고 거짓말을 하게 되는 것이 뒤로 물러가는 것입니다. 세상을 따라서 출세하는 것이 앞으로 나가는 것 같지만 실제로는 뒤로 물러나는 것이고, 하나님은 그런 사람을 좋아하지 않는다고 했습니다.

우리는 뒤로 물러나서는 안 됩니다. "우리는 뒤로 물러가 멸망할 자가 아니요"라고 했는데 옛 개역성경에는 "우리는 뒤로 물러가 침륜에 빠질 자가 아니요"라고 되어있습니다. 이것은 영적인 침체에 빠지게 되는 것입니다. 우리는 영혼이 사는 길을 택해야 합니다. 그 길을 택하므로 하늘 문 열고 큰 응답 받는 성도들이 다 되시기 바랍니다.

16

믿음의 실체
히 11:1-7

사람들은 무엇인가 믿는 것이 있어야 불안해하지 않고 안심하고 살아갈 수 있습니다. 예를 들어서 어린아이에게 있어서 엄마에 대한 믿음은 절대적입니다. 그래서 어린아이들은 엄마가 있으면 안심을 하지만 엄마가 아닌 다른 사람이 자기를 안아주면 조금 안겨 있다가 거기서 빨리 벗어나려고 몸부림을 치는 것을 보게 됩니다. 개들도 주인에 대한 신뢰가 절대적입니다. 그래서 자기 주인이 오면 달려들어서 반가워하지만 모르는 사람이 자기를 만지려고 하면 짖거나 물 때가 있습니다.

우리는 자기 집이 있고 은행 통장에 몇천만 원이라도 저축된 것이 있으면 당장 쫓겨나거나 굶어 죽을 걱정을 하지 않고 살아갈 수 있습니다. 그러나 자기 집이 아니고 세 든 집이든지 혹은 은행에 전혀 저축된 돈이 없으면 마음이 불안합니다. 왜냐하면 앞으로 무슨 어려운 일을 당하면 그대로 고생을 할 수밖에 없기 때문입니다. 그래서 사람들은 할 수 있는 대로 이 세상에서 구체적인 것들, 예를 들면 집이나 돈, 안정된 직장 같은 것을 확보해 놓으려고 합니다.

　그런데 본문에서는 정반대되는 말씀을 하고 있습니다. 그것은 바로 이 세상에 있는 모든 것은 실체가 아니고 그림자라는 것입니다. 그림자라는 것은 실체가 아닙니다. 그림자는 그야말로 그림자입니다. 그림자는 손으로 잡을 수도 없고 그것이 무슨 힘을 가지고 있는 것도 아닙니다. 그리고 실체가 없어지거나 빛이 없어지면 그림자도 없어지고 맙니다.

　우리는 예수 믿는 사람들을 줄여서 '믿는 사람'이라고 말을 합니다. 우리는 하나님을 믿는 사람이고 믿음을 가지고 살아가는 사람입니다. 그런데 우리는 다른 사람에 비하여 다른 점이 별로 없습니다. 우리도 육신을 가지고 있고 먹어야 하고 집이 있어야 하고 직장이 필요합니다. 그러면 우리의 믿음은 세상을 가지고 난 후의 플러스 믿음인가, 아니면 세상의 것이 필요 없는 믿음인가 하는 것입니다. 즉 우리 예수 믿는 사람들은 다른 믿지 않는 사람들같이 세상의 돈이나 집이나 직장을 가지고 거기에 추가해서 믿음을 가지고 살아가는가, 아니면 세상 것이 아무것도 없어도 믿음만 있으면 되느냐 하는 것입니다.

1. 믿음의 정의

　우리는 '믿는다'고 할 때 도대체 무엇을 믿느냐 하는 것이 중요합니다. 많은 사람은 자기의 생각이 이루어질 것을 믿는 것이 믿음이라고 생각합니다. 즉 내가 대학에 합격할 것이며 나에게 좋은 일이 생길 것이며 나는 행복할 것이라고 믿을 때, 그대로 되는 것이 믿음이라고 생각하는 것입니다. 그러나 그것은 믿음이 아니라 일종의 신념입니다. 그것은 자기 혼자 생각을 믿어버리는 것입니다. 물론 이런 신념도 없는 것보다는 가지고 있는 것이 좋을 때가 많습니다. 왜냐하면 일종의 좋은 호르몬 같은 역할을 하기 때문입니다. 즉 기분도 좋아지고 어느 정도 자신감도 생기기 때문입니다. 그러나 이런 신념은 너무 강한 적을 만나면 힘을 쓰지 못하고 산산이 부서지고 맙니다. 그것은 실체가 아니고 그림자에 불과하기 때문입니다. 우리가 어렸을 때 벽에다 그림자놀이를 많이 했습니다. 촛불이나 호롱불을 켜면 벽에 그림자가 생기는데 손으로 여우 모양이나 나비 모양을 만들기도 했습니다. 그러나 그것은 어디까지나 모양을 만들어서 노는 것이지 실체는 아닙니다.

우리가 '믿는다'는 것은 크게 두 가지를 믿는 것입니다. 하나는 하나님을 믿는 것입니다. 그리고 두 번째는 믿음을 가지고 하나님을 찾을 때 반드시 하나님이 상을 주신다는 것을 믿는 것입니다.

11:6, "믿음이 없이는 하나님을 기쁘시게 하지 못하나니 하나님께 나아가는 자는 반드시 그가 계신 것과 또한 그가 자기를 찾는 자들에게 상 주시는 이심을 믿어야 할지니라"

믿음은 하나님이 계신 것을 믿는 것입니다. 우리는 하나님이 계신 것을 믿어야 합니다. 여기에 보면 "하나님께 나아가는 자"라고 했습니다. 성경은 우리 모든 인간이 하나님께 나아가야 한다고 말씀하고 있습니다. 우리는 이 세상에서 머물면서 돈이나 벌고 내가 하고 싶은 대로 하면서 살아서는 안 되는 것입니다. 예를 들어서 누군가가 우리에게 너무나도 귀한 도움을 주었다면 우리는 그 사람을 찾아가서 만나는 것이 도리일 것입니다. 또 우리가 집이 없어서 추운 데서 벌벌 떨고 있을 때 누군가가 따뜻하게 살아갈 집을 마련해 준다든지, 혹은 병들었을 때 돈이 없어서 치료를 받지 못하고 있는데 누군가 도와주어서 치료를 무사히 마치게 되었다면 우리는 그 고마운 사람을 찾아가서 만나는 것이 도리일 것입니다.

마찬가지로 우리는 하나님으로부터 너무나도 고마운 도움을 한없이 받았습니다. 하나님은 아름다운 세상을 만들어주시고 공기와 물을 주시며 우리로 하여금 살아갈 수 있게 하셨습니다. 하나님은 우리에게 지혜를 주시고 멋진 삶을 살 수 있게 하셨습니다. 하나님은 우리에게 가족을 주셨고 또 우리에게 필요한 많은 것을 주셔서 누리게 하셨습니다. 우리 모든 인간은 하나님으로부터 엄청난 혜택을 받았고 도움을 받았기 때문에 당연히 하나님을 찾아가야 합니다. 우리는 하나님이 누구신지 모른다 하더라도 한평생 산을 넘고 바다를 건너서라도 꼭 하나님을 찾아가서 고맙다는 인사의 말씀을 드려야 하는 것입니다.

그런데 우리는 하나님이 눈에 보이지 않기 때문에 하나님이 어떤 분이신지, 하나님이 계신지 안 계신지 알 수 없었습니다. 그런데 놀라운 것은 성경이 하나님에 대한 책이라는 사실입니다. 성경에서 하나님은 말씀하셨습니다. 내가 하나님이고, 내가 온 세상을 만들었고, 너를 만들었고, 너의 모든 것을 보고 있고, 알고 있다고 말씀하시는 것입니다. 만일 하나님이 나를 알고 계시고 나를 보고 계신다면 우리는 하나님을 찾는 것이 그렇게 어렵지 않을 것입니다. 왜냐하면 하나님과 하나님의 말씀을 믿어버리면 되기 때문입니다. 이것이 바로 하나님께 나아가는 것입니다.

우리는 하나님이 계신 것을 믿어야 합니다. 즉 하나님이 우리 인생을 주장하고 계시며, 우리의 모든 세세한 부분까지 다 간섭하고 계시며, 늘 우리를 돕고 계신다는 것을 믿어야 하는 것입니다. 그러면 결국 둘 중의 하나입니다. 그것은 하나님의 말씀이냐, 아니냐 하는 것입니다. 하나님의 말씀이 맞는다면 다른 것들은 있어도 되고 없어도 될 것입니다. 그런데 만일 하나님의 말씀을 믿지 않는다면 하나님은 만날 수 없습니다.

그리고 또 하나는 하나님은 자기를 찾는 자들에게 상을 주신다는 사실을 믿는 것입니다. 우리가 하나님을 믿고 그의 말씀을 믿을 때 하나님은 어떤 상을 주실까요? 하나님은 믿는 자들에게 세상의 상을 주신다고 말씀하지 않으셨습니다. 왜냐하면 세상에 있는 모든 것은 그림자에 불과하기 때문입니다. 하나님은 하나님을 찾는 자들에게 영원한 생명을 주십니다. 우리 인간이 죽지 않고 영원히 산다는 것보다 더 좋은 것은 없을 것입니다.

그리고 하나님은 자기를 찾는 자들에게 하나님의 축복을 유산으로 주십니다. 우리는 하나님이 가지고 계신 그 엄청난 영광과 권세와 땅과 아름다움을 상으로 받게 됩니다. 그뿐만 아니라 하나님은 이 세상에서 우리에게 지혜를 주시고 능력을 주시고 기쁨을 주시고 영광을 주셔서 아름답게 살게 하십니다. 그런데 이런 믿음이 없는 사람은 하나님을 기쁘시게 할 수 없다고 했습니다.

"믿음이 없이는 하나님을 기쁘시게 하지 못하나니"

하나님은 세상에 아무리 유명하고 권력이 있고 뛰어난 머리를 가진 사람이라고 해도 믿음이 없으면 절대로 좋아하지 않으신다고 했습니다. 그런 사람은 하나님을 만날 수 없고 하나님의 상을 받을 수도 없는 것입니다.

2. 믿음과 그림자

어떤 물체가 있으면 그림자가 생기게 됩니다. 그러나 그림자는 그 물체가 아닙니다. 빛이 있기 때문에 그늘이 지는 것에 불과합니다. 그러나 그림자도 유익한 것이 있습니다. 그림자를 통해서 어떤 사람이나 물체가 있다는 것을 알 수 있기 때문입니다. 예를 들어서 어떤 아이들이 숨어 있는데 집 창문에서 그림자가 왔다 갔다 한다면 누군가가 그 방에 있다는 것을 말해줍니다. 그래서 그림자가 있으면 사람이나 물체가 있는 것을 알 수 있습니다. 그러나 그림자 자체는 사람이나 물체가 아니므로 아무리 붙잡으려고 해도 붙잡을 수 없고 말을 해도 소용이 없습니다.

    우리가 신앙생활 하면서 가장 어려워하는 것이 이 세상에서 보고 있고 가지고 있는 것이 실체이냐 아니면 눈에 보이지 않는 믿음이 실체냐 하는 것입니다. 우리가 이 세상에서 가지고 싶어 하는 돈이나 직장이나 집은 구체적인 것이고 실제로 우리에게 도움이 됩니다. 우리가 이런 것들을 가지면 얼마든지 편안하게 살 수 있고 사는 데 실제적인 도움이 됩니다. 거기에 반해서 믿음이라는 것은 눈에 보이지도 않고 손에 잡히지도 않기 때문에 그림자에 불과한 것이 아니냐 하는 생각이 드는 것입니다

11:1, "믿음은 바라는 것들의 실상이요 보이지 않는 것들의 증거니"

    그러나 성경은 믿음이 실체라고 말씀하고 있습니다. 그 대신에 이 세상에 있는 것들은 오히려 그림자라고 했습니다.
    "믿음은 바라는 것들의 실상"이라고 했습니다. 여기서 '바란다'는 것은 최종적으로 아름답게 완성되는 것을 의미합니다. 여기서 우리가 깨닫게 되는 것은 우리는 모두 만들어지는 과정에 있다는 것입니다. 우리는 결코 완성품이 아닙니다. 우리가 주위에 보고 있는 수많은 물건이나 많은 공부나 인간관계는 우리를 만드는 도구들입니다. 즉 '공구'들인 것입니다. 어떤 기계를 완성하는 것은 도구들이 아니라 기술자의 기술입니다. 우리가 하나님의 손에 붙들린 이상은 최고의 작품으로 만들어질 것을 믿어야 합니다. 그것을 위해서 하나님은 많은 도구를 사용하시는 것입니다. 그러나 도구를 많이 가지고 있다고 해서 반드시 좋은 작품을 만드는 것은 아닙니다. 아주 숙달된 기술자는 꼭 필요한 도구만 꺼내어서 꼭 필요한 재료만 가지고 최고로 우

수한 물건을 만드는 것입니다.

11:3, "믿음으로 모든 세계가 하나님의 말씀으로 지어진 줄을 우리가 아나니 보이는 것은 나타난 것으로 말미암아 된 것이 아니니라"

우리는 모든 세계가 하나님의 말씀으로 만들어진 것을 믿음으로 안다고 했습니다. 즉 하나님의 말씀이 실체이고 눈에 보이는 모든 세계는 그림자이고 나타난 결과입니다. 예를 들어서 어떤 자동차 회사에서 새로 만든 자동차 설계도가 있다고 합시다. 이 자동차 설계도는 자동차를 만드는 실체입니다. 오히려 자동차야말로 그 설계도로 만들어진 결과물에 불과합니다. 만일 그 설계도에 틀린 부분이 있다면 만들어진 모든 자동차가 잘못된 것입니다. 그 잘못된 것 중의 하나가 엔진에 불이 붙는 것인데 이것은 굉장히 위험합니다. 사느냐 죽느냐를 결정하는 아주 중요한 문제입니다. 이것은 자동차를 설계한 사람만이 설계를 고치든지 해서 다시 자동차를 만들어야 하는 것입니다.

"보이는 것은 나타난 것으로 말미암아 된 것이 아니니라"고 했습니다. 우리 눈에 보이는 모든 것은 이미 세상에 있는 것들을 사용해서 조립한 것이 아니라 눈에 보이지 않는 하나님이 말씀을 통해서 창조하신 것입니다. 그래서 하나님과 하나님의 말씀이 실체이고 오히려 이 세상에 있는 모든 것은 그림자이고 나타난 결과물입니다.

그러나 우리는 인간이기 때문에 하나님과 하나님의 말씀은 눈에 보이지 않으므로 그림자인 것 같고, 눈에 보이는 이 세상의 돈이나 집이나 직장이 실체로 보이게 됩니다. 그러나 사실은 성경이 실체이고 말씀으로 은혜받은 것이 실체입니다. 그래서 우리는 믿음의 눈과 믿음의 귀가 반드시 필요합니다.

열왕기하 6장에 보면, 엘리사 때 아람 왕 벤하닷이 엘리사를 포로로 잡기 위해 밤새 군대를 보내어서 그가 있는 도단성을 완전히 포위

했습니다. 아침에 일어나서 성 밖을 본 엘리사의 사환은 놀라서 엘리사에게 "아아 우리가 포위되었습니다"라고 한탄하며 말을 했습니다. 그러나 엘리사는 하나님에게 사환의 영의 눈을 뜨게 해 달라고 기도했습니다. 그랬더니 사환의 영의 눈이 뜨여졌는데 보니까 하나님의 불말과 불병거가 자신들을 에워싸고 있는 모습을 보게 되었던 것입니다. 결국 도단성을 에워싸고 있던 아람군대는 그림자였고 엘리사와 그 사환을 에워싸고 있던 하나님의 불말과 불병거가 실체였던 것입니다. 이것을 엘리사는 믿음의 눈으로 보았습니다.

다윗이 왕이 되었을 때 두 번째로 블레셋이 쳐들어왔습니다. 그때 다윗은 하나님께 "싸울까요?" 물으니까 하나님은 다윗에게 바로 싸우지 말고 뒤로 돌아가라고 하시면서 기다리고 있으면 뽕나무 위에서 사람들의 달려가는 소리가 들릴 것인데 그때 싸우라고 했습니다. 그것은 바로 하나님의 군대가 달려가는 소리였던 것입니다. 다윗은 그 명령대로 준행하여 승리하게 됩니다(삼하 5:17-25).

우리에게는 하나님이 나를 지키고 계시고 나를 아름답게 만드실 것이라는 실상이 필요하고 증거가 필요합니다. 그것이 바로 하나님의 말씀을 듣는 것이고, 말씀에서 은혜를 받는 것입니다. 우리가 하나님의 말씀에서 은혜를 받는다면 절대로 망하지 않는다는 증거가 되는 것입니다.

하나님께서 말씀으로 아무것도 없는 가운데 온 세상을 만드시고 모든 생명체나 모든 부나 지식이나 명예를 만드신 것을 믿는다면 또 하나님의 말씀으로 내 인생을 더 아름답게 창조하실 것을 믿어야 합니다.

3. 믿음으로 하나님께 나아간 사람들

성경에는 이 세상을 바라보지 않고 믿음으로 하나님께 나아가서 성공한 사람들이 수도 없이 많이 나옵니다.
그중에 아벨이 있습니다.

11:4, "믿음으로 아벨은 가인보다 더 나은 제사를 하나님께 드림으로 의로운 자라 하시는 증거를 얻었으니 하나님이 그 예물에 대하여 증언하심이라 그가 죽었으나 그 믿음으로써 지금도 말하느니라"

아벨은 하나님의 말씀을 통해서 우리가 하나님께 나아가는 데 걸림돌이 있다는 것을 알았습니다. 그것은 바로 인간의 죄요 교만이었습니다. 결국 우리 인간은 이 죄를 태워야 하나님께 나아가는 걸림돌을 치울 수 있는 것입니다. 그래서 아벨은 자기 생각대로 예배를 드리지 않고 하나님의 말씀대로 제사를 드림으로 의롭다 하는 인정을 받았습니다. 가인은 무엇이든지 크고 보기 좋고 많이 드리면 좋다고 생각해서 자기가 농사지은 곡식으로 제사를 드렸지만, 하나님으로부터 거절당했습니다. 즉 인간의 노력이나 공로를 가지고는 죄를 태울 수 없었던 것입니다. 그러나 아벨은 하나님의 말씀을 믿고 짐승의 내장기름을 태우는 제사를 드렸습니다. 그랬더니 하나님께 가는 길이 뚫렸습니다. 그래서 아벨은 하나님께 말씀을 드릴 수 있었고 의롭다 하는 인정을 받게 되었습니다.
결국 믿음이라는 것은 자기 생각을 믿는 것이 아니고 하나님의 말씀을 믿는 것입니다. 그래서 실제로 아벨은 형의 미움을 받아서 죽임을 당했습니다. 어쩌면 가인이 그 냄새 나는 짐승을 죽여서 기름을 태우는 제사를 드리지 말라고 했는지도 모릅니다. 그러나 아벨은 죽을 각오를 하고 하나님의 말씀에 순종했던 것입니다. 이것이 믿음이었습니다. 그래서 아벨은 이 세상에서는 죽었지만 하나님 앞에서는 죽지 않았습니다.

11:5, "믿음으로 에녹은 죽음을 보지 않고 옮겨졌으니 하나님이 그를 옮기심으로 다시 보이지 아니하였느니라 그는 옮겨지기 전에 하나님을 기쁘시게 하는 자라 하는 증거를 받았느니라"

에녹은 노아 홍수 이전의 사람이었습니다. 노아 홍수 전 인간은 문명이 발달하고 쾌락이 극에 달했습니다. 그리고 이때 사람들은 거의 무법천지여서 누구든지 대결을 하고 결투해서 힘이 센 것을 자랑했습니다. 요즘으로 치면 스트리트 파이터나 람보 같은 사람들이 많았던 것입니다. 이때는 힘이 세고 싸움을 잘하고 미인을 차지하는 사람이 최고였습니다.

그러나 에녹은 어느 날 하나님을 실감 나게 깨닫게 되고 그 후로는 오직 하나님의 말씀을 붙들고 살았습니다. 이것을 성경은 "에녹이 하나님과 동행을 했더라"(창 5:24)고 말씀하고 있습니다. 에녹은 하나님의 말씀을 통해서 언제나 하나님께 물었고 하나님과 대화를 나누었고 그 당시 세상의 폭력적인 길이나 영웅적인 길을 걷지 않았습니다. 그랬더니 하나님께서 어느 날 에녹으로 하여금 죽음을 통과하지 않고 바로 영생의 세계로 데려가셨습니다.

어느 날 에녹은 죽지 않고 사라졌습니다. 혹시 천사가 내려와서 에녹을 하늘로 데려갔는지도 모릅니다. 에녹은 죽지 않았고 다시 나타나지도 않았습니다. 에녹은 이미 이 세상에 있을 때 영웅이나 성공한 사람은 아니었지만 하나님을 기쁘시게 하는 자라는 증거를 받았습니다. 그 증거는 바로 그의 믿음이었습니다. 에녹은 무슨 일이 생기든지 하나님을 믿었습니다. 물론 그에게는 좋은 일도 있고 슬픈 일도 있었을 것입니다. 그러나 에녹은 언제나 하나님을 믿었습니다. 이것이 하나님을 기쁘시게 하는 증거였습니다. 아벨은 형으로부터 살해당함으로 영생에 들어갔지만 에녹은 산채로 들어갔습니다. 왜냐하면 그는 믿음이 있었기 때문입니다.

11:7, "믿음으로 노아는 아직 보이지 않는 일에 경고하심을 받아 경외함으로 방주를 준비하여 그 집을 구원하였으니 이로 말미암아 세상을 정죄하고 믿음을 따르는 의의 상속자가 되었느니라"

노아는 아직 보이지 않는 일에 경고를 받았습니다. 노아 때 사람들은 이 세상은 실체이고 영원하다고 믿었습니다. 그래서 그들은 실체이신 하나님과 하나님의 말씀을 버리고 먹고 마시고 집을 짓고 장사하고 결혼하느라고 인생을 다 허비했습니다. 그때 하나님은 세계적인 대홍수를 계획하시고 노아에게 준비하게 하셨습니다.

노아의 눈으로 볼 때 이 세상은 확실했습니다. 반대로 하나님의 말씀은 아직 될지 안 될지도 모르는 말씀이었습니다. 그리고 노아 때까지 세계적인 홍수는 없었습니다. 그리고 노아가 아들들을 데리고 그 큰 배를 만드는 데는 엄청난 세월이 걸리는 일이었습니다. 만일 홍수가 나지 않으면 노아나 그 아들들은 그 오랜 세월을 허비하는 것이었습니다. 그리고 사람들은 계속 노아나 그 아들들이 비도 오지 않는데 큰 배를 만드는 것을 보고 어리석다고 조롱했습니다.

그러나 하나님의 말씀은 틀림없었습니다. 전 세계를 뒤엎는 홍수가 일어나고 코로 숨 쉬는 모든 생명체는 다 물에 빠져 죽었습니다. 노아 때 일어난 홍수는 단순한 홍수가 아니라 세계적인 쓰나미였습니다. 그것은 지진과 홍수가 겹쳐진 것이었습니다. 즉 전 세계가 하나님의 말씀으로 부서진 것이었습니다. 노아는 홍수에서만 살아난 것이 아니라 의의 상속자가 되었습니다. 그는 영생을 얻었고 하나님의 축복을 물려받는 자가 되었습니다.

우리가 이 세상을 잡으려고 하면 세상은 달아납니다. 그런데 우리가 하나님의 말씀을 잡으면 세상도 우리 손에 들어오게 됩니다. 이것을 믿지 못했던 백성이 이스라엘 백성들이었습니다. 이스라엘 백성들이 율법을 지켰더라면 가나안 땅을 지킬 수 있었는데 가나안 땅만 지키려고 하고 율법을 버렸기 때문에 결국 가나안 땅을 잃어버리고 포로로 붙들려가고 말았습니다. 우리는 실체인 하나님의 말씀을 붙잡고 하나님의 축복을 상속하는 성도들이 다 되시기 바랍니다.

17

믿음의 시작
히 11:8-16

단체 여행을 하다 보면 기억에 남는 것들이 있습니다. 중국 서안에 가면 화청지라는 곳이 있는데 옛날 양귀비가 목욕했다는 돌로 된 목욕탕이 남아 있습니다. 마침 저희가 간 날이 '장한가'라는 무용 공연의 마지막 날이라고 했는데, 우리는 늦게 도착했습니다. 그래서 관객 사이를 파고 들어가서 아무 데나 앉아서 보았는데 나중에 알고 보니까 거기가 VIP석이었습니다. 호수가 있는 정원에서 무용을 하는데, 무용수가 엄청나게 많고 땅에서 불도 나오고 무용수가 하늘을 날아다니고 배도 움직이는데 정말 멋진 공연이었습니다. 그런데 다음날 거기에 가보니까 아무것도 없었습니다. 그곳은 전부 세트장이었던 것입니다.

그리고 서안에는 이름난 병마용 말고도 대안탑이라는 곳이 있습니다. 거기에서 현장이 인도까지 가서 가져온 불교 서적을 중국어로 번역했다고 합니다. 그것을 보고 정말 생각을 좀 깊이 했습니다. 현장은 불경을 구하기 위해서 죽음의 고비 사막을 통과해서 10년 가까운 세월에 걸쳐서 걸어서 인도까지 가서 불경을 구하고, 또 그 길을 걸어서 돌아와서 불경을 번역하는데 남은 생애를 다 바쳤다고 하는데, 우리는 성경을 위하여 그런 희생을 기꺼이 하겠느냐 하는 생각이 들었습니다.

그러나 이런 패키지여행은 여행사에서 미리 답사해서 가 보았던 곳이고, 안내인과 준비된 비행기와 대절한 버스, 그리고 예약된 호텔이 있어서 우리에게는 정말 쉬운 여행입니다. 그러나 옛날에는 목표도 없고 예약도 안 되어 정처 없이 떠나는 여행이 많았습니다. 그런 여행을 하려고 하면 엄청나게 고생해야 했습니다.

우리가 이 세상을 사는 데는 두 가지 관점이 있습니다. 하나는 이 세상에 태어나서 내가 하고 싶은 것을 유감없이 다 하다가 죽는 것입니다. 이것이 우리가 보고 있는 것이고 경험하고 있는 것입니다. 그런데 또 다른 하나는 우리는 이 세상을 지나가는 나그네라는 관점으로 사는 것입니다. 우리는 이 세상을 잠시 나그네로 머물다가 또 정처 없이 다른 곳으로 떠나야 하는 것입니다. 그러면 우리는 이 세상에 정착할 수도 없고 많은 것을 가질 수도 없습니다. 어쩌면 이 세상에 대한 추억이나 인상만 가지고 알 수 없는 미래로 또 떠나야 하는 것입니다.

우리는 이 세상에 있는 것이 실체이고 믿음은 그림자요 희망 사항이라고 생각하지만, 성경은 정반대로 말씀하고 있습니다. 오히려 이 세상에 있는 것이 그림자요, 믿음이 바라는 것들의 실체라고 말씀하고 있는 것입니다. 그래서 우리는 그림자 인생은 뒤로하고 믿음의 약속을 향하여 정처 없이 나가야 합니다. 우리 예수 믿는 사람들의 어려움이 바로 여기에 있습니다. 우리는 이 세상 현실에 정착할 수 없습니다. 왜냐하면 우리는 나그네 인생이고 언젠가는 이 세상을 떠나야 할 사람들이기 때문입니다. 그렇다고 해서 우리의 미래에 대하여 아무것도 알지 못합니다. 우리는 이 세상에 사는 동안에 우리의 미래에 대하여 아무것도 예측할 수 없습니다. 우리는 마치 호랑이 등을 타고 달리는 것처럼 언제 먹혀 죽을지, 언제 낭떠러지로 떨어질지 모르는 처지에서 하루하루를 살아가야 합니다.

히브리서 11장에는 믿음으로 살았던 위인들의 이야기들이 나오고 있습니다. 그중에서 가장 많은 분량을 차지하고 있는 인물이 '아브라함'입니다. 그러나 아브라함은 우리가 알기에 대단한 삶을 살았던 사람이 아니었습니다. 그는 그 당시 아무도 알아주지 않는 평범한 뜨내기였고 오히려 여기저기 떠돌아다니면서 고생을 많이 한 사람입니다. 그럼에도 불구하고 아브라함이 위대한 점은 하나님의 말씀을 믿고 의롭다 함을 받은 것이고, 하나님의 말씀이라고 하면 무조건 순종했다는 사실입니다. 아브라함은 가나안 땅에서는 땅 한 평 갖지 못했지만 천국에서는 어마어마하게 큰 성을 차지하는 사람이 되었다고 말씀하고 있습니다.

1. 하나님이 아브라함을 부르심

아브라함은 하란이라는 곳에서 안정된 생활을 하고 있었습니다. 그러나 어느 날 하나님은 그를 부르셔서 지금 안정된 삶을 사는 하란을 떠나서 전혀 알지 못하는 새로운 곳으로 가라고 말씀하셨습니다. 아브라함은 하나님의 그 말씀에 순종해서 어디로 가야 할지 모르지만 무조건 하란을 떠났다고 말씀하고 있습니다.

11:8, "믿음으로 아브라함은 부르심을 받았을 때에 순종하여 장래의 유업으로 받을 땅에 나아갈새 갈 바를 알지 못하고 나아갔으며"

원래 아브라함은 바벨론 땅 우르에 살던 아람인이었습니다. 우르에서 아브라함은 우상을 섬기고 있었습니다. 그러다가 아브라함은 하나님을 소개받게 되었습니다. 어떤 선지자가 아브라함에게 하나님을 소개했는지, 아니면 하나님이 그에게 나타나셔서 말씀을 주셔서 믿음을 가지게 되었는지 알 수 없습니다. 아브라함은 하란 땅에서 아는 사람들도 많고 가족도 다 거기에 있고 결혼도 했고 가축들도 많은데 하나님은 갑자기 그에게 나타나 강력한 말씀을 주셨습니다. "내가 너에게 하늘의 복을 주겠다"고 하시면서 "네가 살던 땅과 아는 사람들과 가족과 친척들을 다 버리고 어디로 가야 하는지 모르지만 좌우간 거기를 떠나라"고 말씀하셨습니다.

요즘도 자기 나라는 중요하고 자기 직장이나 자기 가족, 자기 땅이나 재산은 아주 중요합니다. 사람들이 이런 것들을 다 포기하고 다른 곳으로 가는 경우가 있는데, 그런 사람들은 지금까지 살아온 것과는 완전히 다른 새 인생을 살게 되는 것입니다. 옛날에는 시골에서 농사짓던 아이 중에는 농사짓는 것이 자기 적성에 맞지 않고 또 비전이 없다고 생각되니까 밤에 몰래 도망쳐서 서울이나 큰 도시에 나가서 죽도록 고생하면서 기술을 배우고 공부를 해서 성공한 사람들이 있었습니다.

그런데 아브라함이 고향을 떠날 때 그의 나이 75세였고, 이미 안정된 생활을 하고 있었고 나름 성공한 사람이었습니다. 그럼에도 불구하고 아브라함은 하나님의 말씀을 들었을 때 '이것이 인생의 전부가 아니다' 라는 강한 생각이 들었던 것입니다. 아브라함이 하나님의 말씀을 들었을 때 자기가 마치 청년이 되는 것 같은 새로운 힘을 느꼈고 하나님은 자기가 꼭 믿어야 할 분으로 생각이 되었습니다. 그리고 아브라함은 하나님이 약속하시는 복이 무엇인지 궁금해서 견딜 수 없었습니다. 그래서 아브라함은 모든 안정된 생활과 아는 사람들을 버리고 전혀 알 수 없는 미지의 세계를 향해 출발했습니다.

하나님은 자신이 가지고 계신 엄청난 복을 인간에게 주고 싶어 하셨습니다. 그러나 인간은 이 세상에 있는 땅이나 땅에서 나오는 곡식이나 명예에 미쳐서 전혀 하나님의 복 같은 것을 생각도 하지 못했습니다. 하나님은 이 세상에서 하나님을 믿는 믿음을 가진 사람을 원하셨습니다. 거기에 딱 맞는 사람이 아브라함이었습니다. 그때 아브라함은 하란에 잘 정착했고 친척도 다 거기에 있었고 가축도 많은 부자였지만 하나님의 말씀에 이끌려서 무조건 고향을 떠났습니다. 그러고 난 후의 아브라함의 인생은 그야말로 파란만장한 인생이 되었습니다.

하나님은 처음에 가나안 땅으로 간다고 알려주시지 않았던 것 같습니다. 하나님은 아브라함에게 무조건 떠나라고 하신 것입니다. 이 세상에 목표도 없이 무조건 떠나는 것이 어디 있습니까? 그러나 아브라함은 목표도 모르면서 무조건 하나님의 말씀에 순종해서 떠났습니다. 그랬더니 그가 간 곳이 가나안 땅이었습니다. 이때 가나안 땅은 아주 악한 사람들이 사는 곳이었고 하나님을 믿는 사람은 아무도 없는 곳이었습니다.

그러면 왜 하나님은 아브라함으로 하여금 안정된 생활을 포기하고 미래를 알 수 없는 가나안 땅으로 가게 하셨을까요? 그 이유는 이 당시 가나안 땅은 하나님의 말씀이 임하는 무대였기 때문입니다. 이때 전 세계에서 하나님의 말씀이 임하는 곳은 가나안 땅이었습니다. 하나님은 그 무대로 아브라함을 불러내셨던 것입니다.

아브라함이 가나안 땅에 갔더니 가나안 땅에는 큰 흉년이 들었습니다. 아브라함이 먹고살 수 없었던 것입니다. 그래서 아브라함은 하나님의 말씀이 무엇인가 잘못된 것 같다고 생각해서 애굽으로 내려갔습니다. 아브라함은 애굽으로 내려가면서 자기 부인이 아름다운 것이 불안했습니다. 그래서 자기 부인을 여동생이라고 속였는데 이것이 바로가 사라를 후궁으로 데려가 버린 결과가 되었습니다. 그래서 아브라함은 하나님의 말씀에 순종한 결과 흉년을 만났고 흉년을 피하려고 애굽으로 내려갔다가 부인까지 빼앗기게 되었습니다. 그러나 하나님은 애굽의 바로보다 크신 분이셨습니다. 하나님은 바로가 사라를 빼

17 믿음의 시작

앗아 간 날부터 바로의 왕궁에 병이 생기게 하셨습니다. 결국 바로는 사라를 아브라함에게 돌려주었습니다.

이런 와중에 아브라함은 가나안 땅으로 돌아왔지만 조카 롯이 아브라함을 떠나게 됩니다. 그리고는 가나안 땅에 전쟁이 일어났습니다. 아브라함은 너무 깊숙한 곳에 있어서 전쟁이 일어난 줄도 몰랐습니다. 아브라함은 자기 조카 롯이 포로로 붙들려갔다는 말을 듣고 자신이 집에서 길리고 훈련된 자들을 데리고 따라가서 그돌라오멜의 연합군을 치고 조카 롯을 찾아왔습니다. 아브라함은 그돌라오멜의 연합군이 빼앗아갔던 재물을 다 찾아왔지만 그중에 하나도 가지지 않았습니다. 왜냐하면 그는 하나님의 복을 원했기 때문입니다. 그러나 아브라함의 입장에서는 엄청난 손해였습니다. 조카라도 있으면 조카를 후계자로 세우면 되겠지만, 조카는 아브라함을 떠났습니다.

그때 하나님은 아브라함을 밤에 바깥으로 나가게 해서 밤하늘의 별들을 헤아려 보게 하셨습니다(창 15:5). 아브라함이 밤하늘의 별을 헤아려 보려고 하니까 너무 많아서 도저히 헤아릴 수 없었습니다. 하나님은 아무것도 없는 가운데 저 많은 별을 만드신 분이셨습니다. 아브라함은 하나님을 믿었고, 창조의 하나님을 믿었습니다. 그러니까 하나님은 아브라함을 의롭다 하시고 그의 모든 죄를 사하여 주셨습니다(창 15:6).

우리는 이 세상에 모든 좋은 것이 다 있는 것 같아서 열심히 세상을 향하여 달려가려고 합니다. 그러나 세상은 똑같은 일의 반복에 불과합니다. 단지 우리에게 안정된 삶을 줄 뿐입니다. 그러나 우리는 그것으로 만족을 할 수 없습니다. 그리고 우리는 언젠가는 이 세상에서 죽어야 합니다.

그러나 하나님의 약속은 무엇입니까? 우리에게 죽지 않는 영원한 삶을 주신다는 것입니다. 그리고 하나님의 엄청난 나라와 축복을 주시는 것입니다. 그리고 하나님은 이 세상에서 우리에게 죄를 이기는 아름다운 삶을 주시겠다고 약속하셨습니다. 결국 우리는 이 세상이 주는 복을 뛰쳐나가서 하나님의 약속을 붙들어야 영생을 얻을 수 있습니다. 하나님의 말씀은 우리가 충분히 모험해볼 가치가 있습니다.

2. 불가능한 것을 믿는 믿음

아브라함은 하나님이 약속하신 땅에 갔지만 그 땅에서 그는 이방인이었습니다. 아마도 아브라함은 하란에서는 돌로 만든 집에서 살았겠지만 가나안 땅에서는 끝까지 장막에서 살아야 했습니다.

> 11:9, "믿음으로 그가 이방의 땅에 있는 것 같이 약속의 땅에 거류하여 동일한 약속을 유업으로 함께 받은 이삭 및 야곱과 더불어 장막에 거하였으니"

하나님께서 아브라함으로 하여금 약속의 땅을 주시겠다고 약속하셨으면 아브라함이 가나안 땅에 갔을 때 그곳에 있던 가나안 족속들을 밀어내시고 그로 하여금 정착하게 하셨어야 할 것입니다. 그러나 하나님은 아브라함에게 끝까지 성이나 도시 중 한 개도 주시지 않았습니다. 아브라함도 처음에는 이것이 이해되지 않았지만 조금씩 이해하기 시작했습니다.

그 하나는 아브라함이 하나님의 말씀을 따라갈 때 항상 하나님의 천사가 함께한다는 사실이었습니다. 그래서 아브라함은 나중에 늙어서 자기 종에게 이삭의 신부를 찾아오라고 할 때도 절대로 가나안 여자는 안 되고 이삭을 가나안 땅에서 데려가도 안 된다고 했습니다. 그 이유는 하나님의 천사가 미리 가서 그 신부를 데리고 올 것을 알았기 때문입니다. 즉 아브라함은 성 한 개 차지하는 것보다 하나님의 천사가 늘 함께 있는 것이 훨씬 더 중요하다는 사실을 알았던 것입니다. 우리가 하나님의 말씀을 늘 붙들고 있으면 하나님의 천사가 미리 내가 갈 곳에 일을 준비해놓으시고 내가 만날 사람을 준비해놓으십니다.

그리고 아브라함은 하나님이 자기를 찾아오시는 것을 보고 이 세상과는 다른 하나님 나라가 있다는 것을 알게 되었습니다. 아브라함은 하나님이 이 세상의 땅을 주시지 않은 이유는 하나님께서 저 하늘에 나를 위해서 성을 만들고 있기 때문이라는 것을 알게 되었습니다. 예를 들어서 우리가 새로 큰 집을 짓고 있다면 그 집을 짓는 동안에는 천막에서 살든지 아니면 임시로 만든 움막 같은 곳에서 살다가 집을 다 지으면 이사를 할 것입니다. 왜냐하면 새로 크고 멋진 집을 짓고 있는데 또 따로 새 집을 사거나 지을 필요가 없기 때문입니다. 그러니까 아브라함은 이 세상에서는 장막에서 살았지만 하나님 나라에서는 엄청난 성을 가지게 되었던 것입니다.

11:10, "이는 그가 하나님이 계획하시고 지으실 터가 있는 성을 바랐음이라"

아브라함은 이 세상에 있는 땅을 차지하기보다는 하늘에 성을 지을 땅을 기대했습니다. 아브라함은 하나님이 계시고 하나님이 천사들을 시켜서 일하게 하시는 성을 원했던 것입니다. 아브라함은 이삭과 야곱에게 절대로 약속의 땅을 떠나지 말라고 했습니다. 왜냐하면 여기는 하나님의 말씀이 임하는 곳이었기 때문입니다. 하나님의 백성들은 하나님의 말씀이 임하는 무대를 떠나면 아무리 돈을 벌고 세상에서 성공해도 그 생명은 죽은 것이 됩니다.

아브라함과 사라는 하나님의 말씀을 아무리 믿어도 자식이 생기지 않았습니다. 그래서 사라는 머리를 써서 자기 젊은 여종을 아브라함의 첩으로 주어서 아기를 낳았습니다. 이 아기를 잘 키워서 13살이 되었을 때 하나님은 아브라함에게 "이 아이는 진짜 네 아들이 아니라"고 하면서 내보내라고 했습니다.

그동안 아브라함의 나이는 구십구 세가 되고 사라의 나이는 팔십구 세가 되었습니다. 구십구 세나 팔십구 세나 요즘으로 치면 다 돌아가실 나이입니다. 이제는 아이 낳는 것은 불가능하고 죽어야 할 나이가 된 것입니다. 그런데 하나님은 이들에게 또 말씀을 주셨습니다. 그것은 사라가 낳은 자라야 네 후손이 될 것이라는 말씀이었습니다. 이것을 아브라함도 믿었고 사라도 믿었습니다. 그랬더니 놀라운 일이 일어나게 되었습니다. 그것은 하나님의 그 말씀이 사라와 아브라함의 늙은 몸을 치료해서 젊은이 못지않은 힘을 가지게 된 것입니다.

11:11, "믿음으로 사라 자신도 나이가 많아 단산하였으나 잉태할 수 있는 힘을 얻었으니 이는 약속하신 이를 미쁘신 줄 알았음이라"

하나님은 아브라함을 찾아오셔서 사라에게 하나님의 말씀은 능치 못함이 없다고 말씀하셨습니다. 그러니까 하나님의 말씀은 우리를 얼마든지 젊어지게 할 수 있고 안 죽게 하실 수 있는 것입니다. 왜냐하면 하나님은 한번 말씀하시면 반드시 지키시기 때문입니다.

그러면 왜 하나님은 아브라함이 백 세가 되고 사라가 구십 세가 되었을 때야 이삭을 낳게 하셨을까요? 그것은 믿음의 자손을 얻는 것이 그렇게 시간이 오래 걸리고 인간의 힘으로는 불가능한 일이라는 사실을 깨닫게 하시기 위함이었습니다. 아브라함 같은 사람도 백 세가 되어야 믿음의 자손 한 명을 얻었습니다. 그런데 하나님은 수많은 기적을 행하셔서 하늘의 별과 같이 바다의 모래같이 많은 믿음의 사람을 만드신 것입니다. 그래서 우리 한 사람 한 사람은 기적의 사람입니다.

11:12-13, "이러므로 죽은 자와 같은 한 사람으로 말미암아 하늘의 허다한 별과 또 해변의 무수한 모래와 같이 많은 후손이 생육하였느니라 이 사람들은 다 믿음을 따라 죽었으며 약속을 받지 못하였으되 그것들을 멀리서 보고 환영하며 또 땅에서는 외국인과 나그네임을 증언하였으니"

죽은 자 같은 아브라함이나 사라를 통하여 수많은 믿음의 사람들이 만들어지게 되었습니다. 즉 우리가 무조건 하나님의 말씀을 믿기만 하면 하나님의 자녀가 되는 기적이 일어나기 때문입니다. 그런데 이 사람들은 약속을 받지 못하고 멀리서 보고 환영하였다고 했습니다. "이 사람들"은 구약 시대 사람들을 말하는데, 하나님의 아들로부터 직접 부활의 약속을 받지 못했지만 환영했다는 뜻입니다. 우리는 하나님의 아들로부터 직접 약속을 받은 자들이고 부활의 약속을 받은 자들입니다.

"나는 부활이요 생명이니 나를 믿는 자는 죽어도 살겠고 무릇 살아서 나를 믿는 자는 영원히 죽지 아니하리니 이것을 네가 믿느냐"(요 11:25-26).

"너희는 마음에 근심하지 말라 하나님을 믿으니 또 나를 믿으라 내 아버지 집에 거할 곳이 많도다"(요 14:1-2).

3. 나그네 인생

우리가 이 세상에서 나그네 인생으로 살아간다면 우리는 이 세상에 완전히 정착할 수 없고 많은 것도 가질 수 없을 것입니다. 우리는 단지 이 세상에 있는 동안에 먹고 살기 위해서 일하고 또 그곳 사람들을 위해서 할 일이 있으면 도와줄 것입니다. 마찬가지로 우리는 이 세상에서 나그네이기 때문에 완전히 이 세상에 정착할 수 없습니다. 왜냐하면 우리가 가야 할 고향 집이 있기 때문입니다.

11:14, "그들이 이같이 말하는 것은 자기들이 본향 찾는 자임을 나타냄이라"

이 사람들이 이 세상에서 장막에 살고 저 멀리 보이는 그리스도의 나라를 보고 환영했던 것은 이 세상이야말로 영원히 살 곳이 아니었기 때문입니다. 그리고 그들은 언젠가는 이 세상을 떠나 본향으로 가야 할 사람들이었기 때문입니다.

11:15-16, "그들이 나온 바 본향을 생각하였더라면 돌아갈 기회가 있었으려니와 그들이 이제는 더 나은 본향을 사모하니 곧 하늘에 있는 것이라 이러므로 하나님이 그들의 하나님이라 일컬음 받으심을 부끄러워하지 아니하시고 그들을 위하여 한 성을 예비하셨느니라"

우리 믿음의 사람들도 옛날 고향 즉 세상으로 돌아가려고 마음을 먹었더라면 얼마든지 돌아갈 수 있었습니다. 아브라함도 하란으로 돌아가려고 마음을 먹었더라면 얼마든지 돌아갈 수 있었고, 이삭이나 야곱도 얼마든지 가나안 족속들과 동화되어서 살려고 마음만 먹었더라면 그렇게 할 수도 있었을 것입니다. 마찬가지로 우리도 얼마든지 예수님을 버리고 세상으로 나가서 세상 사람들처럼 눈에 보이는 것만을 위해서 살려고 하면 얼마든지 그렇게 살 수도 있을 것입니다.

그런데 우리로 하여금 세상으로 돌아가는 것을 막는 것이 있습니다. 그것은 바로 예수님의 십자가입니다. 우리 가슴에 예수님의 십자가가 있어서 세상도 우리에게 오지 못하고 우리도 세상으로 갈 수 없습니다. 우리는 이미 이 세상의 무의미함을 보았습니다. 우리는 이미 사람들이 하는 무의미한 웃음들이나 이야기들, 재물들, 농담이나 시기, 질투들, 싸움들과 허무한 인생들을 알기 때문에 아무리 이 세상에서 가난하고 어려워도 하나님이 없는 옛날로는 돌아갈 수 없는 것입니다.

믿음은 하나님이 약속하신 미래를 믿고 이 세상을 나그네로 살아가는 것입니다. 우리는 나그네라고 해서 이 세상에서 구경만 하려고 해서는 안 됩니다. 우리는 병든 사람들을 고쳐주고 하나님의 복을 나누어주며 우리 자신이 아름다운 삶을 살아야겠습니다. 다행스럽게도 하나님은 우리에게 필요한 것을 주신다고 약속하셨습니다. 하나님이 한번 약속하셨으면 절대로 지키십니다. 하나님이 이렇게 많은 약속을 주셨는데 우리는 무조건 믿기만 하면 되는 것입니다. 하나님께서 우리를 가장 아름다운 나그네로 만들어주실 것입니다. 가장 멋진 천사와 함께 하는 축복의 사람들이 되시도록 기도하시기 바랍니다.

18

믿음의 눈으로 보자
히 11:17-22

한 때 러시아에는 '나는 새'라는 별명을 가진 장대높이뛰기 선수가 있었습니다. 그 선수는 날렵한 몸매를 가지고 자신의 키의 두 배 이상 되는 긴 장대를 가지고 달려와서 가뿐하게 바를 뛰어넘어서 세계신기록을 세우곤 했습니다. 우리가 이론적으로 생각하면 누구나 높은 장대를 이용해서 바를 뛰어넘을 수 있을 것 같지만 이론과 실제 사이에는 엄청난 차이가 있습니다. 우리 같은 사람이 그 장대를 가지고 높이 뛰려고 하면 장대를 땅에 꽂자마자 올라가지도 못하고 넘어지고 말 것입니다.

하나님의 백성들은 이 세상에서 하나님을 믿고 하나님의 말씀을 믿고 살아가는 사람들입니다. 그런데 우리가 하나님의 말씀을 가지고 나는 새처럼 날렵하게 이 세상의 어려움을 이겨내려고 하지만 결코 그렇지 못합니다. 우리는 장대를 잡고 뛰어오르는 것이 아니라 그 자리에서 거꾸러지고 마는 것입니다.

뭐니 뭐니 해도 이 세상에서 가장 중요한 것은 우리 인생이고 목숨이며, 자식이나 배우자의 생명일 것입니다. 우리는 자신의 인생을 망쳐가면서 하나님의 말씀을 믿을 수 있고, 또 자식이 죽는데도 과연 하나님의 말씀을 믿고 나갈 수 있느냐 하는 의문이 생길 때가 많이 있습니다. 그런데 믿음의 사람들은 잘 이해하지도 못하는 하나님의 말씀을 붙들고 수많은 어려움과 실패를 겪어가면서도 결국 하나님의 말씀의 뜻을 알아내고, 하나님의 뜻을 이루어내었습니다.

1. 가장 소중한 것을 바치라고 하시는 하나님의 말씀

우리가 어려운 환난을 겪고 난 후에 자신의 처지를 보면 자기에게 있어서 가장 소중한 것을 잃어버렸다는 것을 알게 됩니다. 어떤 분은 병이 나서 자신의 건강을 잃어버렸고, 어떤 분은 자신에게 가장 소중한 직장이나 공장을 잃어버렸고, 어떤 분은 자식이나 배우자, 또는 아버지나 어머니를 잃어버렸고, 학위나 집을 잃어버린 분도 계실 것입니다. 우리는 하나님이 왜 나에게서 가장 소중한 것을 가져가셨을까 하는 것이 이해가 되지 않습니다. 만약 하나님이 우리 인생에서 덜 중요한 것을 가져가셨더라면 우리의 마음이 그렇게 아프지 않고 그 후의 내 인생이 그렇게 불행하지는 않았을 것 같은데, 하나님은 너무 야속하게도 내 인생에서 가장 중요한 것을 잃어버리게 하시고 불행의 늪에 빠져서 수년 동안 그 늪에서 나오지도 못하고 허우적거리게 하신 것을 알게 되는 것입니다.

어떤 교수님은 하나밖에 없는 아들을 의대에 보내었는데 그 아들이 횡단보도를 건너다가 음주 차량에 치여서 즉사했습니다. 그분은 그 후에 어느 누구의 위로도 받지 못하는 것 같았고, 하나님도 엄청나게 원망하는 것 같았습니다. 자기에게 가장 소중하고 똑똑하고 하나밖에 없는 아들을 죽게 하신 잔인하신 하나님을 어떻게 믿을 수 있겠습니까? 우리 교인 중에는 하나밖에 없는 딸이나 아들, 남편이나 아내를 잃어버리고 그 고통의 늪에서 헤어 나오신 분도 계시지만, 아직도 그 고통의 늪에서 빠져 계신 분도 계십니다.

아브라함은 하나님의 말씀을 믿음 하나로 한평생 산 사람이었습니다. 그러나 하나님이 그에게 주신 최고의 시험은 아브라함 백 세 때에 말씀의 능력으로 낳은 아들 이삭을 자기 손으로 죽여서 하나님께 번제물로 바치라는 것이었습니다.

> **11:17**, "아브라함은 시험을 받을 때에 믿음으로 이삭을 드렸으니 그는 약속들을 받은 자로되 그 외아들을 드렸느니라"

하나님은 백 세에 낳은 아들 이삭이 어느 정도 자랐을 때 아브라함의 믿음을 시험하셨습니다. 하나님은 아브라함에게 "네가 백 세에 낳은 사랑하는 독자 이삭을 내가 정해주는 곳에 가서 번제물로 바치라"고 명령하셨습니다. 이 명령은 아브라함에게는 시험이 아니라 미친 소리나 마찬가지였습니다. 아버지가 자기 아들을 직접 데리고 가서 자기 손으로 아들을 죽여서 제물로 바친다는 것이 말이나 되는 것입니까? 만약 아브라함이 하나님의 말씀을 믿고 하나님의 말씀대로 아들을 데리고 가서 죽여서 하나님께 바친다면 아브라함은 살인자가 되는 것이고 정신이 나간 아버지가 되는 것입니다. 그리고 하나님은 아브라함으로 하여금 백 살까지 기다려 아들을 낳게 하시고는 또 그 아들을 통해서 자손을 하늘의 별처럼 많이 주시겠다고 약속하시고는, 변덕을 부려서 아이가 크기도 전에 죽여서 바치라고 하시는 아주 잔인하고 변덕스러운 하나님이 될 것입니다.

아브라함은 이 말도 되지도 않는 하나님의 말씀에 어떻게 대처했습니까? 그는 무조건 순종했습니다. 그러나 아무리 아브라함이 하나님의 말씀에 순종한다고 하더라도 자신을 어떻게 설득을 해야 순종을 할 것 아닙니까? '정말 내가 들은 이 말씀이 하나님의 말씀이었을까? 내가 이 하나님의 말씀을 못 들은 체하고 다른 곳으로 도망을 가버리면 어떨까? 하나님께 어린 아들 대신 내가 죽게 해 달라고 간청하면 어떨까?' 아마 아들의 생명 문제를 두고서 아브라함은 엄청나게 고민했을 것입니다. 아들의 생명이 없어진다는 것은 아브라함의 꿈과 미래와 소망이 없어지는 것이었습니다.

지금까지 하나님은 아브라함에게 모든 것을 버리라고 말씀하셨습니다. 고향을 떠나라고 하시더니, 또 이스마엘을 내보내라고 하시더니, 이제는 아들까지 죽이라고 하시는 하나님, 과연 이 하나님을 끝까지 믿어야 할까요? 과연 시험도 이런 시험이 있을 수 있을까요? 이것은 지금까지 하나님께서 하신 말씀과도 전혀 맞지 않는 말씀이었습니다. 하나님은 이삭을 통해서 후손을 주신다고 약속하셨는데 이삭은 아직 성인이 아니었습니다. 그러나 아브라함의 믿음은 이 말도 되지도 않는 하나님의 말씀에 순종하는 것이었습니다. 그것도 억지로 순종하는 것이 아니라 적극적으로 순종하는 것이었습니다.

아브라함이 이삭을 데리고 가는데 갑자기 돌발적인 상황에 벌어졌습니다. 그것은 이삭이 아버지 아브라함에게 이렇게 묻는 것이었습니다. "아버지, 하나님께 제사 드릴 나무와 불은 있는데 양은 어디에 있습니까?" 이것을 보면 어린 이삭은 아버지가 양을 빠트리고 안 가지고 왔다고 생각하고 있었던 것입니다. 이때 아브라함의 마음이 얼마나 아팠겠습니까? 그러나 아브라함은 "아! 양은 하나님께서 준비하신다고 하셨어"라고 하면서 얼떨결에 대답을 해버렸습니다. 아무리 아브라함이라 하더라도 자식을 죽이려고 하면 자신을 설득했어야 할 것입니다. 아브라함은 자신을 이렇게 설득했습니다.

11:19-20, "그가 하나님이 능히 이삭을 죽은 자 가운데서 다시 살리실 줄로 생각한지라 비유컨대 그를 죽은 자 가운데서 도로 받은 것이니라

믿음으로 이삭은 장차 있을 일에 대하여 야곱과 에서에게 축복하였으며"

이때 아브라함이 붙든 믿음은 "아브라함의 후손은 이삭을 통해서 난다"는 말씀이었습니다. 그런데 하나님이 이삭을 죽이라고 하시니까 이삭을 통해서 후손이 생기려고 하면 하나님은 이삭을 도로 살리셔야 합니다. 이것은 내 책임이 아니고 하나님의 책임인 것입니다. 아브라함은 자기 아들의 생명도 소중하지만 하나님의 말씀을 더 믿었던 것입니다.

아마 아브라함에게 가장 힘든 순간은 나무를 벌려 놓고 그 위에 이삭을 묶어서 죽이려고 했을 때일 것입니다. 이때 아브라함은 이삭에게 "내가 이해가 되지 않지만 하나님은 너를 바치라고 하신다. 내가 너를 묶을 테니까 이 나무 단 위에서 눈감고 좀 기다려라. 조금은 따끔할 것이다. 그리고 조금 뜨거울지도 모른다. 그러나 하나님은 무사히 너를 이 나무 단에서 내려오게 하실 것이다."라고 했을지 모릅니다. 그런데 이삭은 아버지 말을 믿고 묶여서 나무 단 위로 올라갔습니다. 아브라함이 진짜 칼을 들어서 이삭을 죽이려고 했을 때 천사는 "아브라함아, 아브라함아!"라고 하면서 다급하게 이삭을 죽이지 말라고 제지했습니다. 아마 하나님도 아브라함이 이렇게 무식하게 순종할 줄은 예상하지 못하셨는지 모르겠습니다. 그래서 이삭은 무사히 나무 단에서 내려왔습니다. 그리고 뒤에서 소리가 나기에 보니까 뒤에 나뭇가지에 산양의 뿔이 걸려 있었습니다. 아브라함은 그 양으로 하나님께 번제를 드리고 이삭을 데리고 무사히 집으로 돌아왔습니다.

그러면 왜 하나님은 아브라함에게 이런 말도 되지도 않는 시험을 하신 것일까요? 그것은 장차 하나님도 아들을 바치실 것이기 때문에 아브라함이 하나님의 아픔을 조금이라도 공감하기를 바라셨던 것입니다. 하나님께는 이 아들과 복음이 가장 소중하기 때문에 우리에게도 이 복음이 우리 인생에 가장 소중한 것이 되어야 합니다. 그것을 위해서 하나님은 우리도 우리 인생의 가장 소중한 것을 기꺼이 잃어버리는 고통을 당하기를 바라시는 것입니다. 그래야 우리에게도 예수님의 죽음과 복음이 가장 소중한 것이 되는 것입니다. 아무런 희생 없이 복음을 믿으면 복음이 소중한 줄 모릅니다. 그러나 우리에게 가장 소중한 것을 하나씩 잃어버리고 예수를 믿기 때문에 죽도록 예수님을 사랑하게 되는 것입니다.

2. 이삭의 잘못된 축복

대개 남자들에게는 아버지에 대한 콤플렉스가 있습니다. 더욱이 아버지가 권위적이거나 폭력을 행사하거나 하면 자식은 한평생 아버지를 미워하고 증오하고 사회생활에 적응하는 데 어려움을 느낄 것입니다. 이삭은 아버지가 자기를 죽이려고 모리아 산까지 데려가서 묶어서 나무 단 위에 올려놓고 칼을 들어 죽이려고까지 했기 때문에 한평생 아버지를 무서워했을 수도 있습니다. 그러나 성경 어느 곳에서도 이삭이 아버지에 대한 공포심이나 미움을 가졌다는 말이 없습니다. 아마 이삭도 아버지의 사랑을 믿었고 아브라함도 이삭에게 잘 설명을 해주었던 것 같습니다.

아브라함은 이삭을 바침으로 '여호와 이레'의 하나님을 얻었습니다. 즉 믿음으로 나가면 하나님이 다 준비해주신다는 것을 체험한 것입니다. 그리고 아브라함은 진정으로 하나님의 복의 상속자가 되었습니다. 하나님은 아브라함에게 네가 아들을 바칠 정도로 나의 말씀에 순종하는 것을 이제야 알았다고 하시면서 네가 대적을 다 이길 것이라고 말씀하셨습니다.

이삭의 생애는 평범한 편이었습니다. 이삭은 나이가 마흔이 될 때까지 가나안 여자와 결혼하지 않았습니다. 또 흉년에 애굽으로 내려가려고 하다가 하나님께서 가나안 땅에 머물러 있으라고 하시니까 그 랄에 거하면서 농사를 지어서 백배의 복을 받았습니다. 그리고 이삭은 쌍둥이 아들을 낳았는데 이삭은 사냥한 고기를 좋아해서 맏아들 에서를 좋아했고, 부인 리브가는 집에 있으면서 심부름해주는 야곱을 좋아했습니다. 이삭은 나이가 들어서 백내장이 왔는지 앞을 보지 못하게 되었습니다. 그래서 이삭은 하나님의 축복을 두 쌍둥이 아들 중 하나에게 상속시키려고 마음을 먹었습니다. 이 쌍둥이가 태어나기도 전에 뱃속에서 서로 치고받고 싸울 때 하나님이 주신 말씀은 '큰 자가 어린 자를 섬기리라'는 말씀이었습니다. 이 말씀에 의하면 하나님이 축복의 상속자로 정하신 자는 분명히 동생인 야곱이었습니다. 그러나 아버지 이삭이 보기에 야곱은 약았고 남자답지 못했으며, 에서는 강했고 남성스러웠습니다. 그래서 이삭은 하나님의 말씀을 무시하고 맏아들인 에서를 축복하기로 했습니다.

11:20, "믿음으로 이삭은 장차 있을 일에 대하여 야곱과 에서에게 축복하였으며"

그러나 이삭이 처음 축복하려고 한 것은 믿음으로 한 것이 아니었습니다. 이삭은 오히려 인간적인 생각으로 하나님의 말씀을 무시하고 세상적인 축복을 하려고 했습니다. 이삭이 이렇게 하나님의 말씀을 무시하고 세상적인 방법으로 축복하려고 했을 때 이삭의 부인 리브가가 그에게 반발했습니다. 리브가는 이삭이 에서에게 하는 말을 듣고 자기가 좋아하는 아들 야곱에게 아버지를 속이기 위해서 우리에서 양을 가져오라고 했습니다. 에서가 사냥을 하러 간 동안에 리브가는 양을 요리하고 야곱은 털이 나지 않은 곳에 양털을 붙이고 형 에서의 옷을 입고 아버지 방에 들어가서 에서가 받을 축복을 가로채어버렸습니다. 에서가 고생해서 사냥해 왔을 때는 이미 야곱이 아버지의 축복을 가로채고 방을 떠나간 후였습니다. 결국 이삭이 에서를 축복하려고 한 것은 세상적인 방법이었습니다. 그 결과는 에서가 야곱을 죽이려고 할 정도로 미워하는 것이었습니다.

그러나 이 일이 다 벌어지고 난 후에 이삭은 하나님의 말씀을 기억한 것 같습니다. 그래서 이삭은 야곱에게 속아서 한 축복을 취소하지 않았습니다. 오히려 그것을 더 인정해주었습니다. 그리고 에서에게는 저주에 가까운 축복을 했습니다. 왜냐하면 그가 팥죽 한 그릇으로 장자권을 팔았기 때문입니다. 우리는 하나님의 일을 돈으로 사고팔 생각을 해서는 안 됩니다. 결국 야곱은 형 에서에게 죽지 않기 위해서 도망치다가 벧엘의 빈 들에서 돌을 베고 자다가 꿈에서 사닥다리가 하늘까지 놓여있고 천사가 그 위를 오르락내리락하는 가운데 하나님을 만나고 축복의 주인공이 되게 됩니다. 그 자리에서 하나님은 야곱이 어디를 가든지 함께 하시겠다고 약속하셨습니다.

야곱이 벧엘에서 하나님을 만났다면 그는 밧단아람에 간 후에도 기도하고 말씀 전하는 일에 전념해야 했습니다. 그러나 야곱은 양을 치는 기술을 가지고 있었기 때문에 결혼을 위해서 외삼촌의 양을 치고 나중에는 재산을 모으기 위해서 이십 년의 세월을 허비하게 됩니다. 이십년의 세월은 너무나도 긴 세월이고 너무나도 소중한 시간이었습니다. 그런데 야곱은 하나님을 만나고 난 뒤에도 이 긴 세월을 결혼하고 자식을 낳고 재산을 모으는데 다 허비하게 됩니다. 그래서 야곱은 정말 힘든 인생을 살았습니다. 야곱은 두 명의 부인과 결혼하는 바람에 두 부인이 늘 서로 시기하고 경쟁했고 자기들의 여종을 첩으로 그에게 주어서 야곱은 부인이 넷이 되었습니다. 그리고 그 자식들의 사이도 좋지 못했습니다. 야곱의 딸 디나는 세겜 여자들을 만나러 갔다가 강간을 당하고, 아들 요셉을 잃어버리고, 맏아들 르우벤은 성범죄를 저지르고, 레위와 시므온은 복수의 살인죄를 저지르고, 유다는 타락해서 가나안으로 가고, 사랑하는 아내 라헬은 베냐민을 낳다가 죽고, 가족들은 여전히 우상을 지니고 다녔습니다.

그렇지만 결국 야곱은 얍복강가에서 천사와 씨름하면서 허벅지 관절이 탈골되면서도 붙들고 울면서 축복을 간구한 후 이스라엘로 변하면서 진정한 믿음의 사람이 됩니다. 그래서 야곱의 신앙은 늙어서야 진국이 되었고, 그는 죽으면서 가장 아름답고 위대한 축복을 남기게 됩니다.

11:21, "믿음으로 야곱은 죽을 때에 요셉의 각 아들에게 축복하고 그 지팡이 머리에 의지하여 경배하였으며"

야곱은 요셉이 어렸을 때 죽은 줄 알았는데, 알고 보니까 하나님이 요셉을 빌려 가셨고 나중에 모든 애굽 사람들과 가족들을 다 살리고 두 아들까지 낳은 것을 보게 되었습니다. 야곱은 요셉의 두 아들을 자기 아들로 입양했습니다. 그리고 열두 아들에게도 가장 아름다운 축복을 남겼습니다.

3. 꿈의 사람, 요셉

11:22, "믿음으로 요셉은 임종시에 이스라엘 자손들이 떠날 것을 말하고 또 자기 뼈를 위하여 명하였으며"

본문에는 요셉이 임종할 때 이야기만 기록하고 있습니다. 요셉은 이스라엘 백성들이 애굽에 동화되지 않고 반드시 약속의 땅으로 돌아가도록 자기 시체를 미라로 만들어서 자기 뼈를 들고 출애굽 하라는 유언을 남겼습니다.

그러나 요셉의 인생은 그의 십대 때부터 시작됩니다. 요셉은 얼마나 아버지의 사랑을 받았던지 형제들 가운데 자기 혼자만 채색옷을 입었습니다. 요셉은 하나님이 주시는 꿈을 꾸었는데 도저히 그 꿈을 이해할 수 없었습니다. 그것은 바로 요셉의 식구들이 추수하는데 형제들의 단이 일어서서 요셉의 단에게 절을 하는 것이었습니다. 그리고 또 한 번의 꿈을 꾸었는데 그것은 하늘의 열한 별과 해와 달이 자기에게 절을 하는 것이었습니다. 요셉은 이 꿈을 하나님이 주신 것으로 믿었습니다. 결국 요셉은 이 꿈 때문에 형들의 미움을 받아서 애굽에 종으로 팔려가게 되지만 이 꿈을 포기하지 않았습니다. 그는 노예로 있으면서 여주인의 유혹을 받았지만 꿈이 있었기 때문에 유혹에 넘어가지 않고 감옥에 들어가게 되었습니다. 그 대신 요셉은 항상 하나님을 믿었고 꿈에 대해서 생각했습니다. 그래서 요셉은 꿈이란 꿈은 다 해석할 수 있는 지혜를 가지게 되었습니다. 요셉이 감옥에서 밖으로 나갈 수 있는 가능성은 인간적으로는 불가능했습니다.

그러나 하나님의 때가 되었을 때 하나님은 바로에게 도저히 해석할 수 없는 꿈을 꾸게 하시고, 요셉을 잊어버렸던 술 맡은 관원장에게 생각나게 해서 드디어 요셉으로 하여금 감옥에서 나와서 총리가 되게 하셨습니다. 나아가 요셉은 양식이 없어서 곡식을 사러 애굽에 온 형들을 만나게 되었습니다. 요셉은 그 형들이 여전히 옛날 그 사기꾼이고 살인자이며 동생을 팔아먹은 자들인지, 아니면 변화된 형들인지 알 수 없었습니다. 그래서 요셉은 자신이 요셉인 것을 숨기고 그들의 믿음을 여러 가지로 시험해 보았습니다. 옛날 형들 같으면 자기들만 살려고 했겠지만 형들은 변해 있었습니다. 그들은 하늘에 빛나는 별 같은 신앙이 되어있었습니다. 그 별들이 요셉에게 진정으로 회개하는 절을 했습니다. 요셉은 자기가 십대 소년이었을 때 꾸었던 꿈이 놀랍게 이루어진 것을 깨닫게 되었습니다. 요셉은 이렇게 하나님의 말씀에 자기 인생을 걸었습니다. 그리고 너무나도 아름다운 인생을 살았습니다.

　우리는 한순간에 높은 장대를 뛰어넘을 수는 없습니다. 오히려 하나님의 장대를 가지고 현실에 뛰어들다가 그 자리에서 거꾸러져서 사람들의 웃음거리가 될 때도 많이 있습니다. 그러나 많은 고난 끝에 결국은 뛰어넘게 됩니다. 별 것 아닌 것 같았던 하나님의 말씀이 얼마나 위대한 말씀이며 한평생 이루어드려야 하는 말씀임을 깨닫게 됩니다. 하나님의 말씀은 능치 못한 것이 없습니다. 하나님의 말씀을 믿고 가장 소중한 것을 잃어도 하나님을 끝까지 붙잡고 멋지게 승리하는 성도들이 다 되시기 바랍니다.

19

그리스도를 위한 고난
히 11:23-31

몇 년 전에 서울 어느 곳에 아파트에서 불이 났는데, 한 청년이 먼저 빠져나왔지만 아직 불이 난 것을 모르고 잠자고 있는 주민들을 생각해서 도로 아파트에 뛰어 들어가서 집집마다 다니면서 문을 두들겨서 사람들을 깨웠지만 자기는 연기를 너무 많이 마셔서 죽은 일이 있었습니다. 이 청년은 자기가 살려고 하면 얼마든지 살 수 있었지만 다른 사람을 살리기 위해 자기는 희생이 되었던 것입니다. 우리 주위에는 다른 사람들이 불행을 당했을 때 남의 일인 것처럼 모르는 체하고 넘어가는 사람이 있는가 하면, 자기 시간과 자기 노력을 희생해가면서 남을 도우려는 사람들이 있습니다.

그런데 교회에서는 굳이 하지 않아도 되는 수고를 하고 때로는 추위와 싸우고 때로는 욕을 얻어 먹어가면서 고생하는 이들이 있습니다. 교회 주일학교나 중고등부 교사로, 식당에서 혹은 찬양팀이나 성가대, 때로는 캠퍼스 사역자로서 하지 않아도 되는 자신의 귀중한 시간을 바치는 이들이 많이 있습니다. 그들이 이렇게 수고하는 이유는 주님이 나를 위해서 죽으셨기에 나도 나만을 위하여 살지 않고 주님을 위하여 바치고 싶은 마음이 있기 때문입니다. 이것을 "그리스도를 위하여 수고한다"라고 하는 것입니다.

모세가 언제부터 자신이 히브리인이라는 정체성을 가졌는지는 분명하지 않습니다. 그러나 분명한 것은 모세가 당시 세계에서 가장 부강했던 애굽의 공주의 아들로 입양이 되었고, 모든 부귀와 영화를 누리면서 사십 세가 될 때까지 살았다는 사실입니다. 모세는 그냥 그대로 있기만 하면 애굽에서 최고의 귀족으로 모든 명예와 부를 누리면서 잘 살 수 있었을 것입니다. 그러나 그는 어느 날 자기가 히브리인의 피를 가졌다는 사실을 알게 되었고 바로의 공주의 아들로 살기보다는 하나님의 백성들을 위하여 고난받기를 택하게 되었습니다.

모세가 언제 믿음을 가지게 되었는지 분명하지 않지만 믿음을 가진 후부터 그의 인생은 그야말로 롤러코스터를 탄 것과 같았습니다. 그는 세상에서 모든 부귀영화를 다 누리다가 갑자기 인생 밑바닥으로 내동댕이쳐지더니 그리고는 끝을 모르는 방랑 생활을 해야만 했습니다. 그러나 모세의 인생은 그것으로 끝난 것이 아니라 다시 일어서서 모든 이스라엘 백성들을 이끄는 지도자가 되었습니다.

그러므로 우리가 신앙을 가진다는 것은 일종의 위기입니다. 우리는 신앙을 가지고 난 후로는 절대로 평탄한 삶을 살아갈 수 없습니다. 우리는 미래를 알 수 없는 길로 곤두박질을 치게 됩니다. 그러나 그 길은 영광의 길이고 그런 수고에는 하나님의 어마어마한 상이 있다고 말씀하고 있습니다.

1. 파란만장한 모세의 믿음

제가 잘 아는 선배 한 분이 있습니다. 그분은 제가 대학을 다닐 때 대학원생이었는데, 네비게이토 선교회 간사를 맡고 있었습니다. 그분은 학생 중에서 예수 믿을 만한 사람들을 포섭해서 학교 앞에 방을 얻어서 합숙하면서 네비게이토 신앙 훈련을 시켰습니다. 그때 네비게이토 선교회는 점심시간만 되면 이호관이라는 건물 앞에서 기타 치면서 찬송을 불렀습니다. 저도 점심시간에 거기에 가서 같이 찬송을 부르기도 했습니다.

그런데 이분의 아버지는 장애인으로 야간 경비 일을 하고 있었습니다. 아버지는 아들이 좋은 대학을 다니고 있었기 때문에 졸업하기만 하면 돈을 벌 줄 기대했습니다. 그러나 그 아들은 졸업하고도 돈을 벌지 않고 선교 단체에 헌신했고 나중에는 직장 선교를 했습니다. 그래서 너무 화가 난 아버지는 이 아들을 경찰에 신고했습니다. 그 아들이 너무 불효자식이라는 이유였습니다. 그 이후 어떻게 되었는지는 잘 모릅니다. 하지만 우리나라에서는 이렇게 헌신한 분들이 많이 있어서 기독교가 굉장한 부흥이 일어나게 되었습니다. 그리스도인들은 남을 위해서 희생하는 것을 아깝게 생각해서는 안 됩니다. 그것이 모두 그리스도를 위한 수고이기 때문입니다.

몇 년 전 우리나라에 큰 태풍이 왔을 때입니다. 교회에서 예배를 마쳤는데, 집에 가지 못하고 아이를 업고 있는 부인이 있었습니다. 저는 그분과 아이를 제 차에 태워 집에 데려다주기로 했습니다. 그분의 집은 산골짜기 쪽에 있었는데, 이미 다리가 물에 넘쳐서 범람하고 있었습니다. 그때 그 다리를 그냥 건너갈까 안전하게 돌아갈까 생각하다가 아무래도 위험할 것 같아 차를 돌려 교회로 다시 돌아와서는 그 부인에게 일단 교회에서 주무시도록 했습니다. 그때 만약 무작정 다리를 건넜더라면 차가 떠내려갔을 가능성이 많습니다. 그날 태풍이 얼마나 강했던지 예배를 드리는데 천장에서 물이 성경책과 설교 원고 위에 쏟아졌습니다. 그래도 예배를 무사히 마쳤는데 세월이 지난 후에 어떤 청년이 편지를 보내면서 목사님은 물이 쏟아져도 꼼짝하지 않고 설교하신 모습이 생각난다고 했습니다. 그런 것을 보면 청년들은 별것을 다 기억하는 것 같습니다.

모세가 언제 신앙을 가지게 되었는지는 알 수 없습니다. 그러나 그의 어머니와 누이가 중요한 역할을 한 것은 틀림없습니다. 모세의 어머니는 모세의 유모가 되어서 어린 모세에게 성경을 가르쳤을 것입니다. 아이들은 태 안에서 경험한 것을 기억은 못 하지만 느낀다고 합니다. 하물며 스펀지가 물을 빨아들이듯이 모든 것을 배우는 유아기에는 모든 것을 더 잘 배우게 되어있습니다. 모세가 쓴 창세기는 모세가 영감을 받기도 했지만 아마 히브리인들이 구전으로 외우던 것을 기억하고 기록했을 가능성이 큽니다. 그러나 애굽의 문화와 사치가 너무 좋아서 모세는 세상으로 나갔고 애굽의 모든 부귀와 영화와 사치를 다 누렸던 것 같습니다. 그러던 어느 날 하나님의 말씀이 모세의 영혼을 '꽝!' 하고 내리치는 일이 일어나게 되었습니다. 그것은 '너는 애굽인이 아니라 히브리인이다. 언제까지 이 썩은 세상을 위해서 살겠느냐?' 라는 깨달음이었던 것입니다.

11:23, "믿음으로 모세가 났을 때에 그 부모가 아름다운 아이임을 보고 석 달 동안 숨겨 왕의 명령을 무서워하지 아니하였으며"

모세가 태어났을 때는 사내아이는 살 수 없는 세상이었습니다. 왜냐하면 바로가 히브리인들이 너무 빨리 늘어나는 것을 두려워해서 모든 사내아이는 나일강에 던져 죽이게 했기 때문입니다. 그런데 모세의 부모는 믿음을 가지고 있었습니다. 이들은 살 수 없는 아이를 살리려고 했습니다. 이 얼마나 무모한 일입니까? 그러나 부모의 노력은 3개월 만에 끝이 나고 말았습니다. 왜냐하면 3개월이 넘으면서 아이가 얼마나 크게 우는지 감출 수 없었기 때문입니다. 모세 어머니의 신앙의 유통기한은 3개월이었습니다. 3개월밖에 갈 수 없는 믿음이라니 얼마나 초라한 것입니까?

모세의 어머니는 더 이상 믿음으로 아이를 키울 수 없으니까 상상할 수 없는 도박을 했습니다. 그것이 바로 믿음이었는데, 아기를 갈대 상자에 넣어서 애굽인에게 입양을 시키는 것이었습니다. 그것이 안 되면 아기는 죽는 것입니다. 즉 아기가 죽으면 죽고 하나님이 살려주시면 애굽인이 데려가는 것이었습니다. 그런데 하나님은 한 치의 오차도 없으신 분이었습니다. 하나님은 바로의 공주로 하여금 목욕하러 나오게 하셔서 갈대 상자를 보고 건져오게 하는데 그때 아기가 울었던 것입니다. 이때 바로의 공주의 마음속에는 뜨거운 모성애가 치밀어 올랐고 그 아이를 입양하기로 하고 모세의 어머니에게 아기를 도로 맡기게 됩니다. 이때 모세의 어머니는 하나님의 살아계심을 체험하게 됩니다. 죽을 줄 알았던 아기가 살아서 자기 품에 돌아오니까 얼마나 놀라운 일입니까? 이런 일은 절대로 일어날 수 없는 일이었습니다. 그러나 모세는 젖을 뗀 후에 애굽인으로 자라게 되었습니다.

11:24, "믿음으로 모세는 장성하여 바로의 공주의 아들이라 칭함 받기를 거절하고"

모세는 자라면서 어느 순간 자신의 출생 비밀을 알게 되었을 것입니다. 그는 자신의 유모가 히브리인이었기 때문에 히브리인에게 관심이 더 많았는지도 모릅니다. 그러나 자기가 막상 히브리인이라는 것을 알았을 때 모세는 엄청나게 반발했을 것입니다. 그럼에도 불구하고 모세의 마음속에는 애굽 생활로는 만족할 수 없는 허전함이 있었습니다. 모세는 강제노동을 하는 히브리인을 자꾸 찾아가 보았습니다. 그리고 모세는 히브리 노예들을 도우려고 악랄한 애굽인 감독관을 죽여서 모래에 파묻었지만 그것은 들통이 났고 히브리인들은 그를 히브리인으로 인정하지 않았습니다. 아마 모세에게는 손톱만 한 믿음이 있었는지 모르겠습니다. 그러나 그 믿음의 결과는 모세가 애굽인도 되지 못하고 히브리인으로도 인정받지 못하고 사람 죽이고 도망치는 신세가 되었던 것입니다.

모세는 가만히 있기만 하면 부와 명예가 저절로 굴러 들어오는 공주의 아들이었습니다. 그러나 그에게 문제가 되었던 것은 손톱만 한 믿음이었습니다. 이 작은 믿음 때문에 모세는 애굽의 그 부귀와 영화로 만족할 수 없었던 것입니다. 그 손톱만 한 믿음이 없었더라면 모세는 애굽에서 가장 복 받은 왕자 같이 살 수 있었을 텐데, 결국 그 믿음 때문에 모세의 인생은 곤두박질치게 됩니다.

11:25, "도리어 하나님의 백성과 함께 고난 받기를 잠시 죄악의 낙을 누리는 것보다 더 좋아하고"

모세는 그냥 죽을 수 없으니까 도망치기로 했습니다. 모세는 미디안 광야까지 가서 거기 한 제사장의 집에 얹혀살면서 사십 년 동안 그의 양을 치는 일을 하게 됩니다. 모세는 이제 현상범이 되어서 남의 양을 치면서 숨어 살았습니다. 모세에게 믿음이 없었더라면 이런 일은 절대로 없었을 것입니다. 그러나 믿음이 그를 망하게 했습니다. 그러나 모세의 속은 오히려 후련했습니다. 왜냐하면 잠시 이 세상에서 죄의 낙을 누리는 것보다는 양을 치면서 고생하는 것이 더 정직했고 떳떳했기 때문입니다. 그런데 사실은 이것이 하나님의 백성들을 위하여 고생하는 것이었고, 그리스도를 위하여 수모를 당하는 것이었습니다.

11:26, "그리스도를 위하여 받는 수모를 애굽의 모든 보화보다 더 큰 재물로 여겼으니 이는 상 주심을 바라봄이라"

사실 모세는 미디안 광야에서 사십 년 동안 양을 치면서 그리스도를 알지 못했습니다. 그는 사실 수치스러웠고 믿음 때문에 애굽의 모든 출세의 기회를 다 놓쳐버렸습니다. 모세에게는 그것이 너무나도 아까웠을 수 있습니다. 그러나 모세는 결국 팔십 세가 되어서 떨기나무 불붙는 가운데 하나님을 만나게 되었습니다. 그리고 모세는 하나님의 무궁무진한 나라를 알게 되었고, 하나님 나라의 축복은 당시 최고의 부자나라였던 애굽의 모든 보물과 비교가 되지 않는다는 것을 알았습니다.

우리가 그리스도를 알게 되고 하나님을 믿게 되었다면 잘살든 못살든 신앙생활을 해야 합니다. 그러나 하나님 앞에서 우리에게 상이 있습니다. 그 상은 우리가 이 세상에서 고생하고 누리지 못한 것과 비교되지 않는 어마어마한 상인 것입니다. 그래서 하나님의 백성들은 이 세상에서 모든 것을 다 누리려고 해서는 안 됩니다. 우리는 할 수 있으면 이 세상에서 고생을 해야 합니다. 우리가 믿음을 가지고 있는 이상 우리는 절대로 편안한 생활을 할 수 없습니다. 우리는 그 작은 믿음 때문에 파란만장한 인생을 살게 됩니다. 왜냐하면 그것이 그리스도와 함께 하는 수모요 고생이기 때문입니다.

모세는 하나님 나라의 능력을 체험했습니다. 그것은 지팡이가 뱀으로 변하고 뱀이 지팡이로 변하는 것이었습니다. 그리고 품에 손을 넣으니까 한센병이 생기고 다시 넣으니까 깨끗해지는 것이었습니다. 그러나 그것으로는 애굽의 바로와 싸울 수 없었습니다. 그래도 모세는 하나님이 가라고 하시니까 갔습니다. 바로 앞에서 모세의 지팡이는 핵무기와 같았고 무궁무진한 능력이 그의 지팡이에서 나왔습니다.

11:27, "믿음으로 애굽을 떠나 왕의 노함을 무서워하지 아니하고 곧 보이지 아니하는 자를 보는 것 같이 하여 참았으며"

여기서 우리가 공통으로 볼 수 있는 것은 믿음을 가진 자들은 왕의 노여움을 무서워하지 않았다는 것입니다. 왜냐하면 그들에게는 눈에 보이지 않는 더 큰 하나님이 계셨기 때문입니다. 모세도 바로와 타협했더라면 애굽을 떠나지 않고 자치제를 인정받았을지도 모릅니다. 강제노동을 완화하고 보다 인간적인 대우를 받았을 수도 있을 것입니다. 그러나 모세는 바로와 타협하지 않았습니다. 왜냐하면 그는 크신 하나님을 바라보았기 때문입니다.

모세는 장자를 죽이는 재앙을 믿었습니다.

11:28, "믿음으로 유월절과 피 뿌리는 예식을 정하였으니 이는 장자를 멸하는 자로 그들을 건드리지 않게 하려 한 것이며"

사실 모든 장자만 죽인다는 것은 말도 되지 않습니다. 죽으면 다 죽고 살면 다 사는 것이지 어떻게 장자만 골라서 죽게 할 수 있습니까? 그리고 어떻게 어린양의 피를 바른다고 해서 이스라엘의 장자만 죽지 않을 수 있습니까? 그러나 모세는 이해하려고 하지 않았습니다. 모세가 무조건 하나님의 말씀에 순종했을 때 장자 죽이는 천사는 이스라엘 백성들을 아무도 건드리지 않았습니다. 믿음은 하나님의 말씀이라면 무조건 순종하는 것입니다. 말도 되지 않는 하나님의 말씀에 순종하는 것이 믿음입니다. 우리는 하나님의 뜻을 다 이해할 수 없습니다. 내 자아가 살아있는 동안에는 하나도 이해하지 못합니다. 우리는 무조건 믿어버려야 합니다.

그 결과는 홍해에서 죽어야 하는 것으로 나타났습니다. 하나님은 모세에게 홍해의 사막 쪽으로 가라고 하셨습니다. 모세는 하나님의 말씀에 순종해서 홍해의 사막 쪽으로 갔습니다. 모세가 그곳으로 가니까 애굽의 바로가 드디어 모세와 이스라엘 백성들이 함정에 들어갔다고 하면서 모든 병거를 다 꺼내어서 죽이려고 쳐들어왔습니다. 이제 바다에 빠져 죽든지 바로의 군대의 창에 찔려 죽는 수밖에 없었습니다. 백성들은 애굽 군대를 보고 울고 소리를 지르고 모세를 원망했습니다. 그러나 모세는 끝까지 하나님을 믿었습니다. 모세는 이스라엘 백성들에게 조용히 하라고 하면서 하나님이 하시는 놀라운 구원을 보라고 했습니다. 하나님은 모세에게 이스라엘 백성들을 홍해 쪽으로 데리고 가라고 하시면서 지팡이로 바다를 가리키라고 하셨습니다. 그때 홍해가 갈라졌습니다. 함정에 빠진 것은 모세가 아니라 바로와 그 군대였던 것입니다.

11:29, "믿음으로 그들은 홍해를 육지 같이 건넜으나 애굽 사람들은 이것을 시험하다가 빠져 죽었으며"

홍해는 믿음을 가진 자만이 건널 수 있었습니다. 애굽 사람들이 갈 수 있는 한계는 바닷가였습니다. 그러나 그들은 자기들도 홍해를 건널 수 있다고 생각해서 따라가다가 바다가 합쳐지는 바람에 모두 빠져 죽고 말았습니다.

그런 점에서 현대 신학자들은 믿음이 없습니다. 홍해를 히브리어로 '얌숩'이라고 하는데 '갈대바다'라는 뜻입니다. 그래서 이들은 홍해가 깊은 바다가 아니라 갈대가 있는 얕은 바다였을 것이라고 주장합니다. 그들은 홍해에 가지 않는 것이 좋을 것입니다. 그러나 우리는 아무것도 겁낼 필요가 없습니다. 정치인들도, 핵무기도 겁낼 필요가 없고, 바다나 경기 침체나 노조나 아무것도 겁낼 필요가 없습니다. 왜냐하면 우리에게는 더 크신 분이 계시기 때문입니다.

2. 여호수아의 도전

여호수아는 모세가 죽는 바람에 모세의 후계자가 되었습니다. 그러나 여호수아는 불행하게도 모세와 너무나도 달랐습니다. 여호수아는 모세가 보았던 그 떨기나무 불꽃도 본 적이 없었고, 모세가 가졌던 지팡이도 없었습니다. 모세는 시내산에 올라간 후 얼굴에서 빛이 났지만 여호수아의 얼굴에는 빛도 나지 않았습니다. 그런데 여호수아는 모세가 하지 못했던 가나안 땅을 정복해야 했습니다.

그런데 여호수아에게는 믿음이 있었습니다. 여호수아는 사십 년 전 이스라엘 족장들이 가나안 땅을 정탐했을 때, 그들과 같이 정탐을 했었습니다. 그때 열 명의 지도자들은 모두 우리 힘으로는 가나안 땅을 정복할 수 없다고 하면서 애굽으로 돌아가자고 했습니다. 그들은 가나안 사람들은 거인이고 자기들은 메뚜기라고 했습니다. 이들이 가졌던 자아상은 메뚜기 자아상이었던 것입니다. 그러나 여호수아와 갈렙은 믿음을 가지고 있었기 때문에 우리는 가나안 땅을 차지할 수 있다고 하면서 그들은 '우리 밥'이라고 했습니다. 여호수아와 갈렙은 '밥 먹는 사람'의 자아상을 가지고 있었던 것입니다. 즉 이 세상은 우리 밥이기 때문에 먹기만 하면 된다고 했습니다. 옛날 어른들은 사람이 아프다가도 밥만 먹으면 산다고 했습니다. 그런데 나이가 들어보니까 그 말이 맞는 것 같습니다. 밥을 먹으면 소화가 되기 때문에 얼마든지 살 수 있습니다. 대개는 먹지 못해서 죽는 것입니다.

그런데 막상 여호수아가 모세의 후계자가 되어서 가나안의 거인들과 싸우려고 하니까 겁이 날 수밖에 없었습니다. 그래서 여호수아 1장을 보면 "두려워하지 말고 담대하라"는 말이 여러 번 나오는 것을 볼 수 있습니다. 그런데 여호수아에게는 모델이 있었습니다. 그것은 바로 모세가 가나안 동편의 두 나라를 멸망시킨 것이었습니다. 이 두 나라 왕은 모두 거인이었는데, 하나는 헤스본 왕 시혼이고, 다른 하나는 바산 왕 옥이었습니다. 이스라엘 백성들은 자기들이 어떻게 이 두 거인의 나라를 이겼는지 알지 못합니다. 그냥 하나님의 말씀을 믿고 싸우니까 이겼던 것입니다. 하나님은 여호수아에게 가나안 땅 모든 왕도 이 두 나라처럼 이기게 해주시겠다고 약속하셨습니다. 그래서 여호수아는 무조건 살든지 죽든지 하나님의 말씀에 순종하고 싸우면 이기게 되는 것입니다. 그러므로 여호수아에게는 율법의 말씀이 중요했습니다. 여호수아가 이 율법의 말씀을 주야로 읽고 묵상할 때 하나님의 천사가 함께 하셨던 것입니다.

여호수아에게 가장 큰 걸림돌은 요단강이었습니다. 이른 봄 헬몬산의 눈이 녹아서 내릴 때면 급류가 되어서 흐르기 때문에 이스라엘 백성들은 요단강을 건널 수 없었습니다. 여호수아는 무조건 하나님의 말씀을 믿고 언약궤를 앞세우고 갈 때 요단강을 건너가게 되었습니다. 이스라엘 백성들은 요단강을 마른 땅으로 건너갔습니다. 이것이 바로 믿음의 능력이었습니다.

그리고 이스라엘 백성들이 싸워야 할 가나안의 첫 성은 여리고 성인데, 그들은 아예 싸우려고 하지 않았고 문을 닫고 일절 나오지 않았습니다. 그때 하나님은 여호수아에게 "이 성을 돌라"고 하셨는데, 하루에 한 바퀴씩 일주일간 돌고, 일곱째 날에서는 일곱 번 돈 뒤 소리를 지르라고 하셨습니다. 이스라엘 백성들은 그 말씀 그대로 성을 하루에 한 바퀴씩 돌았습니다. 그리고 일주일 째 되는 날 일곱 번 돈 후에 모두 일제히 소리를 질렀더니 여리고 성이 무너져 내렸습니다.

믿음은 우리가 알지 못하는 세계를 가지고 있습니다. 그래서 우리는 하나님의 말씀을 가지고 죽든지 살든지 누가 뭐라고 하든지 무조건 믿음으로 나가면 기적이 일어나게 됩니다.

3. 기생 라합의 선택

라합은 기생이었습니다. 기생은 옛날에 술을 팔고 몸을 파는 가장 천한 직업이었습니다. 옛날 서울의 어느 교회가 한창 부흥될 때 그 교회에는 '우물가 선교회'라는 것이 있었습니다. 그 교회 주위는 온통 환락가였고 술집들이 많았습니다. 그 교회는 그런 곳에서 일하는 여성들에게 복음 전하는 일을 했습니다. 그러나 그 교회는 지금은 그런 정신이 없어져서 판사들이나 교수들이나 의사들이 수두룩한 부자 교회가 되어버렸습니다. 얼마 전 신문을 보니까 삼일운동 때 나섰던 기생들의 사진과 이름, 나이가 쭉 적혀 있었습니다. 그들의 나이는 열일곱에서 스물둘 사이였습니다. 그들에게도 민족과 나라가 있었습니다. 그 기생들은 나라를 팔아먹고 백작이 되고 부자가 된 사람들보다 훨씬 더 위대한 사람들이었습니다.

기생 라합은 여리고에서 술을 팔면서 여리고 성의 부패한 것을 몸으로 체험했습니다. 그리고 부자들이나 권력을 가진 자들이 얼마나 썩었는지 보았습니다. 라합은 여리고 성이 망해야 한다고 생각하고 있었습니다. 그리고 그는 기회가 주어지면 하나님을 믿고 싶었습니다. 그런데 그에게 단 한 번의 기회가 찾아왔습니다. 여호수아가 보낸 정탐꾼 두 명이 자기 집으로 온 것입니다. 이들이 쫓기다 보니까 라합의 집에 오게 되었는지 아니면 라합의 집이 숨기가 쉬워서 왔는지 알 수는 없습니다. 라합은 이 이스라엘 정탐꾼을 신고하면 얼마든지 포상금을 받을 수 있고 계속 장사할 수 있었을 것입니다. 그러나 만일 그가 이들을 숨기고 감춘다면 식구들이 전부 다 죽을 수도 있었습니다. 그러나 라합은 과감했습니다. 그는 더 이상 이런 무의미한 장사를 할 수 없다고 생각하고, 이스라엘 정탐꾼들을 숨겨주었습니다. 그리고 거짓말을 해서 이 정탐꾼을 잡으러 온 군인들을 따돌렸습니다. 이것은 목숨을 건 위험한 일이었습니다. 그러나 라합은 이런 생활을 청산하고 자기 평생에 단 한 번 찾아온 기회를 붙잡았습니다. 그 결과 라합은 무사히 두 정탐꾼을 살려서 돌려보냈고, 나중에 여리고 성이 무너질 때 라합의 집은 구원을 받게 됩니다.

믿음은 모험이고 위기입니다. 이것은 사느냐 죽느냐를 걸고 하나님의 말씀을 믿는 것입니다. 우리가 믿음을 가진 순간부터 편안하게 살 수 없습니다. 우리 인생은 미래를 예측할 수 없습니다. 그러나 우리는 애굽으로 돌아갈 수 없습니다. 아무것도 두려워하지 말고 죽자 살자 하나님의 말씀을 믿고 순종함으로 새로운 인생을 사시는 성도들이 다 되시기 바랍니다.

20

믿음의 전쟁
히 11:32

언젠가 한 번 베트남의 수도 하노이를 간 적이 있습니다. 거기에는 베트남의 지도자였던 호지명(호찌민)의 무덤이 있는데 군인들이 기합이 잔뜩 든 자세로 다리를 번쩍번쩍 올리면서 교대 행사를 하고 있었습니다. 그리고 오토바이를 타고 출퇴근하는 그 수많은 베트남 젊은이들이 예전에 미군과 치열하게 싸웠던 사람들의 후손이라는 것이 믿어지지 않았습니다. 그러나 베트남은 전쟁에 있어서는 중국도 함부로 대하지 못한다고 하는데, 베트남은 프랑스, 일본, 미국, 중국을 다 물리친 기록을 가지고 있습니다.

이차대전 때 미국은 일본군과 치열하게 싸우면서도 다른 한편으로는 원자탄이라는 작은 폭탄을 개발하고 있었습니다. 그런데 '리틀보이'라고 불리던 그 작은 폭탄은 한순간에 수십만 명을 죽게 했고, 이로 인해 일본은 항복하고 말았습니다.

사람이 겉으로 보기에는 약하게 보이지만 그에게서 상상할 수 없는 괴력이 나온다면 모든 사람이 놀랄 것입니다. 하나님의 백성들은 사람의 머리로는 도저히 이해할 수 없는 어떤 능력이 나타날 수 있습니다. 모세는 그 능력으로 바다를 갈라지게 하였고, 여호수아는 여리고 성을 무너지게 하였습니다. 우리가 지금 집중적으로 말씀을 연구하고 합심하여 기도하며 부르짖는 것은 바로 이 능력을 되찾기 위해서입니다.

오늘 본문에는 겉으로 보기에는 보잘것없지만 바로 이 괴력을 가지고 적을 무찌르고 하나님의 나라를 지킨 수많은 영웅의 이야기가 나오고 있습니다. 우리는 그 비밀의 핵심 기술을 찾고 있습니다.

그동안 우리나라 교회는 교회의 양적인 성장을 기적으로 생각했습니다. 그래서 어마어마하게 많은 교인이 모이고 큰 교회 건물을 지으면 큰 능력이 나타날 것으로 생각했습니다. 그렇게 큰 교회에는 믿지 않는 대통령도 오고 장관이나 국회의원도 오고 많은 외국 학자나 목회자들도 와서 설교하려고 했습니다. 그러나 그런 큰 교회들이 돈에 의해서 무너지고 욕심에 의해서 신뢰를 잃는 것을 보면, 그것은 핵심 기술이 아니라는 것을 알게 됩니다.

1. 이길 수 없는 전쟁을 이긴 믿음

11:32, "내가 무슨 말을 더 하리요 기드온, 바락, 삼손, 입다, 다윗 및 사무엘과 선지자들의 일을 말하려면 내게 시간이 부족하리로다"

기드온 때 이스라엘 백성들은 전부 피난민과 같았습니다. 그 이유는 미디안 군대가 씨 뿌리는 시기가 되기만 하면 쳐들어와서 모든 땅을 짓밟아 놓고 가축들을 다 빼앗아감으로 사람들은 산에 움막을 치고 살아야 했기 때문입니다. 미디안 족속들이 이런 짓을 몇 년 동안 하니까 이스라엘은 먹고 살 수 없었습니다. 그러나 이스라엘 백성들은 왜 그렇게 비참하게 살아야 하는 이유는 알지 못했습니다. 그 원인은 그들의 우상 숭배에 있었습니다. 그래도 이스라엘 백성의 정신이 살아남아 있는 자가 있어서 그들이 하나님께 부르짖었더니, 하나님은 선지자를 보내어서 "너희들이 우상 숭배를 했기 때문에 이렇게 무기력하게 되었다"고 가르쳐 주셨습니다. 그러나 이스라엘 백성들은 우상을 버릴 생각이 조금도 없었습니다. 왜냐하면 우상이 있어도 이 지경인데 이 우상까지 버리면 더 망한다고 생각했기 때문입니다.

이때 하나님의 사자가 기드온을 찾아갔습니다. 기드온은 이스라엘 중에서도 가장 약한 므낫세 지파에 속했고 그중에서도 가장 약한 아비에셀 집안에 속했습니다. 더구나 기드온은 힘이 세거나 전쟁을 잘하는 사람이 아니라 아주 소심하고 내성적인 사람이었습니다. 그러나 하나님의 사자는 몰래 자기 혼자 먹을 밀을 타작하는 기드온에게 찾아와서 강한 용사라고 하면서 너의 힘으로 미디안을 물리치라고 말씀하셨습니다(삿 6:14).

기드온은 절대로 미디안 군대를 이길 수 없었고 쫓아낼 수도 없었습니다. 그러나 하나님의 백성에게는 인간의 힘으로는 도저히 이해할 수 없는 핵무기 같은 능력이 나타날 때가 있습니다. 기드온은 하나님의 사자에게 자기는 아니고 지금은 더 아니라고 대답을 합니다. 즉 출애굽 때 같으면 몰라도 지금은 그런 능력이 없어졌을 뿐 아니라 나타나지 않은 지 너무 오래되었다는 것입니다. 그리고 기드온은 모세도 아니고 여호수아도 아니었습니다.

그러나 하나님의 사자는 먼저 기드온에게 자기 아버지 집에 있는 우상을 부수고 하나님께 제사를 드리라고 했습니다. 말도 못 하고 숨도 쉬지 못하는 우상이 하나님의 능력을 막고 있었던 것입니다. 그런데 기드온은 반발이 두려워서 낮에 하지 못하고 밤에 그 우상을 부수었습니다. 당연히 친척들은 우상을 부순 기드온을 죽여야 한다고 몰려들었지만, 아버지의 도움으로 기드온은 붙들려가지 않았습니다.

하나님은 기드온에게 나팔을 불어서 이스라엘 백성을 모으라고 했습니다. 3만 명의 군사가 모였지만 하나님은 너무 많다고 하면서 다 돌려보내고 3백 명만 남기게 하셨습니다. 3백 명으로 13만 5천 명이 넘는 무지막지한 미디안 군사를 물리칠 수 있을까요? 기드온은 도저히 3백 명으로 그 많은 미디안 군사와 싸울 자신이 없었습니다. 전쟁에서 이길 수 없는 것은 물론이고 싸움을 시작하는 것 자체가 불가능했습니다.

그러나 하나님은 기드온과 함께하시는 것을 보여주셨습니다. 먼저 양털과 이슬의 기적을 통해 보여주셨지만, 그것으로 전쟁을 할 수 있는 것은 아니었습니다. 또 하나님은 기드온에게 적진에 가서 그들이 하는 말을 들어보라고 했습니다. 기드온은 밤에 적진에 숨어 들어가서 어떤 미디안 군사가 꾼 꿈 이야기를 하는 것을 들었는데, 보리떡이 굴러와서 미디안 진영을 부수더라는 것이었습니다. 그런데 그 보리떡이 바로 기드온이라고 했습니다. 그런데 이상하게 그 말을 들었을 때 기드온은 두려움이 싹 달아나면서 이길 수 있다는 자신감이 생기게 되었습니다.

기드온은 전쟁에서 지면 죽을 각오를 하고 삼백 명을 데리고 오직 하나님의 말씀 그대로 수행했습니다. 그들은 깊은 밤중에 보초를 교대할 때 백 명씩 나누어서 항아리를 깨고 나팔을 불고 횃불을 들었습니다. 이때 미디안 진영에 두려움이 급습하면서 자기들끼리 서로 죽이기 시작했습니다. 결국 만 오천 명만 살아서 도망쳤지만, 기드온은 유목민이 다니는 길로 급습해서 그들도 다 죽였습니다. 삼백 명으로 십삼만 오천 명을 죽인 것입니다. 이것이 바로 하나님의 백성들의 알 수 없는 능력이었습니다.

바락 때 하솔 왕 야빈은 이스라엘 백성들을 지배하다가 아예 멸망시킬 계획을 가지고 있었습니다. 그리고 그들의 무기는 철병거 구백 대였습니다. 이 당시 철병거 구백 대는 지금의 탱크 천 대와 같다고 생각하면 될 것입니다. 이때 이스라엘 백성의 지도자는 여자 사사 드보라였고, 남자들은 전부 다 비실거리면서 도망 다니기에 바빴습니다. 이때 하솔 왕 야빈의 부하였던 시스라는 철병거 구백 대를 끌고 다볼산에서 이스라엘 백성들을 멸망시키려고 했습니다. 이때 드보라는 군인이 아니고 남자 사사도 아니어서 직접 싸울 수 없었습니다.

드보라는 오직 하나님의 말씀만 믿고 바락이라는 장수에게 다볼산으로 이스라엘 백성들 만 명을 이끌고 가서 시스라의 철병거와 많은 군대와 싸우라고 했습니다. 이때 바락은 도저히 맨손으로 철병거를 이길 자신이 없었습니다. 그래서 바락은 드보라에게 "당신이 같이 가서 기도하면 나도 가겠지만 당신이 함께 가지 않으면 나는 못가겠다"고 했습니다(삿 4:8). 바락은 드보라의 기도의 힘이라도 붙잡으려고 했던 것입니다. 하나님이 가라고 하면 가야지, 바락이 조건을 다니까 드보라로부터 안타까운 말씀을 듣게 됩니다. 드보라는 "물론 내가 같이 갈 것이다. 그러나 너는 상을 얻지 못하고 상은 어떤 여인이 얻게 될 것이라"고 했습니다.

바락은 드보라와 함께 다볼산으로 갔습니다. 그들의 힘으로는 그 많은 철병거와 군인들을 이길 수 없었습니다. 그런데 갑자기 비가 오지 않는 계절인데도 불구하고 폭우가 쏟아지기 시작했습니다. 그래서 하솔의 군대와 철병거가 있는 곳은 진창으로 변했습니다. 시스라의 철병거와 군대는 진창에 빠져서 움직일 수 없었습니다. 그때 이스라엘 군대는 하솔의 군대를 쳐서 몰살시켰습니다. 이때 시스라는 겨우 철병거에서 빠져나와서 맨발로 도망을 치다가 유목민의 한 텐트로 도망치게 되었습니다. 그 텐트는 자기와 동맹관계에 있는 겐 족속의 텐트였습니다.

헤벨의 부인 야엘이라는 여인이 그 텐트 밖에서 시스라를 보고 두려워하지 말고 들어오라고 하면서 그에게 양젖을 주었습니다. 그리고 이불을 덮어주면서 자기가 보초를 설 테니까 시스라에게 걱정하지 말고 자라고 했습니다. 시스라는 그 말만 믿고 잠을 잤는데, 야엘이 텐트 치는 팩을 가지고 와서 망치로 그 팩을 시스라의 머리에 박아 버렸습니다. 그 여인이 이렇게 한 것은 "왜 하나님의 백성들을 너희가 함부로 죽이려고 하느냐? 그런 사람은 죽여야 한다"는 것이었습니다.

기드온이나 바락은 절대로 이길 수 없는 싸움이었지만 하나님의 말씀을 믿고 싸워서 승리했습니다. 하나님의 백성들에게는 도저히 사람의 머리로는 이해할 수 없는 능력이 있습니다. 우리는 이 능력을 살려내야 살 수 있습니다.

2. 이스라엘의 버림받은 사람들

이스라엘 백성들은 자신들이 특별한 백성들이라는 사실을 믿을 수 없었습니다. 예를 들어서 교회 다니는 학생이 자기는 특별하기 때문에 게임을 해서도 안 되고 좋지 못한 영화나 책을 봐서도 안 된다는 것을 받아들이기 아주 어려울 것입니다. 왜냐하면 모든 인간에게는 똑같은 호기심과 똑같은 정욕이 있기 때문입니다. 이것은 이스라엘 백성들에게도 마찬가지였습니다. 이스라엘 백성들도 하나님의 백성이라고 하지만 다른 이방인들과 다를 것이 없었고 욕망을 추구하고 싶은 마음이 있었습니다. 그래서 이스라엘 백성들도 이방인들의 풍습이나 종교를 따라갔습니다. 그러니까 이스라엘 백성들은 말로만 이스라엘이지 세상 사람들과 다를 것이 아무것도 없었던 것입니다. 그러니까 경제나 정치도 무너지고 다른 민족의 지배를 받거나 망하는 처지가 되고 말았습니다. 이때 하나님의 종들은 이스라엘로부터 버림을 받았습니다.

삼손은 하나님이 블레셋을 치기 위해 준비하신 비밀 무기였습니다. 삼손은 성령의 능력이 괴력으로 나타나는 이해할 수 없는 능력을 가진 사사였습니다. 그런데 삼손 자신도 그 능력을 잘 알지 못했습니다. 단지 그는 머리를 자른 적이 없었고 술을 마시면 안 되고 시체를 만지면 안 된다는 것을 배웠습니다. 이때 이스라엘은 블레셋의 식민지였습니다. 블레셋 사람들은 이스라엘에 대장장이를 없앴습니다. 그래서 이스라엘 사람들에게는 칼이 없었습니다.

삼손은 블레셋 여자를 사랑해서 부모의 반대를 무릅쓰고 결혼합니다. 삼손은 결혼식 사건으로 블레셋 사람과 트러블을 일으키게 되고 결국 여우를 이용해서 블레셋의 곡식단들을 태웠습니다. 그리고 블레셋 사람들이 보복으로 자기 부인과 장인을 죽이니까 삼손은 그 블레셋 사람들을 쳐서 죽였습니다. 이때 블레셋 사람들은 이스라엘로 몰려가고 이스라엘 사람들은 에담 바위에 숨은 삼손을 찾아내어서 두 줄로 묶어서 블레셋 사람들에게 넘깁니다. 삼손은 블레셋을 치기 위하여 하나님께서 감추어놓으신 병기였는데 이스라엘 사람들은 그 가치를 모르고 오히려 자기들이 편하려고 그를 밧줄로 묶어서 블레셋에 넘겨버렸던 것입니다. 그러나 삼손은 칼 하나 없어도 나귀 턱뼈 하나로 블레셋 사람 천 명을 때려 죽였습니다.

삼손은 들릴라라는 여인에게 배반을 당해서 두 눈을 뽑히고 머리털 밀리고 옥에 갇혀 맷돌을 돌리게 되지만, 다시 믿음에 굳게 서서 블레셋 사람들이 큰 행사를 할 때 그 건물의 기둥을 밀어서 넘어뜨려 삼천 명 이상을 죽이게 됩니다. 삼손은 자기의 잘렸던 머리카락이 다시 자라는 것을 보고 하나님의 임재를 믿었던 것입니다. 우리는 아주 작은 것으로도 하나님의 임재를 믿을 수 있어야 합니다. 우리는 어떤 일이 있더라도 하나님을 믿는다면 두려워하지 말아야 합니다. 우리는 자신에 대하여 창피해할 필요도 없습니다. 왜냐하면 우리의 가진 능력이 전부가 아니기 때문입니다.

입다는 기생에게서 태어난 아들이었기 때문에 집과 고향에서 쫓겨난 사람이었습니다. 입다의 아버지 길르앗은 외형적으로는 신앙을 가졌고 지도자였던 것 같은데 기생을 만나서 입다를 낳았습니다. 입다는 아버지 집에 와서 살게 되었는데 기생의 아들이었기 때문에 그의 형제들에게 온갖 멸시와 천대를 받았습니다. 그러나 입다는 비록 기생의 아들이었지만 오히려 하나님을 더 잘 믿었습니다. 아마도 하나님이 그를 끌어당기셨던 것 같습니다. 그러나 입다는 결국 집에서 쫓겨나고 동네에서도 쫓겨나고 고향 길르앗에서도 쫓겨나서, 돕이라는 이방 땅에서 쫓겨난 자들과 함께 살게 되었습니다. 그러나 그는 그곳에서 부흥을 일으키게 됩니다.

이때 길르앗이 암몬 자손의 공격을 받게 되는데, 그들을 이끌어줄 지도자가 없었습니다. 왜냐하면 길르앗의 아이들은 모두 '스카이' 교육만 받아서 전쟁을 할 수 없었기 때문입니다. 그들은 모두 도망치기에 급급했지 싸우는 것을 하지 못했습니다. 결국 길르앗 장로들은 고민하다가 입다를 찾아가서 자기들을 지휘해서 전쟁을 하겠느냐고 물었습니다. 입다는 자기를 미워해서 고향과 집에서 쫓아낸 길르앗 장로들의 요청이 하나님의 부르심이라고 믿고 승낙합니다.

그런데 전쟁에 나갈 때 입다의 마음 한구석에 미신적인 생각이 들었습니다. 그것은 자기가 이길 수 없는 전쟁에 승리하려면 사람을 바치는 서원을 해야 한다는 미신이었습니다. 그래서 입다는 "만일 하나님께서 이 전쟁에 이기고 오게 하시면 집에서 가장 먼저 나오는 사람을 번제물로 바치겠습니다"라고 서원을 했습니다. 그러나 전쟁에서 승리한 아버지를 축하하러 입다의 무남독녀 딸이 가장 먼저 나오는 바람에 죽게 됩니다. 입다는 처음에 전쟁에 이기지 못할 것이라고 생각했던 것 같습니다. 하나님은 그런 서원을 하라고 하신 적이 없습니다. 그러나 입다는 무엇인가를 해야 하나님이 도우실 것 같은 미신이 있었던 것입니다. 안타까운 일입니다.

하나님이 쓰신 사람들은 결점이 없는 사람들이 아니었습니다. 그리고 그들도 처음부터 믿음이 좋았던 것은 아닙니다. 그러나 작은 믿음이지만 믿고 나갔을 때 하나님의 능력이 나타났습니다.

3. 이스라엘을 부흥시킨 사람들

하나님의 백성들은 자신이 특별하다는 것을 믿기 참 어렵습니다. 왜냐하면 특별한 사람이라면 특별한 인생을 살아야 하기 때문입니다. 그러나 우리는 모두 다른 사람들처럼 하고 싶은 것을 다 하면서 평범하게 살고 싶어 합니다. 그러면 이스라엘의 부흥이 꺼지듯이 교회에서도 부흥이 꺼지게 되고, 하나님의 백성들은 아무 힘이 없어지게 됩니다.

사무엘 때 이스라엘 백성들은 이미 부흥의 불이 꺼져서 제사장이었던 엘리의 아들 홉니와 비느하스는 불량배나 마찬가지였습니다. 이들은 백성들이 바치는 제물을 빼앗았고 성전에서 봉사하는 여성들과 성관계도 가졌습니다. 결국 이들은 블레셋과 싸우는데 하나님의 언약궤를 가지고 갔지만 이스라엘 백성들만 무수하게 죽고 하나님의 언약궤는 빼앗기게 됩니다. 그리고 이때 아버지 엘리 제사장과 두 아들 홉니와 비느하스 그리고 아기를 낳던 비느하스의 아내까지 한꺼번에 죽게 됩니다. 이때 이스라엘 백성들은 침체할 대로 침체해 있었습니다.
그러나 그때 젖을 떼자마자 성전에 바쳐져서 그곳에서 봉사하던 아이가 있었는데 바로 사무엘이었습니다. 사무엘에게 하나님의 말씀이 임하기 시작했습니다. 사무엘은 성장한 후 이스라엘 백성들에게 우리가 이렇게 침체되어있을 것이 아니라 모든 우상을 버리고 힘을 되찾자고 했습니다. 그래서 이스라엘 백성들은 미스바에 모여서 대대적인 회개 운동을 했습니다(삼상 7:3-14). 이스라엘 백성들은 과거의 모든 죄를 다 씻는 표시로 물을 떠 와서 부었습니다. 그때 블레셋 족속들은 이스라엘 백성들이 미스바에 모여서 있다는 소식을 듣고는 대대적인 공격을 했습니다. 이때 사무엘은 젖 먹는 어린 양 하나를 온전히 하나님께 번제로 태우고 계속 기도했습니다. 그때 하나님은 하늘에서 큰 우레를 발하게 해서 블레셋을 어지럽게 하시니 이스라엘 백성들은 힘을 모아서 에벤에셀까지 그들을 쳐서 물리쳤습니다.

사무엘은 정직한 지도자였지만 그의 두 아들은 아버지와 달리 정직하지 못했고 사무엘이 세운 사울 왕은 실패작이었습니다. 사울 왕은 키는 크고 인물은 좋았지만 믿음이 없었습니다. 거기에다가 히스테리 정신병이 생겨서 다른 사람들이 중심을 잡을 수 없었습니다. 그래서 사무엘이 죽을 때 이스라엘의 미래는 절망적이었습니다. 결국 사울 왕은 블레셋에게 길보아 산에서 대패하여 자기 세 아들과 함께 죽고 이스라엘은 거의 망하다시피 합니다.

다윗은 목동 시절에 사무엘에게 기름부음을 받았습니다. 사울 왕 때 블레셋은 거인 골리앗을 앞장세워 이스라엘의 기를 꺾어 놓기 위해서 사십일 동안 욕을 하는 심리전을 펼쳤습니다. 이에 이스라엘은 자신감을 잃어버렸습니다. 이때 다윗은 아버지의 심부름으로 형들에게 양식을 전달하러 갔다가 골리앗이 하나님과 그 백성들을 모욕하는 말을 듣게 되었습니다. 그런데 다윗은 골리앗이 하나도 무섭지 않았습니다. 오히려 골리앗을 이길 수 있을 것 같았습니다. 왜냐하면 다윗은 하나님 말씀의 능력을 믿었기 때문입니다. 다윗은 양을 치면서 하나님의 말씀으로 노래를 부르기도 했고 묵상도 하고 기도도 많이 했습니다. 그 결과 하나님의 말씀에 무슨 능력이 있다는 것을 알게 되었습니다. 그래서 다윗은 곰이나 사자가 와서 양을 잡아먹으려고 할 때도 도망치지 않고 사자의 수염을 잡고 곰의 꼬리도 잡아서 양을 꺼낸 뒤에 그것들을 죽이기도 했습니다.

다윗은 사울 왕을 설득해서 골리앗과 싸우게 되었는데, 다윗과 골리앗은 비교가 되지 않았습니다. 골리앗은 거인이었고 완전무장 되어 있었을 뿐 아니라 무기도 여러 개 있었고 방패로 완전히 자기 몸을 가리고 있었습니다. 그런데 다윗은 방패나 창, 칼도 없었습니다. 그러나 다윗은 골리앗을 보고 "너는 칼과 창과 단창으로 내게 나아오지만 나는 만군의 여호와의 이름으로 네게 나아가노라"고 소리를 질렀습니다. 그리고 보니까 골리앗의 허점이 보였는데 그것은 바로 그의 이마였던 것입니다. 골리앗의 이마는 훤하게 비어있었습니다. 다윗은 물맷돌을 힘차게 그 이마를 향해 던졌는데 백발백중으로 맞추어 머리에 박혔습니다. 다윗은 잽싸게 달려가서 골리앗의 칼을 꺼내어서 그의 머리를 잘랐습니다. 이 장면을 보고 모든 이스라엘 백성들의 마음에 자신감이 생겨 블레셋을 쳐서 승리하게 됩니다.

믿음에는 우리 인간의 머리로 알 수 없는 능력이 있습니다. 우리가 이 능력의 비밀을 알아야 어려운 상황에서 살아남을 수 있습니다. 우리가 이 비밀을 찾으려고 하면 욕을 먹기도 하고 실패하기도 하겠지만 죽을 각오를 하고 하나님의 말씀을 믿어야 합니다. 우리 모두 이 믿음의 비밀을 가질 수 있기를 바랍니다.

21

고난받은 사람들
히 11:33-40

사람들은 다른 사람이 자기의 말을 잘 듣게 하려고 인격적인 모독을 주거나 아니면 신체적인 고통을 주어서라도 복종시키려는 경우가 많이 있습니다. 예를 들어서 얼마 전 우리나라 간호사 중에 자살하는 사람들의 유서를 보니까 선배들의 괴롭힘이 그 원인이었던 것을 알게 되었습니다. 그것을 '태움'이라고 하는데 살을 태워서 재가 될 때까지 괴롭히는 것이라고 합니다. 거기에 적응해서 말을 잘 듣는 사람은 직장에 살아남는 것이고 그렇지 못하면 직장을 그만두든지 아니면 자살을 택하기도 하는 것입니다.

예전에는 우리나라에서도 제사 문제 때문에 부모나 집안으로부터 핍박을 당하는 경우가 많이 있었습니다. 즉 온 집안 식구들이 모여서 죽은 조상에게 모두 절을 하는데 유독 교회를 다니기 때문에 절을 하지 않을 때 어른들에게 야단을 맞거나 집에서 쫓겨나는 경우가 있었던 것입니다. 지금 북한에는 나라 곳곳에 죽은 통치자의 동상을 만들어 놓고 모든 국민이 거기에 절을 합니다. 그런데 유독 예수를 믿기 때문에 절을 하지 않는 자가 있다면 그들은 수용소에 붙들려가서 인간 이하의 짐승 같은 취급을 받으면서 고문도 당하고 고생도 하고 모욕도 당하다가 죽어가야 하는 것입니다.

그런데 이런 사람들이 이런 고통을 당하는 이유가 무엇일까요? 그들은 하나님과의 약속을 깨트릴 수 없었기 때문입니다. 그냥 눈 딱 감고 절 한번 하고 술 한번 마시고 예수를 안 믿겠다고 말하면 얼마든지 고통도 받지 않고 살 수도 있는데, 이들은 하나님과의 약속을 저버릴 수 없었던 것입니다.

예레미야 같은 경우에는 우상 숭배에 빠져 있는 예루살렘 사람들에게 멸망할 것이라고 예언하니까 그들이 너무 예레미야를 미워하고 싫어해서 몇 번씩이나 죽이려고 하니까 예레미야가 결심합니다. '그래, 너희들이 망하든지 말든지 나도 입 다물고 하나님의 말씀을 말하지 않고 편하게 살겠다'고 하면서 입을 다물었을 때, 예레미야는 몸은 좀 편할지 몰라도 속에서 불이 나서 심장이 터지려고 해서 하나님의 말씀을 전하지 않을 수 없었다고 고백하고 있습니다(렘 20:9).

구약 시대나 신약 시대 그리고 오늘날에 이르기까지 많은 크리스천이 예수를 믿었기 때문에 많은 고통을 받았습니다. 그들은 우상에게 절하지 않는다고 해서 또 술을 마시지 않는다고 해서 또 음란한 짓을 같이 하지 않는다고 해서 많은 박해와 고통을 받았던 것입니다. 그 이유는 그들이 하나님과의 약속을 저버릴 수가 없었기 때문입니다.

이 세상에서 하나님과의 약속을 저버리는 것보다 더 비열하고 비참한 것은 없습니다. 그 대표적인 인물이 가룟 유다입니다. 그는 예수님의 제자였지만 붙잡혀 고문당하고 죽는 것이 두려워서 예수님을 은 삼십에 팔았다가 양심의 고통을 이기지 못해서 목메어 자살하고 떨어져서 배가 터져 죽었습니다. 사울 왕도 하나님의 사랑으로 왕으로 뽑혔지만 하나님의 사랑을 믿지 못해서 사람들을 의지하려고 했고, 결국 무당까지 찾아가고, 마침내 전쟁에서 자식들과 함께 비참하게 죽고 말았습니다. 이스라엘 백성 중에도 사십 년을 광야에서 잘 견디어 내었지만 모압 여인들의 유혹을 이기지 못해서 우상의 제물을 먹고 음행한 자들은 염병으로 광야에서 죽어야만 했습니다.

이들은 모두 하나님과의 약속을 소중하게 생각하지 않은 결과 신앙의 배신자가 되고 말았습니다. 우리가 사람과의 약속도 지키려고 하면 말하고 싶은 것을 참아야 하고, 부정한 유혹을 거절해야 하고, 끝까지 고통을 참아야 할 때가 많습니다. 하물며 우리가 하나님과의 약속을 끝까지 지키려고 하면 이 세상에서 많은 고통을 참아야 합니다.

I. 믿음으로 나라를 지킨 사람들

11:33, "그들은 믿음으로 나라들을 이기기도 하며 의를 행하기도 하며 약속을 받기도 하며 사자들의 입을 막기도 하며"

다윗은 어렸을 때부터 하나님의 말씀을 사랑했기 때문에 어느 날 사무엘 선지자의 기도를 받고 성령이 임하게 됩니다(삼상 16:13). 다윗은 일개 소년이었지만 아버지의 심부름으로 전쟁터에 갔다가 하나님과 이스라엘을 욕하는 골리앗을 보고는 참지 못해서 싸우게 되는데, 하나님의 능력으로 물맷돌 하나로 골리앗의 이마를 깨고 그의 목을 베어서 이스라엘이 이기게 됩니다. 그러나 다윗은 사울 왕의 미움을 받아서 모든 직책과 재산과 가정까지 다 빼앗기고 도망 다녀야 했습니다. 다윗이 무조건 양심을 버리고 사울에게 복종했다면 잘살 수 있었을 것입니다. 그러나 다윗은 성령이 임하셨기 때문에 하나님 외에 다른 것에 복종할 수 없었습니다.

나중에 다윗은 이스라엘 왕이 되어서 대부흥을 일으키고 모든 전쟁에서 승리하게 됩니다. 다윗의 이런 승리만 보면 이스라엘 백성들이 하나님을 잘 믿는 것으로 착각했을 수도 있습니다. 그러나 그는 이스라엘 백성들의 수를 조사하게 함으로 그의 마음에도 야망과 욕심이 있는 것으로 드러났고, 3일간의 전염병으로 7만 명이 죽는 것을 통해서 이스라엘 백성들의 마음에 우상이 그대로 남아 있는 것을 깨닫게 되었습니다. 그때 하나님의 천사는 예루살렘 사람들을 다 죽이려고 칼을 빼들었지만, 다윗이 아라우나의 타작마당에서 제사 드리는 것을 통해서 남은 백성들의 심판을 용서받게 됩니다. 그리고 솔로몬 때에는 부흥과 번영의 시기였고 어려움이 없는 때였습니다. 솔로몬이 처음 왕이 되어서 하나님께 일천 번제를 드리고 성전을 지을 때까지는 순수했지만 그 후에는 번영 가운데 이스라엘은 썩어갔습니다.

　이스라엘의 가장 위대한 선지자는 이스라엘이 가장 악하고 타락했을 때 나타났습니다. 이스라엘에 아합 왕이 나타나서 모든 하나님을 믿는 선지자들을 다 죽이고 바알 숭배를 공식화했을 때 이스라엘은 멸망을 향해 가고 있었습니다. 그때 엘리야 선지자는 기도를 통하여 하늘 문을 닫아서 삼년 반 동안 이스라엘 땅에 비가 내리지 않게 했습니다. 그때 엘리야는 백성들로부터 엄청난 원망과 욕을 먹어야 했고, 그 자신도 피하여 시돈 땅에 있는 사렙다 과부에게 가서 숨어 지내야 했습니다.

　그때 엘리야 선지는 바알의 제사장 450명과 대결을 했는데 그것은 450대 1의 싸움이었습니다. 즉 하늘에서 불이 떨어지게 하는 신이 참신인 것을 인정하자는 것이었습니다. 이때 엘리야도 만약 하늘에서 불이 떨어지지 않으면 죽는 것이었습니다. 그러나 바알 제사장의 제사에는 하늘에서 불이 떨어지지 않고 그 대신 엘리야의 제사에는 하늘에서 불이 떨어져서 승리하게 되었고, 바알 제사장 450명을 붙잡아 기손 강에서 죽였습니다. 그리고 엘리야는 다시 일곱 번 기도해서 다시 하늘 문을 열어서 삼년 반 동안 오지 않던 비가 쏟아지게 했습니다.

　또 엘리야 선지 때 아람 군대와 이스라엘이 전쟁했을 때 원래 하나님의 계획은 이스라엘이 패배하고 망하는 것이었습니다. 그러나 이스라엘에는 바알에게 절하지 않은 7천 명의 성도들이 있었습니다. 그리고 바알에게 절하지 않고 동굴에 숨어 있는 백 명의 선지자들이 있었습니다. 그래서 하나님은 갑자기 계획을 바꾸셔서 두 번씩이나 이스라엘 왕 아합이 이기게 하셨습니다.

엘리야의 제자 엘리사는 원래 농사짓던 사람이었는데, 하나님의 부르심을 받고 엘리야의 제자가 되어서 하나님의 말씀을 듣는 훈련을 합니다. 그는 아람 군대의 공격을 알아내었고, 하늘의 불말과 불병거를 보았으며, 나중에 아람 군대에 사마리아가 포위되어서 아기를 삶아 먹을 정도로 기근이 왔을 때, 단 하루 만에 모든 양식의 문제가 해결될 것을 예언하게 됩니다.

그때 남유다에는 아달랴가 왕비이고 왕의 어머니였지만, 아들이 죽는 것을 보고 모든 손자를 다 죽이고 자기가 왕이 되었습니다. 그러나 그때 제사장 여호야다의 부인이 아기 중 하나를 죽는 가운데서 건져내어서 성전에 감추어서 키웠는데 그가 나중에 요아스 왕이 되었습니다. 그들은 오직 믿음으로 죽을 각오를 하고 다윗의 등불을 지켰습니다.

히스기야는 하나님의 말씀을 잘 믿었던 왕이었는데, 세계적인 강국 앗수르의 침략을 받게 됩니다. 처음에는 돈으로 해결하려고 성전의 모든 금을 다 바쳤지만 산헤립은 약속을 깨고 예루살렘을 침략해서 포위하고는 욕이란 욕은 다 했습니다. 그때 히스기야는 말대꾸 하나 못하고 오직 하나님의 성전에 나아가서 기도했는데, 어느 날 한 천사가 내려와서 앗수르 군대 십팔만 오천 명을 죽이고 예루살렘을 구원해주었습니다. 또 히스기야는 죽을병에 걸렸지만 눈물로 기도함으로 해시계가 뒤로 물러가는 기적이 일어나면서 병에서 치유함을 받게 됩니다. 이들은 모두 불가능한 것을 믿음으로 이겨내었던 사람들입니다.

2. 죽음에서 살아난 사람들

결국 하나님과의 약속을 배반하고 우상 숭배에 빠졌던 유다는 망하게 됩니다. 그때 바벨론에 포로로 붙들려 간 자 중에 신앙적으로 순수한 자들이 많이 있었습니다. 그중에 다니엘이 있었습니다.

본문 33절 끝에 "사자들의 입을 막기도 하며"라고 했는데, 그 주인공이 바로 다니엘입니다. 다니엘은 바벨론에 포로로 붙들려 간 후 왕의 학교에 뽑히게 됩니다. 이 왕의 학교는 포로로 붙들려 온 자들을 철저하게 정신을 개조해서 왕의 신하로 만드는 학교였습니다. 그러나 다니엘과 그의 세 친구들은 우상의 제물로 자신의 몸을 더럽힐 수 없다고 해서 왕의 환관에게 우상의 제물을 먹지 않게 해 달라고 부탁했습니다. 그러나 환관장은 자기의 목이 날아가기 때문에 안 된다고 거절했지만, 그들은 열흘만 자신들을 시험해 달라고 했습니다. 그리고 다니엘과 그의 세 친구는 우상의 제물을 먹지 않았지만 더 건강하고 혈색이 좋았습니다. 그리고 그들은 학교를 졸업할 때에는 월등하게 높은 성적으로 졸업을 하게 됩니다.

다리오 왕 때 다니엘은 총리였는데 그가 워낙 정직하였기 때문에 다른 신하들이 부정을 저지를 수 없어서 다니엘을 죽이려고 했습니다. 그래서 그들은 사정을 잘 모르는 왕에게 아첨해서 한 달 동안 왕 외에 다른 신에게는 절대로 기도하지 못하게 하고, 만약 기도하는 사람이 있으면 사자굴에 던져 넣는 법을 통과시킵니다. 이것은 변경할 수 없도록 왕의 도장을 찍은 법이었습니다. 그러나 다니엘은 자기가 죽을 줄 알고도 예루살렘을 향하여 하루 세 번씩 기도하다가 결국 붙잡혀서 사자굴에 들어가게 되었습니다. 다니엘은 한 달만 기도를 참으면 되는데 기도를 쉴 수 없어서 계속하다가 사자굴에 던져지게 된 것입니다. 그러나 하나님의 천사들이 내려와서 밤새 사자가 다니엘을 잡아먹지 못하도록 지켜주었습니다. 그 대신에 다니엘을 모함했던 자들은 사자굴에 던져져서 그 몸이 땅에 떨어지기도 전에 사자들이 뛰어올라서 뼈까지 다 으스러지도록 그들을 씹어서 물어 죽였습니다.

11:34, "불의 세력을 멸하기도 하며 칼날을 피하기도 하며 연약한 가운데서 강하게 되기도 하며 전쟁에 용감하게 되어 이방 사람들의 진을 물리치기도 하며"

여기 "불의 세력을 멸한다"는 것은 그 유명한 다니엘의 세 친구 사드락, 메삭, 아벳느고의 이야기를 말합니다. 사드락과 메삭과 아벳느고는 예루살렘에서 포로로 붙들려간 청년들이고, 느부갓네살은 세계적인 독재자였습니다. 그는 모든 나라를 다 멸망시킨 후 더 교만하여져서 자기가 꿈에서 본 큰 신상을 금으로 만들고 모든 신하로 하여금 그 신상 앞에 절하라고 명령했습니다. 누구든지 이 금 신상에서 절하지 않으면 모든 쇠도 다 녹이는 맹렬히 타는 풀무에 넣어서 태워 죽이겠다고 했습니다. 그러나 사드락과 메삭과 아벳느고는 하나님만 섬긴다는 약속을 깰 수 없어서 왕의 명령을 거역하고 기꺼이 풀무불에 들어갔습니다. 그러나 놀랍게도 그들은 불에 타 죽지 않았습니다. 느부갓네살 왕이 보니까 불 속에 네 사람이 있는데 한 명은 하나님의 아들의 모습이었다고 했습니다. 느부갓네살이 그들에게 불에서 나오라고 하니까 이 세 사람은 불에 그슬린 흔적도 없이 살아서 나왔습니다. 그리고 느부갓네살 왕은 그 세 사람에게 절을 했습니다.

또 "연약한 가운데서 강하게" 된 사람도 있습니다. 그 사람 중에 에스더가 있습니다. 에스더는 왕 앞에 나아갈 수 없는 상황에서 믿음으로 나가서 유대인들을 모두 살리고 대신 모함했던 하만을 나무에 달아 죽게 만들었습니다. 또한 느헤미야를 비롯한 포로에서 돌아온 유다 백성들은 주위 사람들로부터 엄청난 중상과 모략에 시달려야만 했습니다. 그러나 그들은 반대를 무릅쓰고 성전을 다시 지었고 또 예루살렘 성벽을 재건해서 부흥을 일으켰습니다.

그리고 "전쟁에 용감하게" 된 자들도 많이 있습니다. 즉 인간의 힘으로는 도저히 이길 수 없는 전쟁이지만 그들은 믿음으로 이겼습니다. 기드온, 드보라, 삼손, 이들 모두 다 이길 수 없는 전쟁에서 이겼던 것입니다.

11:35상, "여자들은 자기의 죽은 자들을 부활로 받아들이기도 하며"

"여자" 중에는 죽은 아들을 도로 받은 여자들이 있었습니다. 엘리야가 도피 중에 만난 사렙다 과부도 아들이 죽었는데 그의 기도로 다시 살아났습니다(왕상 17:17-24). 엘리사를 돕던 수넴 여자도 엘리사의 기도로 아이가 생겼는데, 그 아이가 그만 열병으로 죽었습니다. 그러나 엘리사는 기도로 그 아이를 도로 살려내었습니다(왕하 4:8-37).

3. 세상에서 고통받은 사람들

우리의 믿음에는 좋은 면만 있는 것이 아니라 이 세상에서 응답받지 못하는 고통스러운 부분도 많이 있습니다. 하나님께서는 우리가 이 세상에서 모든 것을 받아버리면 앞으로 하나님 앞에서 받을 것이 없으므로 이 세상에는 응답받지 못하는 기도나 믿음도 있게 하시는 것입니다.

그래서 35절 하반절부터는 이 세상에서 고통받은 믿음의 사람들에 대하여 이야기하고 있습니다.

11:35하, "또 어떤 이들은 더 좋은 부활을 얻고자 하여 심한 고문을 받되 구차히 풀려나기를 원하지 아니하였으며"

유다 왕 중에서 가장 어리석었던 왕은 아하스였습니다. 아하스 때 하나님은 이사야 같은 뛰어난 선지자를 보내셨습니다. 이사야는 왕실에 출입하면서 이사야서 같은 뛰어난 예언서를 남겼습니다. 이사야는 유다에 대하여 소돔과 고모라와 같다고 경고했습니다. 이사야 당시 북쪽에 있는 이스라엘과 아람 나라가 맹렬하게 유다를 공격하고 있었습니다. 이때 하나님은 이사야를 아하스에게 보내어서 이스라엘 왕과 아람 왕을 두려워하지 말라고 하면서 이들은 타다 꺼지는 부지깽이에 불과하다고 말씀하셨습니다. 그러나 아하스는 앗수르 왕을 의지해서 우상을 섬기고 이스라엘과 싸우다가 하루에 십만 명이 죽고 이십만 명이 포로로 끌려가게 됩니다.

그 후에 아하스의 아들 히스기야가 왕이 되는데, 히스기야는 이사야 선지의 도움을 받아서 대부흥을 일으키고 천사가 하룻밤 사이에 앗수르 군사 십팔만 오천 명을 죽이는 일이 벌어지게 됩니다. 그런데 히스기야가 죽고 난 후 왕이 된 므낫세는 다시 우상숭배로 돌아가게 됩니다. 이때 므낫세는 유다를 실질적으로 망하게 합니다. 이때 므낫세는 이사야를 많이 고문했다고 합니다. 그리고 나중에는 이사야를 톱으로 켜서 죽이는 형벌을 가하게 됩니다. 이 세상에 이사야서 같이 시대를 신앙의 눈으로 꿰뚫어보고 하나님의 뜻을 정확하게 예언한 말씀도 없을 것입니다.

이사야는 앞으로 메시야가 오실 것을 많이 예언했습니다. "한 아기가 우리에게 났고"(사 9:6), "상한 갈대를 꺾지 아니하며 꺼져가는 등불을 끄지 아니하고"(사 42:3), "주 여호와의 영이 내게 내리셨으니 이는 여호와께서 내게 기름을 부으사 가난한 자에게 아름다운 소식을 전하게 하려 하심이라 나를 보내사 마음이 상한 자를 고치며 포로된 자에게 자유를, 갇힌 자에게 놓임을 선포하며"(사 61:1), "보라 처녀가 잉태하여 아들을 낳을 것이요 그의 이름을 임마누엘이라 하리라"(사 7:14). 이렇듯 여러 곳에서 메시야를 예언하고 있습니다.

결국 유다는 바벨론에 의해서 망하지만 고레스라는 사람에 의해서 유다 백성들은 돌아올 것을 예언하고 있습니다. 그러나 므낫세는 이 뛰어난 선지자를 고문해서 톱으로 켜 죽입니다. 예레미야는 아주 어려서 하나님의 부르심을 받았습니다. 그런 점에서는 영국의 유명한 설교가 스펄전과 비슷했는지도 모르겠습니다.

　스펄전은 17세 때부터 설교를 했고, 19세 때 런던의 뉴파크 스트릿 교회의 청빙을 받아서 설교하게 됩니다. 그는 교인들이 너무 많이 몰려들자 가까이 있는 음악 강당을 빌려서 예배를 드렸는데, 그때 사고가 생겨서 많은 사람이 죽거나 다치게 됩니다. 그리고 스펄전은 메트로폴리탄 교회를 지어서 예배를 드렸는데 오천 명 이상이 예배를 드렸다고 합니다. 그는 고아원, 신학교 사역, 주일학교, 설교출판 사역, 문서사역, 또 다른 교회 집회 등 너무 에너지를 소진해서 우울증과 통풍으로 고생하다가 죽게 됩니다.

　예레미야는 자기는 너무 어려서 하나님의 말씀을 전할 수 없다고 하니까 하나님께서 너를 반석같이 만들어주셔서 아무도 이기지 못하게 하겠다고 약속하셨습니다. 그러나 예루살렘 사람들은 예레미야의 말을 듣지 않았고 그를 감옥에 가두기도 했고, 채찍질하기도 했고, 진흙으로 된 우물에 넣어서 죽이려고도 했습니다(렘 38:1-6). 예레미야는 하나님을 향해서 "하나님께서 나를 속이셨습니다"라고 항변했습니다. 아마 예레미야는 하나님의 말씀을 전하는 것이 이렇게 어려울 줄 몰랐던 것 같습니다. 그는 뺨을 맞기도 했고 결박되어서 끌려가기도 했습니다. 결국 예레미야는 예루살렘이 바벨론 군대에 의해서 포위되고 멸망하는 것을 전부 다 보게 됩니다.

11:36-37, "또 어떤 이들은 조롱과 채찍질뿐 아니라 결박과 옥에 갇히는 시련도 받았으며 돌로 치는 것과 톱으로 켜는 것과 시험과 칼로 죽임을 당하고 양과 염소의 가죽을 입고 유리하여 궁핍과 환난과 학대를 받았으니"

예레미야는 예루살렘이 함락된 후 다른 사람들과 함께 바벨론으로 쇠사슬에 매여서 끌려가다가 풀려나게 됩니다. 그때 바벨론 왕은 유다의 가난한 자들은 그 땅에 남겨 놓고 총독까지 임명해주었는데, 남은 자들이 총독을 죽이고 사람들을 다 끌고 애굽으로 피난을 갑니다. 그때 예레미야는 이 땅에 그냥 있으면 그들이 살 수 있을 것이라고 했지만, 그들은 예레미야의 말을 끝까지 듣지 않았습니다. 그들은 예레미야를 애굽까지 끌고 가서 거기서 돌로 쳐 죽이는 것으로 알려져 있습니다.

유다나 이스라엘 왕들이나 귀족들이 하나님의 약속을 버렸을 때 바른 신앙을 가진 자들은 칼에 죽기도 하고 돌에 맞아 죽기도 하고, 나라가 망한 후에는 더 심한 떠돌이 생활이나 노예 생활을 해야만 했습니다. 그들은 옷이라고는 양과 염소 가죽으로 지어진 한 벌을 입고 한평생 가난과 궁핍과 학대를 받으면서도 하나님과의 약속을 지켰습니다. 그들은 다른 신을 섬기지 않았고 자신들의 양심을 더럽히지 않았고 세상에 아첨하지 않았습니다.

구약과 신약 중간기에는 마카비가 독립을 시키기도 하지만 강대국에 의해서 심한 신앙의 박해를 받고 죽임당하기도 했습니다. 신약 시대에는 예수님이 부활하시고 성령이 임하신 후 예수님처럼 살기 위해서 집도, 재산도 버리고 지팡이 하나만 들고 옷 한 벌만 가지고 복음 전하러 다니는 사람들이 많았습니다. 나중에 이 사람들이 안디옥에 모이면서 부흥이 일어나고 사도 바울을 보내어서 세계적인 복음 증거가 이루어지기도 했습니다. 로마 네로 황제 때에는 로마 경기장에서 많은 크리스천이 십자가에 못 박히고 불에 타 죽고 사자에게 물려 죽기도 했습니다.

그리고 이런 박해의 불길은 동방으로 옮겨가서 소아시아에서도 많은 사람이 예수 믿는다는 이유로 고문을 당하기도 하고, 황제의 상 앞에 분향하지 않고 절하지 않는다고 해서 죽임을 당하기도 했습니다. 로마에서 기독교인들은 지하묘실 겸 동굴에서 예배를 드렸는데 지금도 그곳은 카타콤으로 남아 있습니다. 또 갑바도기아 같은 곳에서는 바위에 굴을 뚫어서 거기서 살고 예배도 드렸는데 지하 몇 층까지 내려가는 동굴 도시가 남아 있기도 합니다.

11:38, "(이런 사람은 세상이 감당하지 못하느니라) 그들이 광야와 산과 동굴과 토굴에 유리하였느니라"

"이런 사람은 세상이 감당하지 못하느니라"는 것은 이런 사람은 세상을 가치 있게 생각하지 않았다는 뜻입니다. 그리고 이들은 결코 세상의 가치관에 굴복하지 않았고 세상도 이들의 신앙을 꺾지 못했다는 것입니다. 그들은 노예로 끌려가기도 하고 토굴에서 살기도 하고 죽임을 당하기도 했지만 세상의 행복을 아까워하지 않았습니다. 왜냐하면 이들에게는 하나님과의 약속이 가장 중요했기 때문입니다.

이 사람들은 세상에서 모든 것을 다 누리지 않았습니다. 왜냐하면 그들에게는 하나님 앞에서 더 소중한 것이 있었기 때문입니다.

11:39-40, "이 사람들은 다 믿음으로 말미암아 증거를 받았으나 약속된 것을 받지 못하였으니 이는 하나님이 우리를 위하여 더 좋은 것을 예비하셨은즉 우리가 아니면 그들로 온전함을 이루지 못하게 하심이라"

우리가 하나님을 믿는 자라면 이 세상에서 모든 좋은 것을 다 가지려고 하면 안 됩니다. 그러면 지옥에 간 부자가 될 수밖에 없습니다. 우리는 무엇인가 이 세상에서는 부족해야 하고 눈물도 많이 흘려야 하고 미완성으로 살아야 하나님 앞에서 완전한 것을 받을 수 있습니다. 그런데 감사한 것은 이런 믿음의 사람들 후에도 또 이런 사람들이 나타나서 그 믿음이 더 발전하게 된다는 것입니다. 물론 잠시 쇠퇴할 때도 있지만 또 탁월한 믿음의 종들이 나타나서 그들의 신앙이 더 완전해지게 됩니다.

그래서 우리는 모든 것을 믿음으로 살아가야 합니다. 우리가 모든 것을 믿으면 걱정할 필요가 없습니다. 우리가 할 수 있는 것을 최선을 다해서 하고 죽으면 되는 것입니다. 그래서 세상에 대한 모든 욕심을 다 버리고 오직 하나님의 말씀을 믿음으로 영원한 세계를 바라보는 온전한 신앙의 성도들이 다 되시기 바랍니다.

22

예수만 바라보자
히 12:1-13

옛날에 〈마이웨이〉라는 영화가 있었습니다. 어떤 마라토너의 생애를 그린 영화였는데, 그 주인공은 마라톤을 자신의 천직으로 알고 나이 들고 난 후에 아들과 함께 마라톤을 합니다. 그러다가 몇 번이고 쓰러지지만 그는 다시 일어나서 완주하게 됩니다. 그리고 '마이웨이'라는 그 영화의 주제곡이 굉장히 인기를 끌었습니다. 그때는 어디를 가든지 굵은 목소리의 남자 가수가 'I did it my way'라고 부르는 노래를 들을 수 있었습니다. 그 당시만 하더라도 사람이 하나의 뜻을 정해놓고 끝까지 달리는 것을 굉장히 멋있게 생각했던 것 같습니다.

어느 나라든지 중요한 경기에는 많은 관중이 몰려듭니다. 특히 영국에서는 축구 경기를 할 때 온 경기장을 관중들이 꽉 채워서 열광하고, 미국에서는 미식축구 경기나 야구 경기가 열리면 수만 명 이상 몰려와서 열광하는 것을 볼 수 있습니다. 우리나라에서도 월드컵축구 경기를 한다고 하면 사거리에 대형 텔레비전을 설치한 곳에 수만 명씩 모여서 응원하는 광경을 볼 수 있습니다. 요즘 축구에서 큰 붐을 일으켰던 나라는 베트남이었는데, 베트남 선수들이 축구를 잘하는 바람에 베트남 국민이 들썩들썩하고 베트남 팀을 맡은 한국 감독은 아예 베트남의 영웅이 되었습니다. 시시한 경기는 일단 관중이 거의 없지만 유명한 경기는 수많은 사람이 몰려와서 응원하고 열광합니다.

그런데 천국에서는 이 세상에서 벌어지고 있는 마라톤이나 축구, 야구나 미식축구에 별로 관심이 없습니다. 천국에서 가장 인기 있는 경기는 믿음의 경주입니다. 즉 우리 성도들이 어려운 여건 가운데서 믿음으로 돌진하는 경기입니다. 우리가 믿음으로 경기할 때 우리만 하는 것이 아닙니다. 우리를 지켜보고 응원하고 있는 수많은 천군 천사들이 있고 또 성도들이 있습니다. 이들은 우리가 믿음으로 이기면 손뼉 치고 기뻐하기도 하고, 우리가 쓰러지면 안타까워하면서 일어나라고 소리를 지르기도 합니다. 그러나 이 모든 소리가 우리 귀에는 하나도 안 들린다는 사실입니다. 그러나 이것은 당연합니다. 경기장에서 운동하는 선수들에게 관중이 외치는 소리는 들리지 않고 텔레비전 앞에서 얼마나 많은 사람이 자기 경기를 지켜보고 있는지 보이지 않는 것입니다. 선수들은 자기 경기에만 집중해야 이길 수 있습니다.

1. 선수의 본색을 회복하라

운동선수 중에 경기하다가 지치게 되면 자기가 선수인지 관중인지 잘 구별하지 못하는 선수가 있습니다. 지쳤다고 운동장에 드러눕기도 하고 용변이 보고 싶다고 화장실로 달려가기도 하고 옆에 있는 선수와 싸우거나 농담을 하는 선수도 있습니다. 그러나 이런 사람은 일단 선수로서는 실격입니다. 우리는 진지하게 최선을 다해서 우리에게 주어진 믿음의 삶을 살아가야 합니다.

12:1, "이러므로 우리에게 구름 같이 둘러싼 허다한 증인들이 있으니 모든 무거운 것과 얽매이기 쉬운 죄를 벗어 버리고 인내로써 우리 앞에 당한 경주를 하며"

우리는 사실 이 세상에서 늘 경기를 하는 것은 아닙니다. 우리는 선수도 아니고 관중도 아니고 그냥 평범하게 하루하루를 살아가고 있는 보통 사람일 뿐입니다. 단지 수험생들은 좋은 학교에 합격하기 위해서 일 년 내내 공부하느라고 고생하고, 기업에서 책임을 맡은 사람은 좋은 실적을 올리기 위해서 밤늦게까지 회의하고 사람들을 만나느라고 수고할 것입니다. 그러나 우리는 수험생도 아니고 기업의 책임자도 아닙니다. 그러나 우리는 선수들입니다. 우리는 모두 믿음의 경주의 선수들입니다.

우리는 모두 천성을 향하여 달리고 있습니다. 마귀와 그 졸개들은 할 수 있는 대로 길에 구덩이를 파고 올무를 만들어놓고 세상에 좋은 구경거리들을 만들어서 우리 중 한 사람이라도 천국 가는 길에서 탈락시키려고 힘을 씁니다. 더욱이 마귀는 아주 우락부락한 적들을 우리 앞에 내세워서 계속 믿음 생활을 하면 쇠몽둥이로 머리를 박살 내겠다고 으르렁거리기도 하고, 어떤 때는 우리의 허리나 발을 잡고 늘어져서 넘어뜨리려고 합니다. 그런데 우리는 세상에 있는 것이 너무 멋있게 보이고 좋아서 넋을 잃고 구경한다고 시간을 다 보내기도 하고, 어떤 때는 우리 길을 막고 서 있는 적들이 너무 무서워 숨어서 시간을 보낼 때도 많이 있는 것입니다.

이때 우리로 하여금 정신을 번쩍 들게 하는 것이 무엇입니까? 그것은 구름같이 많은 관중이 지르는 환호성입니다. 어디서인지 모르지만 하늘을 찌를 것 같은 '와!' 하는 환호성이 들리므로 갑자기 정신을 차리고 보니까, 내가 지금 경기를 하는 선수라는 것을 잊어버리고 운동장에 누워 있거나 혹은 선수와 싸우고 있거나 농담하고 있는 것을 깨닫게 되는 것입니다.

우리에게는 구름같이 둘러싼 허다한 증인들이 있다고 했습니다. 즉 우리는 더 이상 혼자가 아닙니다. 우리에게는 수십만 아니 수백만의 관중이 나의 일거수일투족을 보면서 환호성을 지르기도 하고 안타까워하기도 하는 것입니다.

갑자기 우리에게 정신을 차리게 하는 환호성은 성경에서 나는 소리입니다. 하늘에 있는 천군 천사들과 성도들은 사드락, 메삭, 아벳느고가 느부갓네살 왕의 신상에게 절하지 않고 하나님만 신뢰하겠다고 고백하는 소리를 듣고 갑자기 환호성을 지릅니다. 그리고 사드락, 메삭, 아벳느고는 당당하게 그 뜨거운 풀무불 속에 들어갑니다. 그때 하늘에 있는 모든 천군 천사도 긴장을 하면서 이들이 불에 타 죽을 것인지 불을 이기고 살아서 나올 것인지 뚫어지게 지켜봅니다. 그런데 드디어 이 세 사람이 불을 이기고 살아서 풀무불에서 나왔을 때 온 하늘의 천군 천사들과 성도들이 환호성을 지르면서 좋아하게 됩니다. 그때 이 세상에 처져 있던 많은 성도도 그 환호성을 듣고서는 '나도 이렇게 침체하여 있어서는 안 되겠다'고 하면서 정신을 차리고 힘을 내게 되는 것입니다.

그리고 다니엘은 왕의 명령에도 불구하고 예루살렘을 향하여 하루 세 번씩 기도하다가 결국 사자굴에 던져지게 됩니다. 그러나 다니엘은 조금도 죽는 것을 두려워하지 않았습니다. 그때 하나님이 천사를 보내어서 사자들의 입을 모두 막아버리셨습니다. 드디어 아침이 되어 왕이 사자굴에 찾아갔을 때 다니엘은 살아서 사자굴에서 나오게 되었고, 다니엘을 모함했던 신하들이 대신 모두 사자굴에 던져지게 되었습니다. 그때 또 하늘에서는 환호성이 들리게 됩니다.

다윗이 소년일 때 이스라엘은 거인족의 한 명이었던 골리앗 앞에서 용기를 다 잃어버렸습니다. 그들은 모두 피하기에 바빴고 숨느라고 정신이 없었습니다. 그때 소년 다윗이 왕에게 가서 자기가 골리앗과 싸우겠다고 자원했습니다. 그때 사람들은 다윗이 골리앗을 이길 수 없을 것이라고 하면서 말렸습니다. 그러나 다윗은 왕을 설득해서 골리앗과 싸우러 나갔습니다. 이때 이 장면을 보던 이스라엘 백성들도 모두 조마조마했지만, 하늘에 있는 천사나 성도들도 가슴을 졸였을 것입니다. 그런데 드디어 다윗이 물맷돌을 꺼내어서 골리앗의 이마를 정통으로 맞히고 쓰러뜨렸을 때 하늘의 모든 천군 천사들과 성도들은 환호성을 지르면서 기뻐했던 것입니다.

히스기야 왕 때 예루살렘은 앗수르 군대에 포위되어서 굉장히 어려운 상태에 있었습니다. 그때 앗수르 왕 산헤립의 신하 랍사게는 입에 담을 수 없는 욕으로 하나님과 히스기야를 모욕했습니다. 이때 왕도 울고 신하들도 울고 예루살렘의 모든 백성이 낙담했습니다. 그러나 히스기야는 끝까지 앗수르 왕에게 굴복하지 않고 버티었습니다. 그때 하늘의 천군천사들과 성도들도 '이겨라! 이겨라!'고 하면서 응원했습니다. 드디어 하나님의 허락이 떨어진 날 천사 하나가 내려가서 앗수르 군사 십팔만 오천 명을 죽였습니다. 그때 또 다시 하늘에서는 환호성이 울려 퍼졌습니다.

우리는 성경의 이런 증거들을 보면서 어려운 때라고 계속 낙심해 있으면 안 됩니다. '아, 이 사람들도 이렇게 이겨서 하나님을 기쁘시게 했는데, 나도 선수로 뛰어야겠다!' 라고 하면서 선수로 달리는 것을 시작해야 합니다.

이때 우리가 선수로 잘 달리려고 하면 해야 할 것이 있습니다. 그것은 무엇보다 자신의 몸을 가볍게 하는 것입니다. 1절 하반절에 보면 "모든 무거운 것과 얽매이기 쉬운 죄를 벗어 버리고"라고 했습니다. 운동하는 선수가 외투같이 무거운 옷을 입고 있다면 빨리 달릴 수 없을 것입니다. 그리고 주머니 안에 무엇인가 잔뜩 넣어 달린다든지 스마트폰을 엉덩이에 꽂고 달린다든지 하면 경기를 제대로 할 수 없을 것입니다. 우리는 그런 짐이 되는 것이나 무거운 옷을 다 벗어버려야 가볍게 달릴 수 있습니다.

그런데 우리에게 중요한 것은 얽매이기 쉬운 죄나 죄의 습관을 벗어버리는 것입니다. 어떤 사람은 한참 하나님의 일을 해야 하는데 노는 것을 너무 좋아하거나 죄에 얽매이는 바람에 사람들과 싸우느라고 아까운 시간을 다 허비합니다. 우리는 쓸데없이 놀러 다니는데 시간을 다 허비할 수 없습니다. 우리는 쓸데없는 정욕에 빠져서 죄에 허우적거리느라고 인생을 다 허비할 수 없습니다.

바른길을 알고 있다면 인내심을 가지고 그 길을 꾸준히 달려가야 합니다. 우리는 높은 산을 한걸음에 올라갈 수 없고, 100km의 먼 거리를 단숨에 갈 수도 없습니다. 우리는 바른길을 찾고 난 후에는 인내심을 가지고 꾸준히 가다보면 목표지에 도달하게 됩니다.

2. 예수를 바라보라

우리가 달리기경주를 할 때 무턱대고 달리는 것보다는 어떤 목표를 정해놓고 달리면 훨씬 마음이 안정됩니다. 특히 마라톤 경기를 할 때는 함께 달리는 그룹이 중요합니다. 마라톤 경기에는 페이스를 맞추어주는 사람이 있는데 그 사람은 우승할 사람과 함께 보조를 맞추어서 뛰어 줍니다. 그러다가 그 사람이 컨디션이 좋지 못해서 쳐지면 이 보조를 맞추는 사람이 속도를 내어서 우승하는 경우도 있습니다.

우리는 달리기를 할 때 언제까지나 결승점만 목표로 해서 달릴 수는 없습니다. 우선 일차로 저기 나무까지 달리고, 그다음에는 강의 다리까지 달리고, 그다음에는 반환점까지 달리고, 또 돌아올 때도 목표를 나누어서 달리다 보면 달리기가 쉬워지게 됩니다. 마찬가지로 우리가 원대한 목표를 가지고 전력 질주하는 것도 좋지만, 목표를 나누어서 작은 것부터 성취해나가면 나중에 큰 목표에 도달할 때가 많습니다. 그래서 우리는 언제나 작은 목표를 생각하고 달리기를 해야 합니다. 그 작은 목표가 바로 예수님입니다.

> 12:2, "믿음의 주요 또 온전하게 하시는 이인 예수를 바라보자 그는 그 앞에 있는 기쁨을 위하여 십자가를 참으사 부끄러움을 개의치 아니하시더니 하나님 보좌 우편에 앉으셨느니라"

무엇인가 처음 한다는 것은 굉장히 어렵습니다. 예를 들어서 어느 높은 산을 맨 처음 올라간다든지, 아니면 위험한 지역을 맨 처음으로 횡단한다든지 하는 것은 전에 이 일을 한 사람이 없으므로 도전하는 사람은 굉장히 두렵고 긴장이 될 것입니다. 그러나 내 앞에 누군가가 이 길을 개척해 놓았고 이미 그곳을 지나간 사람들이 많이 있다면 안심하고 여유를 가지고 그 길을 갈 수 있을 것입니다. 그래서 달리기를 할 때 혼자서 맨 앞에서 달리는 것은 외롭고 힘들지만, 잘 뛰는 사람 뒤에서 그 등을 보면서 달리면 생각보다는 달리는 것이 쉬울 수 있습니다.

마찬가지로 예수님은 이 세상에 계시면서 이미 길을 개척해 놓으셨습니다. 예수님은 영웅이나 유명한 정치인이 아니셨습니다. 예수님은 제자들도 갈릴리의 무식한 사람들로 세우셨습니다. 그러나 예수님은 철저하게 하나님의 말씀대로 사셨습니다. 예수님이 하나님의 말씀만 따라가니까 결국 그 앞에 있는 것은 십자가의 죽음이었습니다. 예수님은 십자가를 지시기 전에 뺨을 맞으셨고 침 뱉음을 당하셨고 채찍에 맞으셨습니다. 예수님은 십자가에 못 박혔을 때 너무 고통스럽고 수치스러웠지만 참으셨습니다. 그리고 죽으셨습니다. 예수님은 사흘 만에 사망의 세력을 이기고 부활하셔서 하나님의 보좌 우편 가장 높은 곳에 앉으셨습니다. 예수님은 앞에 있는 기쁨만 생각하셨습니다. 그것은 바로 우리 모두 구원받고 새사람이 되는 것입니다.

12:3, "너희가 피곤하여 낙심하지 않기 위하여 죄인들이 이같이 자기에게 거역한 일을 참으신 이를 생각하라"

예수님은 이 세상에 계실 때 속이 상할 때가 너무 많았습니다. 제자들은 아무리 가르쳐 주어도 알아듣지 못했고, 사람들은 예수님을 배신했으며, 예수님이 십자가에 못 박히셨을 때는 십자가에서 내려오라고 조롱을 했습니다. 그러나 예수님은 더 중요한 것을 생각하셨기 때문에 이 모든 것을 참으셨습니다. 우리도 이 세상에서 믿음 생활 하려고 하면 속이 상할 때가 많습니다. 나의 믿음은 인정받지 못하고, 사람들은 오히려 나를 미워하고 시기하고 욕할 때 내 멋대로 행하고 싶을 때가 있을 것입니다. 그러나 우리는 자기 십자가를 끝까지 지고 가야 상을 받을 수 있습니다. 예수님은 지쳐서 쓰러져도 일어서고 채찍을 견디면서 십자가에 못 박히는 곳까지 가셨던 것입니다.

우리도 피곤하여 낙심할 때가 많습니다. 교회에서 하는 일도 그만 하고 남의 눈치도 보지 않고 세상에서 실컷 내가 하고 싶은 대로 하면서 살고 싶을 때가 있을 것입니다. 그러나 우리는 자신의 십자가를 지고 가야 합니다. 쓰러져도 또 일어나고 쓰러져도 또 일어나면서 자신의 십자가를 지고 가야 합니다.

3. 하나님의 징계를 기뻐하자

격투기 선수들을 보면 상대방에게 맞아서 코피를 흘리고 눈이 찢어져서 피를 흘려가면서도 계속 싸우는 것을 볼 수 있습니다. 정말 이 세상에서 가장 잔인하고 못 봐줄 경기가 격투기인 것 같습니다. 그러나 로마시대에는 격투기 경기가 많았습니다. 로마시대 격투기는 주먹으로만 싸우는 것이 아니라 칼과 창을 가지고 사람을 죽여야 하는 잔인한 경기였습니다.

　본문 말씀을 보면 우리 성도들이 죄와 싸우는데 피 흘리기까지 싸우지 않는다고 책망하고 있습니다.

12:4, "너희가 죄와 싸우되 아직 피흘리기까지는 대항하지 아니하고"

　격투기를 하는데 아직 피를 흘리지 않는 이유는 상대와 싸우는 것을 무서워해서 빙빙 돌면서 피하기 때문입니다. 그러면 관중은 야유하기도 하고 욕을 하기도 합니다. 어떤 성질 급한 사람은 배추나 깡통 같은 것을 던지기도 합니다. 그러므로 그리스도인들은 이 세상 현실에서 겉으로만 빙빙 돌면서 피하기만 할 것이 아니라, 적극적으로 붙어서 싸우다 보면 주님이 힘을 주시며 기회를 주실 것입니다.

　주님은 "믿음의 주요 또 온전하게 하시는 이"(2절)라고 했습니다. 즉 주님은 우리의 약점을 보완해주시고 힘을 주시고 기회를 주셔서 이기게 하시는 것입니다. 그래서 우리는 두려움에 빠지는 것을 조심해야 합니다. 우리가 두려움에 빠지면 아무것도 할 수 없습니다.

　그런데 우리가 싸워야 할 대상은 '죄'라고 말씀하고 있습니다. 즉 우리가 죄를 지을 수밖에 없는 것을 강요당할 때 타협할 것이 아니라 피를 흘리기까지 대항하고 싸워야 한다는 것입니다. 즉 주인에게 채찍질을 당하기도 하고 힘이 센 사람에게 터져서 코피를 흘리기도 해야 하는 것입니다. 요즘 우리는 죄를 지으라고 강요당하는 시대에 살고 있지는 않습니다. 그러나 우리 주위에는 죄들이 널려 있습니다. 우리 자신이 죄와 싸워야 하는 것입니다.

　우리 예수 믿는 사람들이 이 세상에서 당하는 모든 어려움은 징계 당하는 것으로 볼 수 있습니다. 우리가 보통 징계당한다는 표현을 할 때는 좋은 의미로 사용하지 않습니다. 어떤 사람이 직장에서 징계를 받았다고 하면 무엇인가 잘못해서 처벌을 받는 것을 의미합니다. 그러나 옛날에 징계받는다는 것은 주로 자녀가 아버지에게 종아리 맞는 것을 의미했습니다. 자녀가 공부하는 것을 싫어하고 놀기만 한다든지 외워야 할 것을 다 외우지 않았으면 아버지가 아들을 세워놓고 회초리로 종아리를 때리는 것입니다. 그래서 종아리를 맞은 아들은 창피하기도 하고 또 깨달음이 생기고 해서 그다음에는 열심히 공부해서 나중에 높은 관직에까지 오르게 되는 것입니다.

그러나 아무리 부모라 하더라도 자기 자녀가 아닌 아이나 종이 공부하지 않고 놀기만 하고 장난만 친다고 해서 그 아이의 종아리를 때리지 않습니다. 왜냐하면 그 아이는 자기 자식이 아니기 때문입니다.

12:5-6, "또 아들들에게 권하는 것 같이 너희에게 권면하신 말씀도 잊었도다 일렀으되 내 아들아 주의 징계하심을 경히 여기지 말며 그에게 꾸지람을 받을 때에 낙심하지 말라 주께서 그 사랑하시는 자를 징계하시고 그가 받아들이시는 아들마다 채찍질하심이라 하였으니"

물론 자식의 처지에서 생각해보면 부모에게 종아리를 맞거나 꾸지람을 들으면 기분이 나쁠 것입니다. 자녀의 처지에서는 차라리 아버지가 돌아가셔서 없는 것이 좋을 것 같고 공부하지 않고 매일 놀기만 하면 좋을 것 같습니다. 그러나 사람은 부모님은 계셔야 하고, 나쁜 짓 할 때는 야단을 맞아야 바른 사람이 될 수 있습니다.

그런 의미에서 오늘 우리나라 많은 기독교인은 야단치는 설교는 좋아하지 않고 무조건 칭찬하고 잘했다고 하는 설교를 듣기를 좋아합니다. 그러나 그런 설교를 좋아하는 자들은 하나님의 자녀가 아니라 남의 자녀인 것입니다.

12:8, "징계는 다 받는 것이거늘 너희에게 없으면 사생자요 친아들이 아니니라"

자기 부모는 자기 자식이 잘못된 행동을 하는 것을 보면 반드시 야단을 치고 어떤 때는 때려야 그 자식이 바로 될 수 있습니다. 그러나 자식이 무슨 짓을 해도 아무 상관하지 않는 부모는 자기 자식이 아니기 때문입니다. 그래서 우리는 일단 하나님의 징계를 받으면 좋은 것입니다. 왜냐하면 하나님의 친자식인 것이 증명되었기 때문입니다. 그러므로 우리는 무조건 하나님으로부터 맞으면 하나님의 징계라고 생각해야 합니다. 하나님은 우리의 기도를 다 들어주시는 것입니다. 그래서 하나님의 징계를 받는 것을 우리는 기뻐해야 합니다.

12:11, "무릇 징계가 당시에는 즐거워 보이지 않고 슬퍼 보이나 후에 그로 말미암아 연단 받은 자들은 의와 평강의 열매를 맺느니라"

종아리를 맞을 때는 아파서 울지만, 맞고 나면 시원하고 더 정신을 차리게 됩니다. 그래서 우리는 징계를 받을 때 참아야 하고 도망치지 말아야 합니다. 제가 어릴 때 엄마가 매를 들면 창문으로 도망치는 형들이 있었습니다. 그런데 얼마나 빠른지 엄마가 잡을 수 없었습니다. 그리고 조금 더 커서 고등학생이 되면 엄마보다 더 힘이 있어서 엄마 손을 잡고 '어마마마! 왜 이러시나이까?'라고 하면서 안 맞는 것입니다. 징계를 받아야 하는데 주로 어수룩한 아이들만 맞지 잽싼 아이들은 매를 안 맞고 도망쳐버리는 것입니다. 그런데 그러면 훌륭한 사람이 될 수 없습니다.

우리는 하나님의 징계를 통하여 더 싱싱하게 되고 더 바르게 됩니다.

12:12-13, "그러므로 피곤한 손과 연약한 무릎을 일으켜 세우고 너희 발을 위하여 곧은 길을 만들어 저는 다리로 하여금 어그러지지 않고 고침을 받게 하라"

우리는 이 세상에서 손도 피곤하고 무릎도 약해서 넘어지기 쉽습니다. 특히 요즘 노인들은 넘어지면 뼈가 다치게 되는데 건강에 매우 좋지 않게 됩니다. 어떤 사람은 걸으면서도 이상하게 발을 헛디뎌서 자꾸 발목을 삐는 분들이 있습니다. 그래서 그런 분은 발을 항상 주의 깊게 디디는 훈련을 해야 합니다. 너무 성급하게 가려고 하거나 엉뚱한 것을 보면 넘어지게 됩니다. 요즘 길을 가면서 스마트폰을 보는 사람들이 많은데 그러면 큰 사고를 당하게 되는 것입니다. 우리는 언제나 정신을 차려서 길에서 넘어지지 않고 사자같이 덤벼드는 사자에게 물리지 않아서 주님이 가르쳐주신 바른길을 가야 할 것입니다.

23

팥죽 한 그릇
히 12:14-17

얼마 전 영국의 어떤 부인은 오래전에 벼룩시장에서 모조 다이아몬드 반지를 아주 싼값에 구했습니다. 그런데 그 반지는 왠지 품위가 있고 아름다웠습니다. 그러다가 한번은 그 집에 보석을 전문으로 취급하는 사람이 왔기에 그에게 물어보니 아무래도 그 반지를 다이아몬드 전문가에게 감정을 한번 받아보라는 것이었습니다. 그래서 이 부인은 별생각 없이 전문가에게 그 반지를 감정받았는데, 그 반지는 진짜 다이아몬드였습니다. 어떻게 해서 그 반지가 벼룩시장까지 굴러 들어가게 되었는지는 모르지만, 왕실이나 귀족이 끼는 아주 비싼 다이아몬드 반지로 시세로 이십억 원 이상 된다고 했습니다. 이 부인은 싸구려 반지를 한 개 샀다가 졸지에 부자가 되었습니다.

우리는 이 세상에서 무엇이 진정으로 가치가 있는 것인지 생각해야 합니다. 요즘 인플레가 심한 나라에서는 물가가 일 년에 천 배씩 오른다고 합니다. 그런 나라에서는 돈은 아무 의미가 없습니다. 왜냐하면 종이 돈은 아무 가치가 없기 때문입니다. 그러나 어떤 종이는 정금보다 더 귀한 것도 있습니다.

대표적인 예가 이스라엘 사해 동굴에서 나온 두루마리 양피지들입니다. 어떤 양치는 목동이 사해 주변에 있는 절벽 동굴에 돌을 던졌는데 항아리 깨어지는 소리가 나서 들어가 보니까 항아리 안에 오래된 두루마리가 많이 있었습니다. 그런데 그것은 나중에 알고 보니까 주전 이백년 경에 쓰였던 구약성경의 문헌들이었고, 매우 귀한 보물이었습니다. 지금 이 사해사본 두루마리들은 이스라엘 국보로 되어있습니다. 거기에는 이사야서 거의 전부가 있고 하박국서 1장과 2장이 있습니다. 그런데 지금 우리가 사용하는 성경과 별 차이가 없다고 합니다.

또 성경 사본 중에 가장 유명한 사본은 시내산 사본입니다. 진센돌프란 독일 백작이 귀한 책을 찾으러 돌아다니다가 시내산 밑에 있는 성 캐더린 수도원에 가게 되었는데, 그때 한 수도사가 양피지 뭉치를 들고 불을 때고 있었습니다. 진센돌프는 사정사정해서 제발 그 헌 책을 태우지 말라고 말하곤 러시아 황제에게 부탁해서 그것을 영국으로 가져가는 데 성공합니다. 그리고 영국에서 그 책이 공개되었는데, 그 책을 보기 위해 이십만 명이 줄을 서서 그 귀한 사본을 구경했다고 합니다.

역사적으로 러시아가 가장 손해 본 거래는 알래스카를 미국에 판 것이라고 합니다. 옛날 제정 러시아는 프랑스와의 전쟁으로 경제가 굉장히 어려웠습니다. 그래서 그 당시 거의 쓸모없는 땅이었던 알래스카를 아주 헐값으로 미국에 팔아버렸습니다. 미국에서도 그 땅을 산 재무장관은 바보 같은 거래를 했다고 엄청난 비난을 받아야만 했습니다. 그런데 그 후 알래스카에서는 석유와 금과 천연가스가 나오면서 엄청나게 가치 있는 땅이 되었고, 지금 알래스카의 가치는 말로 표현할 수 없을 정도로 정치적으로나 군사적으로 중요하게 되었습니다.

성경에서도 아주 바보 같은 거래를 한 사람이 나옵니다. 그 대표적인 인물이 에서입니다. 에서는 세상 사람들과 어울려 다니는 재미에 빠져서 자기 집에 있는 보물을 알지 못했습니다. 그러나 야곱은 사냥을 별로 좋아하지 않았으므로 자연스럽게 집에 있으면서 자기 집에는 하나님의 어마어마한 축복이 상속되고 있다는 것을 알았습니다. 야곱은 어떻게 해서든지 하나님의 축복을 상속받아야겠다고 생각하고 있었습니다. 어느 날 죽을 쑤고 있는데 에서가 사냥을 하고는 허겁지겁 와서는 배가 고파 죽을 지경이니까 죽을 좀 달라고 했습니다. 그때 야곱은 형의 장자권을 나에게 팔면 팥죽을 주겠다고 했습니다. 그랬더니 에서는 두 번 생각도 하지 않고 내가 지금 배가 고파 죽을 지경인데 장자권 같은 것이 무슨 소용 있느냐고 하면서 팔아 버렸습니다. 결국 에서는 하나님의 축복을 야곱에게 빼앗기게 됩니다.

그런데 신약 성경에도 그런 사람이 있습니다. 바로 가룟 유다였습니다. 가룟 유다는 예수님의 제자였고 하나님의 말씀을 맡았지만 믿음이 없었기 때문에 은 삼십을 받고 스승인 예수님을 팔아버립니다. 그 결과 가룟 유다는 영원한 저주를 받게 되고 멸망의 자식이 되고 말았습니다.

그리고 또 부자 청년이 있습니다. 그 부자 청년은 예수님을 찾아와서 영원한 생명에 대한 질문을 했지만, 예수님이 모든 것을 다 팔아서 가난한 자들에게 주고 너는 나를 따르라고 했을 때 그는 재물을 포기하지 못해서 근심하면서 돌아갔습니다.

우리가 지금 사는 세상은 너무나도 살기가 좋습니다. 그래서 사실 우리에게 있어서 천국은 멀리 느껴지고 이 세상에서 좋은 것을 전부 다 가지려고 할 때가 많습니다. 그러나 우리가 이 세상에서 아무리 좋은 것을 많이 가지고 있다고 하더라도 그것은 팥죽 한 그릇밖에 안 되는 것입니다. 우리는 정말 가치 있는 것을 찾아야 하고, 어떤 희생을 치르더라도 그 가치 있는 것을 끝까지 붙들어야 합니다.

그중의 하나가 하나님의 징계를 받는 것입니다. 이것은 무조건 축복이라고 했습니다. 왜냐하면 하나님의 자녀가 아니면 징계를 주시지 않기 때문입니다. 그래서 우리는 하나님께 맞은 적이 있다면 그것은 무조건 횡재 한 것입니다. 왜냐하면 우리는 하나님의 자녀이기 때문입니다. 우리가 하나님의 자녀라고 한다면 시시한 것에 집착하는 것은 옳지 않습니다. 하나님의 자녀라면 품위가 있어야 하고 하나님에 대한 열정이 있어야 합니다.

1. 하나님의 자녀의 품위

우리가 예수 믿는 것이 중요한 이유는 이것이 천국을 관광하거나 구경 가는 것이 아니기 때문입니다. 천국을 구경만 한다고 해도 대단할 것입니다. 어떤 분은 미국의 산티아고의 사파리 공원이나 아프리카 케냐의 자연공원에 구경 간 것을 잊지 못합니다. 왜냐하면 거기에는 사자나 노루나 맹수들이 차 옆을 그냥 돌아다니기 때문입니다. 그곳은 이런 동물들이 주인이고 사람은 그야말로 잠시 찾아온 구경거리 밖에 되지 않는 것입니다.

그런데 만일 우리가 천국을 구경 간다고 하면 얼마나 엄청나겠습니까? 그러나 우리는 천국을 구경 가는 사람들이 아니고 하나님의 자녀들입니다. 이미 이 세상에서 하나님으로부터 두들겨 맞은 적이 있는 사람들은 하나님의 자녀들입니다. 그래서 하나님으로부터 징계받는 것은 엄청난 축복입니다. 우리는 하나님께 맞으면 맞을수록 좋은 것입니다.

그런데 우리는 징계받는 것으로만 끝나면 아무 소용이 없습니다. 우리는 하나님 자녀의 품위를 갖추어야 합니다. 이것이 결국 피는 속이지 못한다는 것입니다. 핏속에 왕족의 피가 있는 사람은 야단을 맞거나 매를 맞으면 자신의 정체성에 대하여 깊이 생각합니다. 그리고 자기의 잘못된 행동을 깊이 반성해서 완전히 딴사람이 되는 계기로 삼습니다.

이와 마찬가지로 우리 안에 하나님의 말씀이 있고 성령이 계시면 우리가 하나님의 징계를 당할 때 깊이 생각을 하게 됩니다. 그리고 내가 하나님을 믿는다고 하지만 완전히 세상 사람으로 살아가고 있었구나 하는 것을 깨닫고 정신을 차리고 결단을 내리게 됩니다. 그래서 끊을 것은 끊고 회복할 것은 회복하게 됩니다.

12:12-13, "그러므로 피곤한 손과 연약한 무릎을 일으켜 세우고 너희 발을 위하여 곧은 길을 만들어 저는 다리로 하여금 어그러지지 않고 고침을 받게 하라"

"피곤한 손과 연약한 무릎"이라는 것은, 손은 떨리고 무릎은 운동을 전혀 하지 않아서 힘을 쓸 수 없는 상태를 말합니다.

마약에 중독된 사람들을 보면, 그들의 눈은 언제나 게슴츠레하게 풀려 있고 손은 떨리고 있고 오직 생각하는 것은 마약밖에 없습니다. 손이 떨리고 무릎에 힘이 하나도 없습니다. 집 밖에 나가지 않고 방구석에서 게임만 한 사람은 밖에 나가면 걸을 수 없습니다. 다리에 힘이 전혀 없기 때문입니다.

우리가 믿는다고 하면서도 이 세상에 살기 때문에 자꾸 세상에 어울리다 보면 세상에 중독되어서 고난은 싫어지고 자꾸 편하게 살려고 하게 됩니다. 그래서 짜증만 생기고 이기적이 되고 세상 이익만 생각하게 됩니다. 그러다가 하나님으로부터 징계를 받게 되면 그때야 비로소 나를 약하게 만드는 세상의 모든 나쁜 버릇이나 죄를 버리고 손에 주먹을 쥐고 무릎을 일으켜서 하나님을 향하여 걷기 시작하는 것입니다.

또 "저는 다리로 하여금 어그러지지 않고"라고 했습니다. 우리는 자기도 모르는 사이에 다리를 절고 있었던 것입니다. 그 다리는 세상으로 가는 다리였습니다. 세상 친구를 만나는 다리였고 술을 마시는 곳으로 가는 다리였고 육체의 쾌락을 향하여 가는 다리였습니다. 그런 다리를 바로 잡으려고 하면 다리 자체를 나무에 묶어서 깁스를 하든지 해서 곧게 만들어야 합니다.

나이 드신 노인들은 연골이 달아서 연골 수술을 하기 전에는 일어서지를 못합니다. 그러다가 인공 연골을 넣은 후에 다리를 한번 확 꺾어서 다리가 접혀지도록 해야 하는데, 그때 너무 아파서 죽는다고 소리를 지릅니다. 그러나 그렇게 하고 재활 훈련하면 나중에는 얼마든지 바로 걸어 다닐 수 있는 것입니다.

또 하나님의 백성들은 품위가 있어야 합니다.

12:14, "모든 사람과 더불어 화평함과 거룩함을 따르라 이것이 없이는 아무도 주를 보지 못하리라"

하나님의 백성의 품위는 두 가지입니다. 하나는 모든 사람을 포용하는 사랑입니다. 예수님은 원수까지 사랑하라고 하셨습니다. 우리가 어떻게 모든 사람을 사랑하며 원수까지도 사랑할 수 있겠습니까? 우리가 다른 사람을 내 기준에서 생각하면 절대로 화평할 수 없습니다. 내가 입은 마음의 상처나 내가 고통받은 것을 생각하면 도저히 용서할 수 없습니다. 그러나 내가 하나님으로부터 받은 은혜를 생각하고, 내가 죽어야 했는데 살아있는 것을 생각하면 용서하지 못할 사람이 없는 것입니다. 우리는 모든 사람의 연약한 것을 이해할 수 있어야 합니다. 그리고 모든 과거는 잊을 수 있어야 합니다. 그래야 하나님 자녀의 품위가 나오는 것입니다.

그리고 또 하나는 거룩함입니다. '거룩함'이라는 것은 죄가 접근도 하지 못하는 것을 말합니다. 이것은 마음에 분명한 기준이 있어야 가능합니다. 즉 죄라는 것이 얼마나 가증하고 더러우며 그 결과가 얼마나 비참한지 분명히 알아야 합니다. 죄의 삯은 사망이라고 했습니다. "욕심이 잉태한즉 죄를 낳고 죄가 장성한즉 사망을 낳느니라"(약 1:15)고 했습니다. 우리는 더 가질 필요가 없을 정도로 부요한 사람들입니다. 하나님의 백성들이 가난하면 가난할수록 좋은 것입니다. 오히려 위대한 것입니다. 이것이 없이는 아무도 주를 보지 못한다고 했습니다. 즉 우리는 죄는 끊어버리고 성숙한 수준에 올라가야 하나님을 뵐 수 있는 것입니다. 자기 힘으로 안 되면 하나님이 그렇게 만드십니다. 십 년, 이십 년 병에 걸려서 고생하면 저절로 거룩해질 수밖에 없습니다.

2. 쓴 뿌리를 뽑으라

《어린 왕자》를 보면 자기가 있던 작은 별에서는 바오밥 나무의 싹을 뽑는 것이 제일 중요하다고 합니다. 물론 어린 왕자의 별에는 화산이 두 개가 있고 죽은 화산도 하나 있는데 이 화산은 매일 청소를 해야 합니다. 만일 청소하지 않으면 화산이 폭발할 수 있기 때문입니다. 그리고 어디선가 바오밥 나무 씨가 날아오는데 그것을 그냥 놔두면 이 씨의 싹에서 뿌리가 자라서 별을 뚫어버리기 때문에 별이 부서진다고 했습니다.

우리가 보통 '쓴 뿌리'라고 하면 두 가지를 생각할 수 있습니다. 옛날 가난한 시절에는 뿌리를 캐내어서 그 껍질을 벗겨서 양식 대신 먹곤 했습니다. 지금도 고구마나 감자 같은 뿌리는 중요한 식물로 사용되고 있습니다. 그러나 어떤 뿌리는 맛이 아주 쓸 뿐 아니라 독을 가지고 있어서 국의 맛을 버리게 하거나 식중독에 걸리게도 합니다.

그리고 또 하나의 뜻은 정상적이지 않은 뿌리를 의미합니다. 그것은 우리 몸에 암과 같은 존재입니다. 그야말로 불순종의 뿔 같은 것을 말합니다. 어떤 사람은 이 뿔을 가지고 옆에 있는 사람을 들이받기도 하고 또 어떤 사람은 악한 질병을 퍼트리기도 합니다. 예를 들면 구제역이나 메르스 같은 병균이 조금이라도 있으면 그와 접촉한 사람들이나 짐승들은 그 병에 걸려서 죽게 되는 것입니다.

12:15, "너희는 하나님의 은혜에 이르지 못하는 자가 없도록 하고 또 쓴 뿌리가 나서 괴롭게 하여 많은 사람이 이로 말미암아 더럽게 되지 않게 하며"

히브리서 저자는 우리 믿는 자들 중에서 "하나님의 은혜에 이르지 못하는 자가 없도록 하라"고 강조하고 있습니다. 이 말은 '우리는 하나님의 은혜 없이는 살 수 없는 자'라는 뜻을 가지고 있습니다. 즉 우리는 언제나 하나님의 은혜에 연결이 되어야 살 수 있다는 것입니다. 이것은 마치 나무에 물이 공급되는 것과 같습니다. 나무에 물이 공급되지 않으면 금방 말라서 죽게 됩니다. 특히 나무를 옮겨 심었을 때는 저항력이 없으므로 물을 매일 주지 않으면 금방 말라서 죽게 됩니다. 우리는 이 세상에서 하나님의 나라로 옮겨 심겼기 때문에 하나님의 말씀을 충분히 주지 않으면 하나님의 은혜에서 멀어지게 됩니다.

그리고 중요한 것은 "쓴 뿌리가 생기지 않게 주의하라"는 것입니다. 우리 한국 사람에게 쓴 뿌리는 과거의 원한이나 마음의 상처, 우울증 같은 것으로 생각할 수 있습니다. 이것은 우리 마음에 고통을 주고 쓴맛을 주어서 행복하지 못하게 하기 때문입니다. 이 쓴 뿌리는 치료도 받아야 하지만 하나님의 사랑을 많이 체험해야 하고 사람들의 사랑도 많이 받아야 뽑히게 됩니다.

우리 인간은 하나님의 말씀에 불순종하고 반항하려고 하는 쓴 뿌리가 있습니다. 이것이 구약 성경에서는 우상숭배와 음행으로 나타나게 됩니다. 즉 내 인생을 내 마음대로 하겠다는데 왜 하나님은 아무것도 하지 못하게 하실까 하는 반항으로 나타나는 것입니다. 그래서 하나님의 말씀을 사랑하라고 하면 우상을 만들어서 자기 하고 싶은 대로 하고, 거룩한 생활을 하라고 하면 세상 사람들처럼 음행을 저지르는 것입니다.

그러나 하나님께 반항하면 결국 자기 자신이 손해 보게 됩니다. 왜냐하면 우리가 아무리 반항해도 하나님은 손해 보시지 않기 때문입니다. 그러나 하나님은 마음 아파하십니다. 결국 자기 인생만 허비하게 되는 것입니다. 우리에게 가장 아까운 것은 시간입니다. 우리가 하나님께 반항한 시간은 그만큼 인생을 허비한 시간이 되는 것입니다.

3. 팥죽 한 그릇의 거래

이 세상에서 가장 어리석은 거래를 한 사람은 에서와 가롯 유다였습니다. 그들은 하나님으로부터 어마어마한 복을 받을 수 있었지만 눈앞의 이익에 눈이 어두워서 너무 시시한 것에 하나님의 복을 팔아 버렸기 때문입니다.

12:16, "음행하는 자와 혹 한 그릇 음식을 위하여 장자의 명분을 판 에서와 같이 망령된 자가 없도록 살피라"

"음행"이라는 것도 하나님께 반항하는 쓴 뿌리 중 하나라고 생각하면 좋을 것입니다. 사람들은 하나님께 반항하기 위하여 자기 자신을 망치고 있습니다. 어떤 사람은 자기 몸에 상처를 내고 얼굴에 피를 흘리면 부모나 남들이 마음 아파할까 해서 그렇게 하는데, 그것은 자기 자신을 망치는 것입니다. 자살하는 것도 굉장히 영웅적인 행동처럼 보일 것으로 생각하는데 전혀 그렇지 않습니다. 결국 죽은 사람만 불행하고 가족만 상처를 입게 되는 것입니다. 우리는 아무리 가난하고 비참해도 살아야 합니다. 자신을 아끼는 것이 자기를 사랑하는 것입니다. 그런데 가장 어리석은 사람은 하나님의 어마어마한 복이 눈앞에 있는데 팥죽 하나로 하나님의 그 놀라운 복을 팔아먹어 버린 것입니다.

에서는 하나님의 축복을 상속받을 수 있는 장자였습니다. 물론 하나님의 말씀에 쌍둥이 중에서 큰 자가 작은 자를 섬기리라고 했습니다. 그러면 섬기면 되는 것입니다. 그러나 에서는 하나님의 축복은 시시하고 세상의 돈이나 성공이 중요하다고 생각해서 팥죽 한 그릇에 장자권을 팔아버렸던 것입니다. 그리고 나중에 야곱이 아버지를 속이고 축복을 받아버렸을 때 통곡하면서 자기도 축복해 달라고 아버지 이삭에게 매달렸지만 축복을 받지 못했습니다.

12:17, "너희가 아는 바와 같이 그가 그 후에 축복을 이어받으려고 눈물을 흘리며 구하되 버린 바가 되어 회개할 기회를 얻지 못하였느니라"

가롯 유다는 예수님의 제자가 되었고 말씀도 맡았습니다. 그는 다니면서 사람들의 병도 고치고 귀신도 쫓아내었습니다. 그러나 그는 예수님의 말씀보다 사회 개혁이 더 중요하다고 생각했습니다. 예수님이 십자가에 죽는다고 하니까 그는 자기가 살기 위해 예수님을 은 삼십에 팔았습니다. 그러나 사탄은 이런 가롯 유다를 그냥 두지 않았습니다. 사탄은 그의 양심을 공격해서 결국 자살하게 만들고 창자까지 터지게 했습니다.

하나님은 팥죽이 나쁘다고 말씀하시지 않았습니다. 우리도 가끔 팥죽을 먹으면 아주 맛이 있습니다. 그러나 팥죽 같은 것을 가지고 하나님의 축복과 바꾸는 것은 너무나도 어리석은 것입니다. 우리가 이 세상에서 누리고 가지려고 하는 것은 전부 팥죽입니다. 우리가 이런 것을 먹고 가지는 것은 전혀 잘못이 아닙니다. 그러나 하나님의 말씀이나 성령의 능력을 이 세상 것과 바꾸면 에서가 되는 것입니다.

　누가 하나님의 장자권을 가진 자일까요? 하나님의 말씀을 사랑하는 자입니다. 누구든지 하나님의 말씀을 사랑하면 그는 하나님의 장자입니다. 그 사람은 이 세상에서도 장자이고 하나님 앞에서도 영원한 장자입니다. 우리는 다른 것은 몰라도 하나님의 말씀을 전 세계에서 가장 사랑하는 자가 되어야 합니다. 그러면 이 세상에서도 갑절의 복을 받을 것입니다.

24

흔들리지 않는 나라
히 12:18-29

얼마 전에 우리나라 포항에서 지진이 일어났을 때, 건물 벽이 무너지고 집이 붕괴하려고 하는 바람에 집에 들어가지 못하고 실내 체육관 안에 있는 임시 처소에서 생활하는 분들이 있었습니다. 지진이 일어나면 땅이 흔들리고 건물이 무너지면서 많은 사람이 다치거나 죽게 됩니다. 언젠가 네팔에서 지진이 난 것을 텔레비전으로 보았는데, 사람들이 길에서 비틀거리고 갑자기 사거리에 있던 큰 탑이 폭삭 무너져버리는 장면을 보았습니다. 이 땅이 흔들리면 사람들은 살 수 없습니다. 그런데 아주 단단하다고 생각했던 땅이 흔들리는 경우도 있습니다. 그중의 하나가 이스라엘이 출애굽 하여 마주한 시내산이었습니다.

성지순례 중 이집트에서 출발해서 예루살렘으로 가는 길에 시내산에 올라가신 분들이 많이 계실 것입니다. 시내산은 작은 산이 아닙니다. 정상에 올라가려면 네 시간 정도 걸리는 아주 큰 산인데, 낙타를 타면 세 시간에서 세 시간 반쯤 걸리는 것 같습니다. 그런데 같이 갔던 어떤 권사님은 낙타가 뛰는 바람에 너무 놀라서 그 후에는 잠도 잘 못 자고 신경쇠약에 걸리게 되었다고 했습니다. 그래서 노는 것도 젊었을 때 놀아야 한다고 말하기도 합니다. 같이 간 분들에게 시내산 꼭대기에 서서 무엇을 보았느냐고 물어보니까 모세를 기념하는 작은 예배당과 컵라면을 파는 것과 또 날씨가 좋아서 볼 수 있었던 일출이라고 했습니다. 결국 우리나라에서 지구의 반이나 돌아서 모세가 올라갔던 시내산에 가 보아도 낙타와 신경쇠약과 컵라면밖에 없다는 것입니다.

우리는 모두 흔들리지 않는 안전한 나라를 원하고 있습니다. 우리는 사회적인 혼란이나 전쟁도 없고 직장도 없어지지 않고 자녀나 아내나 남편이나 가족 모두가 안전하고 행복하게 살 수 있는 안전한 나라를 찾고 있습니다. 그런데 오늘 우리가 사는 이 세상에서 그렇게 안전한 나라가 있겠습니까?

본문에서는 지금 우리가 가고 있는 곳이 바로 그 안전한 나라라고 말씀하고 있습니다. 즉 흔들리지 않는 그 나라에 지금 가고 있다는 것입니다. 그런데 우리는 여전히 지금 몹시도 흔들리고 있는 이 세상에 살아가고 있는데, 어떻게 안전한 나라를 향하여 가고 있다고 말할 수 있을까요? 그것은 우리의 시야가 너무 좁아서 눈앞에 있는 것밖에 보지 못하기 때문입니다. 우리에게 영의 눈이 조금이라도 열린다면 우리는 절대로 흔들리지 않는 가장 안전한 나라에 들어가 있다는 것을 알게 될 것입니다.

1. 이스라엘 백성들이 보았던 시내산

이스라엘 백성들은 그 당시 세계에서 가장 부강했던 나라 애굽에 있으면서 정말 그곳을 떠나기 싫어했습니다. 옛날에는 그 많은 밀이 거의 애굽에서 생산되었습니다. 애굽은 파피루스 갈대로 책을 만들었는데 그 당시 알렉산드리아에 있는 도서관에는 파피루스 두루마리가 수십만 권이 있었다고 합니다. 또 애굽에는 불가사의한 피라미드가 있었고 마를 이용한 섬유업도 발달했습니다. 그 당시 애굽은 세계 최강의 군대였는데 특히 마병과 병거는 세계에서 가장 발달해 있었습니다. 또 당시 애굽의 주술이나 종교는 죽은 자의 세계를 생각해서 시체를 미라로 만들었고 모세의 능력에 대항할만한 능력을 가지고 있었습니다. 그 당시 사람들이 생각하기에 애굽은 이 세상에서 가장 부요하고 안전한 나라인 것 같았습니다. 이 세상에서 애굽을 흔들거나 망하게 할 나라나 사람은 없었습니다.

그런데 드디어 그 애굽이 흔들렸습니다. 애굽은 노예로 부려먹던 이스라엘 백성들에 의해서 나라가 완전히 흔들렸고 초토화가 되었습니다. 이스라엘에는 모세라는 사람이 살인자가 되어 어디론가 도망을 쳤다가 다시 돌아왔는데, 그에게는 하나님의 말씀이 있었습니다. 모세가 지팡이를 가지고 하나님의 말씀을 외쳤을 때, 강물이 피가 되기도 하고 수많은 개구리가 올라오기도 하고 불우박이 떨어지면서 나라가 초토화가 되었습니다. 나중에는 드디어 애굽의 모든 장자까지 다 죽었습니다. 그때 바로의 왕자까지 죽게 됩니다. 애굽은 모세 한 사람 때문에 나라가 완전히 흔들려버렸고 망해버렸습니다. 그리고 애굽의 노예였던 이스라엘 백성들은 애굽을 거의 발가벗기듯이 약탈해서 모든 금과 은과 옷들을 다 가지고 탈출했습니다. 애굽은 완전한 나라가 아니었습니다.

이스라엘 백성들은 어리석게도 홍해가 가로놓여 있는 쪽으로 갔는데, 애굽 왕과 군대는 그들을 추격했습니다. 그런데 모세의 말에 홍해는 갈라져서 이스라엘 백성들은 갈라진 바다를 건너갔고, 추격하던 애굽의 왕과 군대는 바다가 합쳐지면서 모두 바다에 빠져 죽고 말았습니다. 애굽은 그렇게 강하고 흔들리지 않는 나라같이 보였지만 모세 한 사람에 의해서 완전히 초토화가 되고 왕과 모든 신하와 군대가 바다에 빠져 죽었습니다. 정말 강한 자는 아무것도 가진 것 없이 하나님의 말씀과 지팡이 하나만 가진 모세였습니다.

모세는 이스라엘 백성들을 데리고 시내산으로 갔습니다. 이스라엘이라는 나라는 공식적으로 시내산에서부터 시작됩니다. 그런데 모세와 이스라엘 백성들이 갔던 시내산은 어떤 산이었을까요? 평소에는 풀이나 나무 하나 없는 그야말로 돌산이었습니다. 그런데 모세와 이스라엘 백성들이 시내산에 갔을 때 그 황량한 시내산은 살아있었습니다. 그때 시내산은 무섭게 살아있는 산이었습니다.

12:18-19, "너희는 만질 수 있고 불이 붙는 산과 침침함과 흑암과 폭풍과 나팔 소리와 말하는 소리가 있는 곳에 이른 것이 아니라 그 소리를 듣는 자들은 더 말씀하지 아니하시기를 구하였으니"

이스라엘 백성들이 하나님을 만나기 위하여 간 시내산은 만질 수 있는 돌산이었습니다. 평소 같으면 이스라엘 백성들도 마음만 먹으면 얼마든지 올라갈 수 있는 보통 돌산이었습니다. 그러나 이스라엘 백성들이 출애굽하고 난 후에 찾아간 시내산은 달랐습니다. 그때 시내산 전체는 불이 붙어 있었습니다. 그리고 캄캄했습니다. 어떤 알 수 없는 구름 같은 것이 꽉 덮고 있어서 산을 제대로 볼 수 없었습니다. 그리고 산에는 어마어마한 폭풍이 불고 있었습니다. 그런데 산 위에서는 나팔 소리가 울려 퍼지고 하나님의 음성이 들렸습니다. 이스라엘 백성들은 감히 시내산에 가까이 갈 수 없었습니다. 너무 무서웠기 때문입니다.

시내산은 살아있었습니다. 하나님께서도 모세에게 이스라엘 백성이나 양이나 소 같은 가축이 산에 올라오지 못하게 하라고 하셨습니다. 왜냐하면 하나님의 말씀이 너무 강해서 모세가 아닌 사람이 올라오면 자동적으로 죽임을 당하기 때문이었습니다. 이때 시내산 전체가 살아있었습니다. 산은 울고 있었고 소리를 지르고 있었으며 떨고 있었습니다. 이것이 바로 하나님 말씀의 파워였습니다. 하나님의 말씀은 시내산을 떨게 만들었고 불붙게 만들었으며 폭풍이 불게 했고 사람이나 가축이 오면 죽임을 당했습니다.

12:20, "이는 짐승이라도 그 산에 들어가면 돌로 침을 당하리라 하신 명령을 그들이 견디지 못함이라"

결국 이스라엘 백성들은 하나님의 말씀을 직접 들을 수 없었습니다. 하나님의 말씀 한 마디 한 마디가 그들의 가슴을 찌르는 화살 같고 불을 삼키는 것 같은 말씀이었으므로 그들이 도저히 감당할 수 없었기 때문입니다. 만약 우리가 불붙는 돌을 삼킨다면 속이 뜨거워서 데굴데굴 구르고 난리를 칠 것입니다. 그리고 속이 다 타서 결국 죽고 말 것입니다.

이스라엘 백성들은 서서 하나님의 말씀을 듣는데 그 한 말씀 한 말씀이 마치 불덩어리같이 그들의 마음속에 타들어 갔던 것입니다. 그래서 이스라엘 백성들은 모세를 밀면서 당신이 가서 하나님의 말씀을 듣고 와서 우리에게 대신 말을 전해 달라고 했습니다.

12:21, "그 보이는 바가 이렇듯 무섭기로 모세도 이르되 내가 심히 두렵고 떨린다 하였느니라"

그런데 사실 모세도 하나님이 말씀하시는 곳에 가려고 하니까 너무나도 무서워서 갈 수 없었습니다. 그의 손과 발이 떨리고 이가 떨려서 가고 싶지 않았습니다. 그러나 모세는 죽을 각오를 하고 시내산에 올라가서 실제로 하나님의 말씀을 받았습니다. 사십 일 동안 먹지도 않고 잠을 자지도 않고 그 산에 있으면서 하나님의 말씀을 받았던 것입니다. 하나님께서는 먼저 모세에게 말씀하시고 그다음에는 돌에 불로 글씨를 써서 돌비를 만들어주셨습니다.

이스라엘 백성들이 찾아간 하나님의 나라는 푸른 초장이 있고 시냇물이 흐르는 에덴동산이 아니었습니다. 그곳은 돌과 큰 돌산만 있었지만 불같은 하나님의 말씀이 있었던 것입니다. 하나님의 말씀은 두렵고 떨리는 말씀이었습니다. 그런데 이곳은 이스라엘 백성들이 통과해야 하는 곳이지 영원히 있을 곳은 아니었습니다.

2. 하나님의 백성들의 목적지

이스라엘 백성들이 최종 목적지에 가기까지는 반드시 몇 군데를 통과해야만 했습니다. 그 첫 번째가 홍해였습니다. 이스라엘 백성들은 반드시 죽을 수밖에 없는 막다른 골목에서 살아나는 기적을 체험해야만 했습니다. 사도 바울은 이것이 바로 그들이 받아야 할 세례라고 했습니다(고전 10:2).

그리고 이스라엘 백성들이 통과해야 했던 관문은 시내산이었습니다. 그런데 그곳은 불이 붙고 나팔 소리가 나고 폭풍이 일어나는 무시무시한 산이었습니다. 그리고 이스라엘 백성들은 사십 년에 걸쳐서 뜨거운 광야를 통과해야만 했습니다. 이때 그들은 빨리 광야를 벗어나려고 해서도 안 되고 성질을 부려서도 안 되었는데, 그만 성질을 부렸던 이스라엘 백성들은 모두 광야에서 죽고 말았습니다.

그 후에 이스라엘 백성들은 광야에서 오직 하나님과 함께 한 걸음 한 걸음 옮기는 훈련을 받아야만 했습니다. 그러면서 하나님의 능력은 이스라엘 백성 안에 들어오기 시작했습니다. 그래서 다시 요단강이 멈추고 여리고성이 무너지는 기적이 일어났습니다.

이스라엘 백성들이 가야 하는 최종 목적지는 시온산이었습니다. 그리고 거기서 하늘의 도성인 예루살렘까지 가야만 했습니다.

> 12:22-23, "그러나 너희가 이른 곳은 시온 산과 살아 계신 하나님의 도성인 하늘의 예루살렘과 천만 천사와 하늘에 기록된 장자들의 모임과 교회와 만민의 심판자이신 하나님과 및 온전하게 된 의인의 영들과"

이스라엘 백성들은 광야 사십 년을 통과한 후 가나안 땅에 들어갔습니다. 그러나 그들이 예루살렘을 차지하는 것은 다윗이 왕이 될 때까지 기다려야만 했습니다. 왜냐하면 베냐민 지파가 예루살렘에 있는 여부스 족속을 쫓아내지 못하였기 때문입니다. 그러나 우리가 가야 할 곳은 이 세상에 있는 예루살렘이 아니라 하늘에 있는 예루살렘입니다. 요한계시록에 보면 하늘에서 내려온 그리스도의 신부인 예루살렘이 있는데, 모든 것이 보석으로 되어있습니다.

우리가 가야 할 곳은 천만 천사들이 있는 곳이고 하늘에 기록된 장자들이 있는 곳입니다. 우리는 누구든지 하나님의 말씀을 가장 사랑하는 자가 장자라는 것을 압니다. 그래서 에서와 야곱은 쌍둥이지만 에서는 장자가 되지 못하고 야곱이 장자가 되었던 것입니다. 에서는 하나님의 축복을 되찾으려고 통곡했지만 소용이 없었습니다. 우리는 이 세상에서 다른 것은 몰라도 하나님의 말씀을 최고로 사랑해야 합니다. 그래야 장자의 명분을 가질 수 있기 때문입니다. 그리고 그곳은 교회와 만인의 심판자이신 하나님이 계신 곳입니다. 오늘 교회가 중요한 이유는 불같은 하나님의 말씀이 있기 때문입니다.

그런데 왜 오늘의 교회는 불붙는 시내산 같지 않을까요? 그것은 예수님께서 십자가 위에서 이미 그 불을 다 마셨기 때문입니다. 그래서 우리는 하나님의 말씀을 들어도 두렵지 않고 떨리지 않고, 은혜로운 하나님의 말씀을 들을 수 있는 것입니다. 그렇다고 해서 우리가 하나님의 말씀을 시시하게 생각해서는 안 됩니다. 우리가 하나님의 말씀을 시시하게 생각하는 이유는 시내산을 제대로 통과하지 않았기 때문입니다.

우리가 예수를 믿는 이유는 처음 하나님의 말씀을 들을 때 이 말씀이 내 속을 태우는 불같은 말씀이었기 때문입니다. 그리고 이 말씀 때문에 광야 같은 세상을 고난 가운데 걸어오게 되었습니다. 이스라엘 백성들은 광야 사십 년을 허송세월한 것이 아니었습니다. 그들은 광야 사십 년을 걸으면서 하나님을 자기 안에 모시는 데 성공했습니다. 원래 하나님은 인간과 함께 있을 수 없었습니다. 시내산에서 하나님은 사람이나 가축이나 그 산에 올라오면 죽는다고 말씀하셨습니다. 하나님은 소멸하는 불이셨습니다. 하나님은 태양보다 더 뜨거운 불이시고 핵무기보다 수억만 배 뜨거운 분이십니다. 그런데 이스라엘 백성들이 그 뜨거운 사막에서 하나님의 말씀에 묵묵하게 순종하는 가운데 하나님과 동거하는 데 성공했습니다. 이제 이스라엘 백성들 자체가 핵무기가 된 것입니다.

12:29, "우리 하나님은 소멸하는 불이심이라"

하나님은 죄라고 하는 죄는 다 태워버리는 불이셨습니다. 하나님은 하늘도 태우시고 우주도 태우시는 불이셨습니다. 예수님도 하나님과 같은 불이셨습니다. 그러나 예수님은 하나님의 불에서 떨어져 나와 인간이 되심으로 우리 마음을 따뜻하게 하는 불이 되셨습니다. 우리가 하나님의 말씀을 듣고 마음이 따뜻해지면 은혜를 받은 것입니다. 그리고 우리의 마음을 뜨겁게 하는 성령의 불로 오셨습니다. 우리 안에 성령이 오심으로 우리는 이미 하늘의 예루살렘에 도착한 것입니다. 우리에게는 천만 천사가 있고 교회가 있고 장자들이 있고 의인들의 영이 있습니다.

3. 세상을 흔드시는 하나님

이스라엘 백성들이 시내산에 도착했을 때, 시내산은 마치 폭발하려는 화산처럼 진동하고 있었습니다. 요즘으로 치면 제대로 서 있을 수도 없는 엄청난 지진이 일어나고 있었던 것입니다. 그런데 모세는 그런 지진이 일어나는 시내산을 걸어서 올라갔던 것입니다. 하나님께서 시내산을 진동시키신 이유는 장차 온 세상을 하나님의 말씀으로 진동시키실 것임을 미리 보여주는 것이었습니다. 즉 하나님의 말씀으로 지어지지 않은 모든 것은 다 부서지게 되는 것입니다.

12:26, "그 때에는 그 소리가 땅을 진동하였거니와 이제는 약속하여 이르시되 내가 또 한 번 땅만 아니라 하늘도 진동하리라 하셨느니라"

아마 시내산의 말씀이 애굽에서 선포되었더라면 애굽은 완전히 지진으로 폐허가 되었을 것입니다. 그래서 하나님이 시내산에서 말씀을 선포하신 것은 이 세상으로서는 큰 은혜였습니다. 이스라엘 백성도 들판에 서 있었기 때문에 흔들리기만 했지, 깔려 죽지는 않았던 것입니다. 그러나 하나님은 여러 차례 세상을 진동시키셨습니다. 그래서 예루살렘도, 바벨론도, 페르시아도, 로마도 망하고, 일차대전과 이차대전도 터졌습니다.

그러나 이제 하나님은 땅만이 아니라 하늘까지 진동시키겠다고 말씀하십니다. 하늘이 진동하게 되면 어떻게 될까요? 우리는 땅이 진동하고 바다가 진동하는 것을 보았습니다. 바다가 진동하는 것이 쓰나미입니다. 일본이나 인도네시아는 이미 쓰나미로 큰 피해를 당하였습니다. 그런데 하늘이 진동하면 어떻게 될까요? 하나님이 애굽에 우박 재앙을 내리셨을 때 얼마나 우레가 크고 많이 울렸던지 바로는 견디지 못했습니다. 그러나 하나님이 하늘을 흔드시면 태양도 없어지고 달과 별들도 모두 없어지게 될 것입니다. 하나님이 하늘을 흔드시면 공기도 없어지고 구름도 없어지고 궁창은 종이가 말리듯이 말려서 없어지게 될 것입니다. 그래서 인간은 이 세상에서는 하나님을 피할 곳이 없어지게 됩니다. 하나님은 말씀으로 지어지지 않은 것은 모두 다 흔들어서 부서뜨릴 것입니다.

12:27, "이 또 한 번이라 하심은 진동하지 아니하는 것을 영존하게 하기 위하여 진동할 것들 곧 만드신 것들이 변동될 것을 나타내심이라"

여기 "또 한 번"이라는 것은 시내산의 진동 말고 또 한 번 하나님께서 큰 진동을 일으키실 것을 말합니다. 그러면 이 세상이 없어지는 것입니다. 하나님께서는 하나님의 말씀으로 지어진 것만 남기시기 위하여 온 세상을 다 흔들어버리실 것입니다. 그러므로 우리가 하나님의 말씀만 붙들고 예수 그리스도를 바라보면서 왔다면 바른길을 찾아온 것입니다. 우리는 절대로 흔들리지 않는 나라를 찾아온 것입니다.

모세는 지진이 일어나고 있고 나팔 소리가 나고 돌들이 날아다니는 가운데서도 하나님을 믿고 시내산에 올라갔습니다. 모세가 시내산에 올라갔지만 사십일 동안 먹지도 못하고 잠도 자지 못했습니다. 그러나 그는 돌비를 가지고 내려왔습니다. 오늘 우리에게는 이런 믿음이 필요합니다.

12:24-25, "새 언약의 중보자이신 예수와 및 아벨의 피보다 더 나은 것을 말하는 뿌린 피니라 너희는 삼가 말씀하신 이를 거역하지 말라 땅에서 경고하신 이를 거역한 그들이 피하지 못하였거든 하물며 하늘로부터 경고하신 이를 배반하는 우리일까보냐"

이스라엘 백성들은 시내산에서 받은 말씀을 거역하는 바람에 모두 광야에서 죽고 말았습니다. 그래서 이스라엘 백성의 1차 인구조사는 죽을 사람들의 인구조사였습니다. 어떤 사람은 독사에 물려서 죽었고, 어떤 사람은 땅이 갈라져서 죽었고, 어떤 사람은 전염병으로 죽었습니다. 그런데 우리가 듣는 복음은 하늘에서 온 기쁜 소식입니다. 우리가 이 복음을 무시하고 세상을 사랑하면 더 무서운 심판을 받게 됩니다.

이스라엘 백성들은 육십만 명 중에서 단 두 명만 합격했는데 천국은 더 어려울 수 있습니다. 왜냐하면 우리는 이 세상이 너무 좋기 때문입니다. 오늘 많은 사람은 예수를 믿는다고 하면서도 세상의 성공이나 잘 사는 것으로 충분하다고 생각합니다. 이것은 믿음의 자세가 아닙니다. 우리는 이 세상에서 고생을 할 것입니다. 그렇지만 하나님을 믿는 믿음으로 묵묵히 견디어내어야 합니다.

12:28, "그러므로 우리가 흔들리지 않는 나라를 받았은즉 은혜를 받자 이로 말미암아 경건함과 두려움으로 하나님을 기쁘시게 섬길지니"

우리는 이미 "흔들리지 않는 나라"를 받았습니다. 세상은 흔들리지만 하나님의 나라는 흔들리지 않습니다. 그래서 우리에게 은혜가 필요합니다. 왜냐하면 은혜가 없으면 자꾸 세상을 보고 사람을 보기 때문입니다. 또 "경건함과 두려움으로 하나님을" 섬긴다는 것은 언제나 하나님 앞에서 살아가는 것을 의미합니다. 우리는 하나님 때문에 함부로 죄를 짓지 못합니다. 우리는 하나님 때문에 내 마음대로 살 수 없습니다. 바로 이것이 흔들리지 않는 나라 백성입니다. 왜냐하면 우리 자신이 핵무기가 되었기 때문입니다. 우리는 어마어마한 폭발력을 가진 사람들입니다.

이 세상을 두려워하지 말고 사랑하지 말고도 모세처럼 불 가운데로 걸어가는 성도님들이 다 되시기 바랍니다.

25

자기 부정의 삶
히 13:1-9

사람은 과거를 부정해야 미래를 향해서 나아갈 수 있습니다. 이것은 마치 킥보드나 세발자전거를 타던 어린이가 두발자전거를 배웠다면 옛날 킥보드나 세발자전거는 이제 더 이상 타지 말아야 하고, 중학교를 졸업한 학생은 중학생 때 입던 교복 대신 고등학생 교복을 입어야 하고, 또 대학에 입학한 학생은 고등학교 때 공부하던 참고서는 버리고 대학 교양과목과 전공서적으로 공부해야 하는 것과 같습니다. 마찬가지로 맨날 길거리에서 반정부 투쟁이나 하고 감옥에 들락거리던 사람이 국민의 지지를 받아서 정치인이 되었다면 옛날 작은 무리의 두목 행세를 벗어버리고 전 국민의 지지를 받는 모습으로 변해야 할 것입니다.

그런데 사람은 참으로 변하기가 어려운 것 같습니다. 사람은 누구나 큰 것이나 작은 것이나 모두 포기하고 싶지 않고 다 가지고 싶은 욕심이 있기 때문입니다. 만약 큰 인물이 된 사람이 작은 것 하나도 포기하지 않고 옛날과 똑같이 행동하려고 한다면 큰 실망을 안겨주게 되고 나중에는 더 큰 것을 잃어버리게 됩니다. 그리고 사람이 크게 되고 성공했다고 해서 모든 것을 다 차지할 수 있는 것은 아닙니다. 사람은 성공하고 난 후에도 처음과 같이 변함없이 겸손하고 깨끗하게 행동할 때 큰 존경을 받게 됩니다.

우리나라 기독교와 불교와 천주교에 큰 인물들이 있었습니다. 이분들은 가장 높은 자리까지 올라가게 되었음에도 끝까지 청빈했기 때문에 존경을 받을 수 있었습니다. 김수환 추기경은 끝까지 독재와 항거하여 투쟁했고 어려운 자들을 위해서 미사를 드리시다가 결국 청빈하게 인생을 마쳤습니다. 한경직 목사님은 우리나라에서 가장 큰 교회를 세웠지만 은퇴 후 남한산성에 있는 작은 집에 들어가서 돌아가실 때까지 청빈하게 사셨습니다. 성철 스님은 불교에서 명성이 높았지만 여러 차례 기워서 너덜너덜하게 된 승복을 입고 수양하며 해인사 뒤에 있는 작은 암자에서 내려오지 않았습니다. 그래서 이분들은 자신들이 믿는 종교에 좋은 영향을 미쳤고 나라의 큰 인물로 존경을 받았습니다.

우리가 복음을 듣고 믿었다는 것은 어마어마한 복을 받은 것을 의미합니다. 우리가 들은 복음은 하나님의 아들이 친히 우리의 대제사장이 되시고, 직접 이 세상에 오셔서 우리에게 전해주신 것입니다. 십자가에 죽으셨던 하나님의 아들이 우리의 대제사장이 되셨기 때문에 우리는 돈 한 푼 들이지 않고 무죄가 확정된 것입니다. 그리고 우리에게는 앞으로 물려받을 엄청난 성과 재산과 지위가 있습니다.

그렇다면 우리는 이 세상에서 어떻게 살아야 하겠습니까? 우리는 이 세상에서 자신을 부정하는 자세로 살아야 합니다.

I. 예수 안의 새로운 인생

우리가 보통 자기 부정의 삶을 산다고 하면, 도를 깨닫기 위한 어떤 수도사의 삶이나 어떤 경지에 오르기 위해서 노력하는 종교인을 생각하기 쉽습니다. 그래서 불교에서는 겨우내 방에서 나오지 않고 방 안에 앉아서 명상만 한다든지, 등을 바닥에 대지 않고 앉아서 몇 년간 수도하는 이들도 있습니다. 그렇게 수도를 하면 얼마나 고생이 많을까요? 그러나 그렇게 해서라도 자기 부정을 하려고 하는 사람들이 있습니다.

그러나 하나님께서 우리에게 요구하시는 것은 그런 경지에 오르기 위하여 자기 부정을 하라는 것이 아닙니다. 우리가 하나님의 복음을 들었다는 것은 엄청난 부르심이기 때문입니다. 이것은 엄청난 하나님의 초청을 받은 것입니다. 우리가 하나님의 복음을 들었다는 것은 하나님의 어마어마한 잔치에 초대된 것입니다. 하나님은 이 복음을 통하여 우리의 모든 죄를 씻어주시고 하나님의 아들을 우리 대제사장으로 정해주시고 우리에게 영원한 생명을 주실 것입니다. 그리고 우리에게 하나님 아들의 자격을 주셔서 엄청난 재산을 아낌없이 주실 것입니다. 만일 우리에게 이런 소망이 있다면 우리는 이 세상을 빨리 졸업하려고 할 것입니다.

우리가 이 세상에서 하나님의 자녀로 초청을 받았다면 생각하는 것부터 바뀌어야 합니다. 예수 믿기 전에는 이 세상에서 성공하고 잘 사는 것이 목적이었습니다. 그러나 예수를 믿고 난 후에 보니까 이 세상은 잠시 일하는 밭과 일터와 같습니다. 우리는 이 세상에 영원히 있을 사람이 아닙니다. 우리는 이 세상에서 허름한 옷을 입고 돈도 벌고 공부도 하고 장사도 합니다. 그러나 우리의 신분은 하나님의 왕자들입니다. 그래서 우리는 일을 할 때도 왕자답게 해야 하고 공부를 할 때도 왕자답게 해야 합니다. 우리가 하나님의 왕자라면 당연히 해야 할 일은 무엇일까요? 그것은 품위 있게 행동하고 왕자답게 넓은 마음으로 다른 사람을 대하고 기꺼이 희생하는 것입니다.

그래서 예수 믿는 사람들은 무슨 일을 열심히 하는 것보다 더 중요한 것이 자신의 바른 자아상을 가지는 것입니다. 무엇이든지 자기 하고 싶은 대로 열심히 하는 것은 누구든지 할 수 있기 때문입니다. 왕자는 왕자다워야 하고 지금만이 아니라 앞으로도 흠 잡힐 수 있는 행동은 하지 말아야 하는 것이 중요합니다. 이것은 예수 믿는 사람들이나 목회자에게는 더할 것입니다. 그러므로 하나님의 백성들은 이 세상에서 다른 사람의 처지를 생각해야 하고 희생적인 삶을 살아야 합니다.

13:1-2, "형제 사랑하기를 계속하고 손님 대접하기를 잊지 말라 이로써 부지중에 천사들을 대접한 이들이 있었느니라"

우리가 위대한 초청을 받아서 큰 축복의 사람 자격을 얻었다면 그때부터 다른 사람들의 행복을 챙겨주어야 합니다. 여기 "형제 사랑하기를 계속하고"라고 했는데, 이것은 다른 사람을 대하는 태도가 정중하고 예의가 있어야 하는 것을 말합니다. 우리가 하나님의 사랑받는 자가 되었다면 다른 사람의 인격도 소중하게 대해주어야 합니다. 그런데 '계속해서' 그런 태도를 취하는 것이 중요합니다. 어떤 사람이 한결같이 정중하고 예의가 있다면 우선 그 사람을 안심하게 되고 신뢰할 수 있게 되므로 마음이 든든해지게 됩니다. 그러므로 하나님의 백성은 변덕 부리는 것이 좋지 않고 한결같아야 합니다.

그리고 하나님의 백성들은 손님 대접하는 것을 잊지 말아야 합니다. 그런데 사실 손님은 귀찮은 존재입니다. 손님은 찾아오면 재워주어야 하고 먹여주어야 하고 씻겨주어야 합니다. 옛날에 먼 길을 여행하는 사람은 해가 지려고 하면 큰 집을 찾아가서 문을 두드리면 웬만

하면 그 집에 들어오게 해서 음식을 같이 먹고 자게 했습니다. 왜냐하면 그렇게 하는 것이 주인으로서 당연한 일이라고 생각했기 때문입니다. 큰집을 가진 주인이 지나가는 손님 하나 대접하지 않으면 인색하다는 소리를 듣게 되는 것입니다.

성경에는 알지 못하는 중에 손님을 대접했다가 천사를 대접한 사람이 있다고 했습니다. 창세기 18장입니다. 아브라함은 아침 일찍 일어나서 가축을 돌보다가 가장 더운 한낮이 되어서 좀 쉬려고 하는데, 모르는 세 사람이 찾아왔습니다. 아브라함은 그 자리에서 뛰어나가서 그 세 사람을 초대해서 정성껏 식사 대접을 했습니다. 그런데 그 손님들은 아브라함과 사라를 찾아온 하나님과 두 천사였습니다. 하나님은 "내년 이맘때 사라가 아들을 안고 있을 것이라"고 하시면서 "여호와께 능하지 못한 일이 있겠느냐"고 말씀하셨습니다. 그 말씀이 사라의 늙은 몸을 치료해서 이삭을 낳게 됩니다. 이것이 바로 모르는 사람을 영접한 결과였습니다.

또 롯은 소돔 성문에 있다가 낯선 사람 두 명이 성에 들어오는 것을 보고 가서 엎드려 절하고 자기 집으로 초대했습니다. 롯이 잘생긴 낯선 사람을 집으로 초대했기 때문에 소돔성의 동성애자들이 그 집에 몰려가서 그들을 강간하고 폭행하려고 했습니다. 그런데 그들은 소돔과 고모라를 멸망시키러 온 천사들이었고, 그들은 억지로 롯과 아내와 두 딸을 멸망받을 소돔 성에서 끌어내었습니다.

우리가 다른 사람을 섬기면 마음에 기쁨이 있습니다. 오늘 사람들은 방구석에 처박혀서 남을 섬기려고 하지 않고 자기 생각에만 빠져 있기 때문에 정신이 병들고 건강하지 않은 것입니다.

옛날에는 낯선 사람을 대접하면서 세상이 돌아가는 소식을 들었습니다. 그러나 오늘 우리는 예배를 드리고 어려운 성도를 도우면서 천국의 소식을 듣게 되고 나를 향한 하나님의 계획을 듣게 되는 것입니다. 더욱이 옛날에는 복음이나 빛 때문에 감옥에 갇히는 성도들이 있었습니다. 성도들은 누군가가 감옥에 갇히게 되면 그 사람을 포기하지 말고 가족이나 그 사람을 돌보아 주라고 했습니다.

13:3, "너희도 함께 갇힌 것 같이 갇힌 자를 생각하고 너희도 몸을 가졌은즉 학대 받는 자를 생각하라"

《천로역정》의 저자 존 번연은 12년을 감옥에 갇혀 있었습니다. 그는 자기 때문에 경제적으로 어려움을 당하게 될 가족을 많이 걱정했다고 합니다. 특히 그의 부인과 자녀들 걱정을 많이 했습니다. 존 번연의 큰 딸은 맹인이었는데, 그는 특히 큰 딸을 불쌍히 생각했습니다. 그러나 그 딸은 그가 감옥에서 나오기 전에 병으로 죽습니다. 어떤 사람이 어려움을 당했을 때 누군가가 위로해주고 조금만이라도 보살펴 준다면 그 사람은 큰 용기가 생길 것입니다. 하나님의 백성들은 용기만 생기면 어려움을 충분히 이길 수 있습니다. 크리스천에게 중요한 것은 불이 붙는 것입니다. 불만 붙으면 우리는 모든 것을 다 이길 수 있습니다. 자기를 희생하고 다른 사람을 사랑할 줄 아는 사람이 바로 불을 붙이는 사람입니다.

2. 육체의 정욕을 죽이라

우리에게는 좋은 불도 있지만 나쁜 불도 있습니다. 우리가 만일 이 나쁜 불에 지게 되면 정말 나쁜 사람이 되게 됩니다. 우리가 낙심하고 절망한 사람에게 자신감의 불을 붙여주는 것은 정말 좋은 불입니다. 그러나 우리에게 나쁜 불도 있습니다. 그 하나가 육체의 정욕의 불입니다.

13:4, "모든 사람은 결혼을 귀히 여기고 침소를 더럽히지 않게 하라 음행하는 자들과 간음하는 자들을 하나님이 심판하시리라"

사람은 누구나 다 이성을 좋아하는 마음이 있습니다. 이것은 결코 나쁘다고 말할 수 없습니다. 만약 우리가 이성을 싫어하고 혐오하는 마음만 있다면 아무도 결혼하지 않을 것이고, 사랑도 하지 않을 것이고, 동성애에 빠지고 말 것입니다. 우리는 결혼을 귀중하게 생각해야 합니다. 자기가 권력과 힘이 있다고 해서 자기 사람이 아닌 사람을 사랑해서 육체적인 관계를 가진다면 그것은 하나님 자녀의 자격을 상실하는 것입니다. 그래서 하나님의 자녀들은 성적으로 죄를 지으려는 욕망을 죽여야 합니다. 죄를 짓지 않으려면 어떻게 해야 합니까? 성경을 자꾸 읽으면 죄지을 생각이 없어집니다.

그리고 사람마다 인격이 있으므로 성욕을 자기중심으로 생각하는 것은 상대방의 인격을 짓밟는 것이 됩니다. 그래서 성적으로 죄를 짓는 것은 에서가 팥죽 한 그릇으로 장자 명분을 판 것보다 더 큰 손해를 보는 것입니다. 그는 결코 하나님의 자녀가 될 수 없습니다.

그리고 두 번째 문제는 돈 문제입니다. 이 세상에 돈을 싫어하는 사람은 아무도 없습니다. 돈이 있어야 원하는 것을 할 수 있습니다. 우리는 돈이 있어야 공부도 하고, 차도 사고, 유학도 가고, 결혼도 할 수 있습니다. 그러나 돈은 어디까지나 수단이지 목적이 될 수 없습니다.

13:5, "돈을 사랑하지 말고 있는 바를 족한 줄로 알라 그가 친히 말씀하시기를 내가 결코 너희를 버리지 아니하고 너희를 떠나지 아니하리라 하셨느니라"

우리가 이 세상에서 먹고 살려면 돈이 필요합니다. 그러나 우리는 돈을 사랑하면 안 됩니다. 돈이라는 것은 어디까지나 수단에 불과하기 때문입니다. 특히 돈은 내가 먹고 살기 위한 수단이기보다는 다른 사람을 사랑하기 위한 수단입니다. 우리는 다른 사람을 사랑하는 수단으로서 돈이 있으면 좋습니다. 그러나 돈을 사랑하면 안 됩니다.

특히 하나님의 백성들은 가난한 것이 엄청나게 좋습니다. 왜냐하면 먹을 것이 없을 때 하나님의 말씀을 붙들면 하나님의 말씀이 살아나기 때문입니다. 하나님의 말씀을 살리면 기적이 일어납니다. 그리고 우리는 일용할 양식을 통하여 하나님의 살아계심을 체험할 수 있습니다. 그런데 만일 돈이 없어서 내가 굶어 죽으면 어떻게 합니까? 하나님은 우리를 버리지 아니하시고 떠나지 않겠다고 약속하셨습니다. 하나님은 까마귀를 보내시든지 메추라기를 보내시든지 해서 나를 살리시는 것입니다. 하나님은 우리가 가난하고 돈이 없다고 해서 절대로 버리지 아니하시는 것입니다. 하나님은 어떻게 해서든지 우리를 먹고 살게 하시고 나중에는 수백 배로 갚아주실 것입니다.

13:6, "그러므로 우리가 담대히 말하되 주는 나를 돕는 이시니 내가 무서워하지 아니하겠노라 사람이 내게 어찌하리요 하노라"

하나님은 가만히 우리를 보기만 하시는 것이 아니라 우리를 돕는 분이십니다. 물론 사람들이 우리에게 육신적으로나 정신적으로 고통을 줄 수 있습니다. 그러나 하나님은 우리를 지켜주시고 살려주시는 분입니다. 사람이 할 수 있는 것은 약간의 고통을 주는 것뿐입니다. 그러나 하나님은 그런 고통을 통해서 우리를 성숙하게 하시고 치료하여 주시고 천사와 같이 만들어주십니다.

3. 복음의 순수성을 지키라

우리는 이미 구원을 얻었기 때문에 이 세상에서 더 성공하고 싶어 할 때도 있고, 또 열심히 교회 생활을 하려고 할 때가 많이 있습니다. 그러나 더 중요한 것은 복음이 오염되지 않고 변질되지 않도록 지키는 것입니다. 또 자기 자신이 교만해지지 않도록 처음 겸손한 마음을 끝까지 지키는 것이 중요합니다.

13:7, "하나님의 말씀을 너희에게 일러 주고 너희를 인도하던 자들을 생각하며 그들의 행실의 결말을 주의하여 보고 그들의 믿음을 본받으라"

아마 요즘같이 이 말씀이 절실한 때가 없는 것 같습니다. 오늘 많은 이들이 처음 목회자가 되려고 했을 때는 틀림없이 사람들의 영혼을 건지고 주님을 위해서 자신의 인생을 바치려고 시작했을 것입니다. 그러나 교회를 맡은 후 유명하게 되고 또 교인들이 많아지게 되면 그들이 나중에 달라지는 것을 자주 보게 됩니다. 사람이 높은 산에 올라갈 때 어떻게 해서든지 산을 정복하려고 열심히 올라가게 되는데 산에 다 올라가고 나면 그것으로 만족이 안 되는 것입니다. 사실은 산에 올라가는 것보다 더 어려운 것이 산에서 내려오는 것이고 성공하는 것보다 더 어려운 것이 주님에게 욕을 돌리지 않는 것입니다.

목회자도 목회를 오래 하게 되면 자기 욕심을 부인하기가 매우 어려워집니다. 그래서 목회자는 목회를 무조건 열심히만 한다고 해서 좋은 것이 아니라 자기 자신과 미래에 대하여 깊이 생각을 해보아야 합니다. 그래서 어떻게 하면 욕심을 부리지 않고 깨끗하게 이 일을 끝낼 수 있을까를 늘 생각해야 합니다. 그리고 교인들도 자신에게 말씀을 가르쳐 준 자가 끝에 가서 너무 돈이나 명예나 교회에 욕심을 부리게 되면 그를 맹종하면 안 되는 것입니다.

그러나 예수님은 어제나 오늘이나 동일하십니다. 우선 예수님은 어제도 계셨고 오늘도 계십니다. 그리고 예수님은 변덕을 부리지 않으십니다. 그리고 복음도 똑같습니다. 예수님이 전하신 복음이나 사도 바울의 복음이나 칼빈의 복음이나 우리의 복음이나 하나님의 말씀도 똑같습니다. 그래서 우리는 새로운 복음을 자꾸 따라가면 안 됩니다. 자꾸 더 잘 믿으려고 하다가 다른 복음을 따라가게 됩니다. 만일 우리가 지금까지 하나님의 말씀을 붙들고 왔다면 앞으로도 지금까지 해 온 것 같이 믿으면 성공한 것입니다.

13:9, "여러 가지 다른 교훈에 끌리지 말라 마음은 은혜로써 굳게 함이 아름답고 음식으로써 할 것이 아니니 음식으로 말미암아 행한 자는 유익을 얻지 못하였느니라"

아마 이 당시 다른 교훈을 가르치는 자 중에는 자기에게 오면 맛있는 음식을 주는 데가 있었던 것 같습니다. 그래서 사람 중에는 음식에 끌려서 다른 교훈을 가르치는 곳을 따라가는 자들이 있었던 것 같은데, 그들은 유익을 얻지 못했습니다. 어떤 이단들은 미인들을 앞세워서 친절하게 대해주어서 처음 믿는 자나 대학생들을 유혹하는데 그것이 바로 망하는 길인 것입니다.

하나님은 우리를 처음부터 바른길로 인도하십니다. 우리는 바른길로 인도하시는 하나님을 믿어야 합니다. 하나님은 끝까지 나와 내 가족을 책임지신다는 것을 믿고, 당당하게 하나님 자녀의 자부심을 가지고 살아가는 성도들이 다 되시기 바랍니다.

26

수치를 지고 가자
히 13:10-25

얼마 전에 우리나라에서 나온 폐플라스틱 통이 다른 나라까지 갔다가 그 나라에서 수입을 반대하는 바람에 우리나라로 되돌아와서 부둣가에 그것이 쌓여 있다는 기사를 보았습니다. 그동안 우리가 비닐이나 일회용 컵이나 플라스틱 통을 마음대로 쓸 수 있었던 것은 이런 것들을 수입해서 재가공하는 나라가 있었기 때문입니다. 그런데 이제는 그런 나라들이 이런 폐플라스틱 통을 받지 않겠다고 하니 이런 쓰레기들을 버릴 데가 없어서 부둣가에 쌓여 있는 것입니다. 우리가 깨끗하고 위생적으로 지낼 수 있는 것은 사람들이 생활하면서 나오는 오물들을 치워주는 사람이나 기관이 있기 때문입니다.

이스라엘에서 주인의 말을 잘 듣고 따르는 동물은 양입니다. 양은 주인이 털을 깎아도 가만히 있고 심지어는 죽일 때도 가만히 있습니다. 특히 양은 주인이 어디를 인도하든지 따라가기 때문에 주인을 앞서가지 않습니다. 만일 주인이 쓰러져서 죽으면 양은 다른 곳으로 가지 않고 주인 옆에 모여 있을 것입니다.

본문 말씀은 히브리서의 마지막 부분입니다. 학자들은 "히브리서는 끝도 히브리서답다"고 말을 합니다. 그 이유는 히브리서는 그 마지막도 예수님의 십자가의 죽음의 관점에서 우리의 모든 생활을 말씀하고 있기 때문입니다. 예수님의 십자가 죽음은 이 세상의 모든 더러운 것을 치우는 것이었습니다. 그래서 예수님은 자신이 십자가를 지시고 성 밖으로 나가서 십자가에 못 박히셨습니다. 그래서 예수님을 따르는 우리는 이 세상의 수많은 죄를 짊어지고 영문 밖으로 나가서 치워야 할 책임이 있습니다.

우리 사회에는 그동안 감추어져 있던 수많은 죄가 드러나고 있습니다. 부정도 있고 거짓말도 있고 동성애도 있고 성추행도 있고 불법도 있습니다. 우리 사회는 이 모든 오물을 본인들에게 치우라고 합니다. 그런데 본인들은 이런 것은 옛날부터 누구나 다 해오던 것들이고 내 책임이 아니라고 반박하고 있습니다. 그러나 이 오물들에는 독이 들어있어서 잘못하면 많은 사람이 죽을 수도 있습니다. 우리 크리스천들은 우리 사회에 있는 이 오물들을 즐거운 마음으로 치워야 할 사람들입니다.

1. 치욕을 짊어지는 사람들

본문 말씀의 대전제는 우리 예수 믿는 사람들은 하나님의 양이라는 것입니다.

13:20-21상, "양들의 큰 목자이신 우리 주 예수를 영원한 언약의 피로 죽은 자 가운데서 이끌어 내신 평강의 하나님이 모든 선한 일에 너희를 온전하게 하사"

우리는 하나님의 양입니다. 사실 어떤 사람에게 "저 사람은 늑대 같은 인간이다"라고 하는 것은 참으로 무서운 말입니다. 그 사람은 웃고 있지만 속에는 포학한 마음을 가지고 있어서 침을 흘리면서 모두 잡아먹으려고 노리고 있는 것입니다. 예수님은 제자들에게 "너희를 이 세상에 보내는 것은 양을 이리 가운데로 보내는 것과 같다"(마 10:16)고 말씀하셨습니다. 우리는 지금 늑대들 가운데 살아가고 있는 것입니다. 주위에 있는 강대국도 늑대이고, 정치인들도 늑대이고, 직장의 상사도 늑대이고, 특히 여성들에게는 주위에서 힘을 가지고 있는 남성들은 언제 덮칠지 모르는 늑대인 경우가 많이 있습니다.

이어서 예수님은 "너희는 뱀같이 지혜롭고 비둘기같이 순결하라"고 하셨습니다. 늑대가 양인 줄 알고 덮쳤는데 알고 보니까 뱀입니다. 그래서 그 늑대는 질겁하고 달아날 것입니다. 또 늑대가 양인 줄 알고 덮쳤는데 잠깐만 기다리라고 하더니 비둘기같이 날아가 버리는 것입니다. 그러면 늑대는 억울하고 분통이 터져서 달만 보고 짖어댈 것입니다.

그런데 양에게 무엇보다 중요한 일은 역시 하나님의 제단에 바쳐지는 제물이라는 사실입니다. 우리 생각에는 하나님께 바쳐질 제물 같으면 잡기 어려운 사슴이나 멧돼지를 바치면 좋을 것 같지만 이런 것들은 죽여서 가져오지 않으면 절대로 제 발로 오지 않습니다. 그러나 양이나 소나 염소는 제단이 있는 곳까지 자기 발로 걸어서 오는 것입니다.

13:10-11, "우리에게 제단이 있는데 장막에서 섬기는 자들은 그 제단에서 먹을 권한이 없나니 이는 죄를 위한 짐승의 피는 대제사장이 가지고 성소에 들어가고 그 육체는 영문 밖에서 불사름이라"

이것은 속죄제에 대한 설명입니다. 우리에게는 우리가 바쳐져야 할 제단이 있다고 말씀하고 있습니다. 그것은 바로 우리가 살아야 할 이 세상이고, 우리의 가정이고, 교회일 수 있습니다. 율법에는 번제가 있는데, 번제는 제단에서 남김없이 전부 다 태우는 것을 말합니다. 이것은 하나님과 우리 인간 사이의 원수된 것을 제물이 다 태워짐같이 해소되는 것을 상징합니다. 그러나 우리는 인간이기 때문에 이 세상에 살면서 누구든지 죄를 짓습니다. 그러면 속죄제를 드리게 되는데, 속죄제는 피를 하나님의 제단에 뿌리고 내장에 붙은 기름만 제단에서 태우고 살과 껍질은 이스라엘 진영 밖으로 가지고 가서 거기서 태웠습니다. 이것은 바로 이스라엘 진영을 깨끗하게 하는 증거였던 것입니다.

그래서 예수님도 자기 십자가를 지고 예루살렘 성 밖으로 나가서 십자가에 못 박혀 죽으셨습니다. 예수님은 자신을 번제와 속죄제를 겸하여 드리셨던 것입니다.

13:12, "그러므로 예수도 자기 피로써 백성을 거룩하게 하려고 성문 밖에서 고난을 받으셨느니라"

예수님은 모든 인간의 죄를 다 자신의 십자가에 넣으셔서 십자가를 지시고 성 밖에 나가서 그 죄를 십자가에 못 박아 버리셨습니다. 그래서 예수님께서 십자가를 지고 가시는 길은 아주 수치스러운 길이었고 능욕의 길이었습니다. 예수님은 죄인의 신분이셨고 채찍에 맞아서 온몸은 찢겨 있었고 사람들은 예수님을 욕하고 비웃고 조롱했습니다. 그럼에도 불구하고 예수님은 십자가를 팽개치지 않으셨습니다. 예수님이 십자가 위에서 마지막 피 한 방울까지 다 흘리셨을 때 우리의 몸과 영혼은 완전히 깨끗해지게 되었고, 우리의 인생도 깨끗한 새 인생이 시작되게 되었습니다. 그러므로 우리는 예수님이 주신 이 새 인생을 가지고 먹고 마시고 놀면서 더러운 정욕을 위하여 낭비할 수는 없습니다.

13:13, "그런즉 우리도 그의 치욕을 짊어지고 영문 밖으로 그에게 나아가자"

우리는 하나님의 양이기 때문에 예수님을 따라가다 보면 우리 앞에 기다리고 있는 것은 내가 죽어야 할 제단입니다. 물론 이 제단은 우리 모두의 자연적인 죽음이기도 하고, 희생해야 할 부분이기도 합니다. 사람들은 이 세상에서 자기가 하고 싶은 것은 다 하면서 살아갑니다. 어떤 때는 이 세상 사람들의 삶이 너무 멋있어 보여서 우리도 예수를 믿지 않았으면 좋았겠다는 생각이 들 때도 있습니다. 그러나 우리는 그렇게 할 수 없습니다. 왜냐하면 우리는 양이기 때문입니다. 우리가 할 수 있는 것은 주로 물리기나 하고 도망치기나 하고 욕을 얻어먹는 것밖에 없습니다.

그러나 세상 사람들이 멋있어 보이는 것도 잠깐뿐입니다. 그들의 마음속에는 끊임없는 갈증이 있습니다. 이 세상의 오물은 아무도 치울 사람이 없어서 모든 사람이 그 오물 가운데서 치고받고 싸우면서 뒹굴고 있습니다. 그래서 우리 양이 할 수 있는 일은 이 세상의 치욕을 지고 하나님께로 가는 것입니다.

양은 목자를 따라가야만 하는 동물입니다. 그래서 제자들이나 여인들은 예수님이 십자가를 지고 가는 것을 보고 울면서 따라갔습니다. 그런데 예수님은 성문 밖 해골이라는 곳에서 십자가에 못 박혀 죽습니다. 주인이 쓰러져 죽으면 양들은 주인이 죽은 줄도 모르고 그 옆에서 자꾸 일어나라고 머리로 주인을 흔듭니다. 그리고 양은 다른 곳으로 갈 수 없습니다. 왜냐하면 양은 목자보다 더 앞서가는 것을 모르기 때문입니다.

예수님은 제자들에게 "제자가 선생보다 나을 수 없고 종이 상전보다 더 나은 대접을 받을 수 없다"(마 10:24)고 말씀하셨습니다. 우리는 예수님이 죽으신 곳에서 더 앞으로 나아갈 수 없습니다. 그래서 우리는 모두 예수님이 죽으신 그곳에 모여 있습니다. 이제 풀을 뜯어 먹을 수 없고 돌아다닐 수도 없고, 왜 주인이 일어나지 않는지 주인 옆에서 울고 있을 수밖에 없습니다. 그런데 주인은 삼일 뒤에 다시 일어나셨습니다. 그리고 우리 모두 증인이 되게 하셨습니다. 이것이 결국 우리가 드려야 할 제사입니다.

우리가 사는 이 세상에는 많은 죄가 있습니다. 우리 안에도 죄가 흘러나오고 있습니다. 그래서 우리는 이 세상을 우리 마음대로 살 수 없습니다. 우리는 이 모든 쓰레기와 치욕을 짊어지고 주님 앞에 나아가야 합니다. 그러면 주님은 우리도 깨끗하게 하시고 이 세상의 독도 없어지게 해 주셔서 독이 없는 세상이 되는 것입니다. 지금 우리가 사는 이 세상은 독이 가득 차 있습니다. 그래서 사람들이 하는 말마다 독이 있고 하늘에는 미세 먼지가 가득하고 사람의 몸 안에는 암 덩이가 자라고 있습니다. 그래서 우리는 풀만 뜯어 먹어야 합니다. 우리는 하나님의 말씀을 먹고 예수님 앞에 나와서 우리가 죄인이며 이 세상에는 죄가 가득 찼다는 고백을 드려야 합니다.

우리는 이 세상의 죄를 치우는 사람들입니다. 그래서 우리는 이것은 누구 잘못이다, 이것은 누가 책임을 져야 한다고 말할 필요가 없습니다. 왜냐하면 그런 것은 국정감사나 언론에서 다 하고 있기 때문입니다. 우리는 그 독을 없애야 할 사람들입니다. 그것이 바로 우리가 이 세상에 줄 선물입니다. 그래서 우리는 이 세상에 죄가 가득한 것을 당연하게 생각해야 합니다. 이 세상에는 음란이 있고 거짓과 폭력이 있지만 우리는 그곳에서 사람들의 독을 없애주는 일을 해야 합니다. 그 일은 바로 우리 자신이 하나님 앞에 바쳐지는 것입니다. 우리의 피는 제단에 쏟고 우리의 육신은 성문 밖에 끌려가서 거기서 다 태워지는 것입니다. 그래서 우리의 인생은 어떤 의미에서 태워지는 인생이라고 말할 수 있습니다.

얼마 전에 간호사들이 선배의 괴롭힘을 '재가 되는 것'이라고 하며 고발했습니다. 즉 재가 될 때까지 태우는 것이라고 했던 것입니다. 그러나 그것은 잘못된 태움입니다. 우리는 약한 자를 돌보아 주고 죄인들의 죄를 대신 져줌으로 우리 인생을 태워야 합니다. 그래서 우리 인생은 열정의 인생이 되어야 하고 타서 재가 되어 없어지는 인생을 살아야 합니다.

2. 영원한 천성을 향해 가는 사람들

학생들이 수학여행을 떠나면 대절한 버스에 올라타서 간식을 먹고 가다가 신이 나면 모두 노래를 부르게 됩니다. 그때는 대개 학교에서 배운 노래를 부르는 것이 아니라 학교에서 배우지 않은 대중가요를 부르든지 아니면 유행하는 십대 가수들의 노래를 부릅니다.

그러나 옛날에 살던 집에서 쫓겨나서 정처 없이 먼 길로 가야 하는 사람들의 여행길은 그렇게 행복하지 않았습니다. 그들이 어느 동네에 들어가서 물이라도 좀 얻어먹으려고 하면 개들이 얼마나 짖어대는지 도저히 들어갈 수 없습니다. 우리는 이 세상에서 영구한 도성이 없으므로 미래의 도시를 찾아가는 사람들입니다.

13:14, "우리가 여기에는 영구한 도성이 없으므로 장차 올 것을 찾나니"

이 세상에 있는 집들이나 건물들은 전부 다 불타 없어질 것들이기 때문에 우리가 살 곳이 되지 못합니다. 우리는 어느 집에 있든지 육신이 있는 동안에만 잠시 있다가 떠나야 할 사람들입니다.

그러면 우리는 이 세상에 살면서 무엇을 해야 하겠습니까? 우리는 크게 두 가지를 하게 됩니다. 하나는 하나님께 찬송의 제사를 드리는 일입니다.

13:15, "그러므로 우리는 예수로 말미암아 항상 찬송의 제사를 하나님께 드리자 이는 그 이름을 증언하는 입술의 열매니라"

세상 사람들은 하나님을 찬양할 수 없습니다. 그들은 하나님을 알지 못하기 때문입니다. 그러나 우리는 진심으로 하나님을 찬양할 수 있고 찬양할 때 성령이 임하시는 것을 느낄 수 있습니다. 그래서 하나님을 찬송할 수 있다는 것은 천국을 향해 가는 사람들의 대단한 특권입니다. 이것을 입술의 열매라고 했습니다. 물론 우리는 이 세상에서 찬송만 하지 않습니다. 우리는 다른 사람들에게 격려의 말도 하고 아름다운 말도 합니다. 우리는 상담도 하고 예언도 하고 유익한 말도 합니다. 그런데 그 모든 말의 열매는 나 혼자 하나님께 하는 독백의 말씀인 것입니다. 우리는 하나님께 합창도 하지만 독백도 할 수 있어야 합니다. 즉 하나님과 나 사이 비밀의 밀어(密語)가 있어야 합니다.

그리고 우리는 모두 양이기 때문에 남을 잡아먹지 않습니다. 양은 다른 짐승을 잡아먹을 필요도 없고 잡아먹을 수도 없습니다. 양은 오직 다른 사람들에게 자기의 털을 나누어주어서 따뜻한 옷을 해 입게 합니다.

13:16, "오직 선을 행함과 서로 나누어 주기를 잊지 말라 하나님은 이같은 제사를 기뻐하시느니라"

양은 아프므로 양털 깎는 것을 싫어한다고 합니다. 그래서 뉴질랜드의 어떤 양은 몇 년 동안 동굴에 숨어서 살았는데 그동안 털이 얼마나 많이 자랐던지 나중에 잡혔을 때 털을 깎으니까 30명에게 양복을 해 줄 수 있는 양의 털을 가지고 있었다고 합니다. 우리는 남을 도울 수 있고 또 남에게 나누어줄 수 있습니다. 물론 주님은 내가 할 수 없는 것을 남에게 해주라고 말씀하시지는 않습니다. 어디까지나 내가 할 수 있는 능력의 범위 안에서 하면 됩니다. 그리고 나에게 많이 있는 것은 다른 사람에게 나누어주는 것을 아까워해서는 안 됩니다. 어차피 썩을 것이고, 어차피 버릴 것들이기 때문입니다. 어차피 죽으면 다 못 쓸 것들인데 미리 남에게 주는 것입니다. 그렇게 하기만 해도 성도 중에서는 모든 것이 굉장히 풍성할 것입니다. 하나님은 이것이 제사라고 말씀하셨습니다. 즉 남에게 주는 것도 제사입니다.

그리고 우리가 천국 길을 가는데 이것이 바른길인지 잘못된 길인지 어떻게 알 수 있을까요? 주님은 우리에게 말씀의 목자를 세워서 인도하게 하셨습니다. 우리는 그들의 인도를 잘 따라야 하고 기쁨으로 이 일을 할 수 있도록 해주어야 합니다.

13:17, "너희를 인도하는 자들에게 순종하고 복종하라 그들은 너희 영혼을 위하여 경성하기를 자신들이 청산할 자인 것 같이 하느니라 그들로 하여금 즐거움으로 이것을 하게 하고 근심으로 하게 하지 말라 그렇지 않으면 너희에게 유익이 없느니라"

어떤 분은 말씀으로 인도하는 분과 자꾸 싸우려고 하는 분도 있고 쫓아내려고 하는 분들도 있습니다. 특히 지금은 교인들의 교육 수준이 워낙 높아져서 웬만해서는 목사를 하기가 어렵습니다. 그러면 그럴수록 목사는 상처를 입지 않으려고 더 권위적이 되고 화려한 감투를 쓰려고 하는데 그것은 교인들에게 완전한 손해입니다. 그래서 기도하라고 했습니다. 왜냐하면 강대상은 언제나 사탄이 새카맣게 덤벼드는 곳인데 기도하지 않고는 거기에 있을 수가 없기 때문입니다.

그래서 18절에 "우리를 위하여 기도하라"고 했습니다. 기도해주지 않으면 끝이 좋을 수 없기 때문입니다. 본인의 생각으로는 잘하는 것 같은데 나중에 보면 주님의 이름에 욕을 먹이는 일인 것입니다.

3. 하나님 앞에서 즐거운 일

우리는 이 세상에서 믿음으로 살아가는 것이 즐거운 일이 되어야 합니다. 그렇지 않고 믿음 생활하는 것이 너무 힘들고 지치면 결국 마음에 병이 생기게 되고 우울증과 미움이 생기게 됩니다. 하나님의 백성 중에 의외로 교회나 목회자를 통해서 마음에 상처를 입고 우울증으로 죽는 이들이 많습니다. 우리가 아무리 세상에서 스트레스를 받고 어려움을 당해도 교회에서 말씀으로 은혜를 받고 눈물 흘리면서 기도하면 모든 스트레스가 사라지게 됩니다. 그런데 요즘은 교회에 가서 더 화가 나고 우울증이 심해지는 경우가 많이 있습니다. 그 이유는 교회가 하나님의 말씀대로 하지 않고 서로 미워하기 때문입니다. 교회가 양들이 모인 곳이 아니라 이리들이 모인 곳이 되기 때문에 약한 자들은 견디지 못하는 것입니다.

13:20, "양들의 큰 목자이신 우리 주 예수를 영원한 언약의 피로 죽은 자 가운데서 이끌어 내신 평강의 하나님이"

예수님은 이 세상에서 마음과 육신에 너무 많은 상처를 입으셔서 만신창이가 되셨습니다. 그의 이마는 가시로 찢어졌고 그의 등과 가슴과 배와 다리는 채찍으로 찢어졌으며 그의 두 손과 두 발은 큰 대못이 박혔습니다. 사람들은 그를 조롱했고 업신여겼습니다. 그러나 하나님이 우리의 목자를 살려내셨습니다. 그래서 그 하나님께서는 우리가 이 세상 사는 것을 즐겁게 하시고 온전하게 하실 것입니다.

13:21, "모든 선한 일에 너희를 온전하게 하사 자기 뜻을 행하게 하시고 그 앞에 즐거운 것을 예수 그리스도로 말미암아 우리 가운데서 이루시기를 원하노라"

우리 힘으로는 이 세상에 할 수 없는 일들이 많습니다. 그러나 주님께 맡기고 기다리면 놀랍게도 일이 이루어집니다. 오히려 우리가 생각했던 것보다 더 풍성하게 이루어집니다. 이것이 바로 하나님께서 나와 함께 하시는 증거입니다. 그리고 하나님 앞에 "즐거운 것을 예수 그리스도로 말미암아 우리 가운데서 이루시기를 원하노라"고 했습니다. 우리가 하는 이 모든 일이 즐거운 일이 되어야 합니다. 즉 신이 나서 해야 합니다. 그 이유가 무엇입니까? 성령이 나와 함께 하시기 때문입니다. 우리는 억지로는 할 필요가 하나도 없습니다. 모든 일을 좋아서 하시기 바랍니다.

이 편지를 쓰는 분은 최근에 디모데가 감옥에서 나온 것을 알려주기를 바랐습니다. 23절에 "우리 형제 디모데가 놓인 것을 너희가 알라"고 했습니다. 디모데도 감옥에 갇혔다가 풀려 난 것 같습니다.

그리고 이달리야에서 온 형제들이 이들에게 문안한다고 했습니다.

13:24, "너희를 인도하는 자들과 및 모든 성도들에게 문안하라 이달리야에서 온 자들도 너희에게 문안하느니라"

'이달리야'는 로마 주위의 지역을 말합니다. 그러니까 이 편지를 쓴 곳은 로마일 가능성이 큽니다.

히브리서는 예수님이 하나님의 아들 되심과 그의 대제사장직을 증언하고 있습니다. 히브리서는 먹기 쉬운 이유식이 아니라 단단한 스테이크에 속합니다. 우리의 믿음이 이 단단한 음식을 먹고 강건하기를 바랍니다.